浙江省职业教育在线精品课程

浙江省高职院校"十四五"首批重点教材

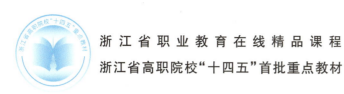

实用运动心理

主　编　胡桂英　黄新红　赵　娟
副主编　徐海燕　肖　莹　孙　瑜　杨长华

ZHEJIANG UNIVERSITY PRESS
浙江大学出版社
·杭州·

图书在版编目(CIP)数据

实用运动心理/胡桂英等主编. —杭州:浙江大学出版社,2023.2(2024.7 重印)

ISBN 978-7-308-23333-0

Ⅰ.①实… Ⅱ.①胡… Ⅲ.①体育心理学－高等职业教育－教材 Ⅳ.①G804.8

中国国家版本馆 CIP 数据核字(2023)第 005719 号

实用运动心理

主　　编　胡桂英　黄新红　赵　娟

副主编　徐海燕　肖　莹　孙　瑜　杨长华

责任编辑　石国华

责任校对　杜希武

封面设计　周　灵

出版发行　浙江大学出版社

　　　　　(杭州市天目山路 148 号　邮政编码 310007)

　　　　　(网址：http://www.zjupress.com)

排　　版　杭州星云光电图文制作有限公司

印　　刷　杭州钱江彩色印务有限公司

开　　本　787mm×1092mm　1/16

印　　张　18.5

字　　数　460 千

版 印 次　2023 年 2 月第 1 版　2024 年 7 月第 2 次印刷

书　　号　ISBN 978-7-308-23333-0

定　　价　65.00 元

序 一

提笔为本书作序时，正值新的《中华人民共和国职业教育法》（以下简称《职教法》）正式开始实施。"职业教育是与普通教育具有同等重要地位的教育类型，是国民教育体系和人力资源开发的重要组成部分"，《职教法》首次从法律层面明确了职业教育成为一种相对独立的教育体系。如果说普通高等教育具有"研究性"倾向的话，高等职业教育则更直接地面向职业岗位需求来设置专业和构建课程体系，具有"实用性"。本书用"实用"来冠以书名，彰显职业教育的基本特征，是落实《职教法》的一个很好的实践。

教材作为当前"三教"（教师、教材、教法）改革的重要内容，是人才培养的主要"剧本"，也是教学质量的重要保证。"实用运动心理"是高等职业教育体育类专业一门主要的专业课程。本教材编写团队秉持先进的职业教育理念，应对完成职业岗位典型工作任务的真实需求，将内容体系进行了重构，使教材更加适应"岗课赛证"四位一体的职业教育课程教学模式改革要求。

教材每一讲设置了相应的实训项目，进行了理（论）实（践）一体的设计；即测即评的创新做法，能及时反馈教学效果；课程思政微课堂是落实"立德树人"的重要载体，将知识技能传授与育人有机结合；案例教学也是本书的一个特色，结合在体育运动、教学实践和校企合作中形成的典型案例，融入新理论、新技能，使教材内容更丰富和新颖。

编写团队同步建设了在线课程网站，教学课件、教学视频和拓展素材等课程资源通过数字化改造补充到在线课程网站，与纸质教材构建成开放交互的立体教材体系。希望有更多的高等体育职业院校能在教学中使用本教材，共享"三教"改革成果。

胡振浩

教育部全国体育职业教育教学指导委员会委员

浙江经济职业技术学院教授

2022 年 9 月 28 日

序 二

20 世纪 60 年代中后期,随着国际竞技体育突飞猛进的发展,运动员的心理问题日益凸显,运动心理学开始受到重视,并在后来的竞技体育应用实践上发挥着越来越重要的作用。同时,运动心理学也日渐成型并成为一门独立的学科。

改革开放后,中国竞技体育迅速崛起。四十多年来,经过几代人的共同努力,中国运动心理学经历了从跟跑、并跑到领跑的跨越式发展,完成了从借鉴国外学科知识体系到构建本土化的学科体系、学术体系和话语体系的重大转型,并在服务我国竞技体育、实现体育强国过程中发挥了积极作用。每一块奥运金牌的背后是科技助力,包含着运动心理学工作者的一份贡献。

从学科发展上看,这些年来运动心理学出现学科分化的趋势,运动技能学最早从中剥离出来,锻炼心理学和体育心理学也逐渐独立出去。现在的运动心理学已不再给人"包罗万象"之感,而是较为纯粹的运动心理学,是一门探究体育运动中心理现象的学科,主要以运动员心理为研究对象,尤其是研究体育运动中运动员心理活动发生和发展的客观规律。从学科属性上看,由于研究对象主要是运动员,人的自然和社会双重属性使得运动心理学是一门综合学科,是介于自然科学和社会科学之间的跨界或交叉学科。同时,运动心理学来源于竞技体育实践,服务于竞技体育,与竞技体育密不可分,具有很强的应用性。从学科内容上看,运动心理学主要研究两类问题:一是研究运动员心理对体育运动的影响,运动员心理(如运动员人格、智力、情绪和认知特征等)对训练和参赛活动的影响是显而易见的,因此有必要搞清楚竞技体育中运动员的心理活动规律,从而可以有的放矢地开展针对性的心理工作;二是研究体育运动对运动员心理的影响,现阶段这类研究(如体育运动对运动员智力、认知、情绪和人格的影响等)大多指向其即时、短时或短期效应,也就是认为体育运动对运动员的心理具有调节功能或作用,而不是根本性的改变或改造。

运动心理学一百余年的历程表明,不论是过去、现在,还是将来,专业人才都是运动心理学发展的重中之重,而专业人才的培养离不开运动心理学教学,更离不开专业教材建设。国内外早期运动心理学教材建设缓慢,只有屈指可数的几本教材。进入 21 世纪以后,运动心理学教材数量增多,教材质量明显提升,较好地满足了教学和人才培养之需。近些年来,我国也开始重视运动心理学教材建设,多次修订和新编各级各类学校体育类专业的运动心理学教学用书,为我国运动心理学教学工作开展打下了坚实的基础。

这本《实用运动心理》教材的编写从体育类专业教学实际出发,既考虑教师的教,又兼顾学生的学,图文并茂,通俗易懂,同时紧跟国内外运动心理研究的前沿动态,内容全面、新颖,方法实用、有效,做到了理论联系实际,是一本不可多得的好教材。

中国心理学会体育运动心理专业委员会副主任

山西大学体育学院院长、二级教授

2022 年 10 月 23 日

前　言

　　《国家职业教育改革实施方案》(国发〔2019〕4号)提出要把职业教育摆在教育改革创新和经济社会发展中更加突出的位置,牢固树立新发展理念,深化办学体制和育人机制改革,以促进就业和适应产业发展需求为导向,着力培养高素质劳动者和技术技能人才。职业教育要促进产教融合、工学结合"双元"育人机制,校企共同研究制定人才培养方案,及时将新技术、新工艺、新规范纳入教学标准和教学内容,强化学生实习实训,合作开发国家规划教材,并配套开发信息化资源,以适应"互联网＋职业教育"的发展需求。《中华人民共和国职业教育法》(2022年5月1日起施行)明确了职业教育是与普通教育具有同等重要地位的教育类型,是国民教育体系和人力资源开发的重要组成部分,是培养多样化人才、传承技术技能、促进就业创业的重要途径。

　　"实用运动心理"是高等职业教育体育类专业的一门专业课程,具有较强的理论性和实践性。服务于竞技运动、体育教育或是大众健身领域的运动员、教练员、裁判员、体育教师和社会体育指导员,都应该了解人们在体育运动中的心理现象和心理特点,把握运动心理发展的规律。本教材正是在我国高等职业教育改革的大背景下,整合了浙江、广东、云南、湖北和湖南等全国多所体育类高职院校的骨干教师的教学经验编写而成。

　　本教材根据高职体育类专业职业岗位群所承担的训练(指导)、比赛(指导)、组织管理、(促进)自我发展等典型工作任务,设计了"1＋4"的教学内容体系:"1"为绪论(第一讲),"4"为训练心理(第二到第五讲)、比赛心理(第六到第九讲)、管理心理(第十讲)和自我发展(第十一到第十四讲),共包含14个典型问题,反映了运动心理领域最新的知识、技术和方法。

　　每讲从呈现体育运动中的典型人物案例出发,引出问题导读,激发学生的学习兴趣;设置实训项目,将运动心理原理与实践实训相结合,并辅以知识拓展、心理实验、心理量表等,体现"理实一体化"的高职教学理念;微课堂提炼了每讲的课程思政元素,助力实现知识技能传授与价值引领的有机协同;思维导图形式的每讲小结,利于培养学生的学习概括能力和逻辑思维能力;在线即测即评,能及时、有效地反馈教学效果。教材体例的设计顺应了高等体育职业教育的教学改革趋势。

教材共植入了52个教学视频,并同步建设了在线课程网站(http://mooc1. chaoxing. com/course/205606044. html),形成了开放交互的立体化教材体系,以满足学生的个性化和信息化教学需求。本教材是浙江省高职院校"十四五"首批重点教材,所对应的"实用运动心理"课程是浙江省职业教育省级在线精品课程。本教材和课程不仅适用于高职体育类专业学生,也适用于对体育运动心理感兴趣的广大体育爱好者。

参加本教材编写的作者:浙江体育职业技术学院胡桂英(第一讲、第六讲、第九讲)、广东体育职业技术学院黄新红(第七讲、第十三讲)、广州体育职业技术学院赵娟(第三讲、第四讲、第十一讲、第十二讲)、云南体育运动职业技术学院徐海燕(第八讲、第十讲)、湖北体育职业学院肖莹(第二讲、第十四讲)、湖南体育职业学院孙瑜(第五讲)、湖南科技职业学院杨长华(第五讲)。胡桂英、黄新红、赵娟、徐海燕、肖莹参加了本教材教学视频的录制,全书由胡桂英和黄新红两位老师统稿。

参与本教材开发和建设的校企合作单位:浙江省水上运动管理中心、浙江省射击射箭自行车运动管理中心、杭州市棋类协会、浙江省跳绳运动协会、浙江心泉公益中心、北京世纪超星信息技术发展有限责任公司。

衷心感谢浙江大学王进教授为本教材的编写提出宝贵意见,浙江经济职业技术学院胡振浩教授和山西大学石岩教授为本书作序。教材引用了很多学者、专家的观点,在此一并表示最诚挚的谢意!

由于我们才疏学浅,错误在所难免,恳请各位读者、专家批评指正。

胡桂英

浙江体育职业技术学院教授、心理学博士

2022 年 9 月 22 日

全书概述

目　录

第一讲　绪论

图 1-1　心理学之父:威廉·冯特

　　威廉·冯特(Wilhelm Wundt,1832 年 8 月 16 日—1920 年 8 月 31 日),德国生理学家、心理学家、哲学家,被公认是心理学之父(见图 1-1)。他于 1879 年在莱比锡大学创立世界上第一个专门研究心理学的实验室,这被认为是心理学成为一门独立学科的标志。

　　运动心理学是一门应用学科,其研究动力主要来自社会需要、母科学心理科学、体育科学以及相关学科的发展。

问题导读

通过本讲的学习,你将能够回答以下问题:

1. 运动心理学是一门什么样的学科?

2. 运动心理学的研究涵盖哪三大体育领域?

3. 国际运动心理学发展史上的标志性事件有哪些?

4. 中国运动心理学的发展过程是怎样的?

5. 运动心理学工作者应具备哪些职业道德?

第一节 什么是运动心理学

什么是运动心理学

一、运动心理学的研究对象

什么是运动心理学? 不同的学者有不同的定义。摩根(Morgan)是早期尝试给运动心理学下定义的学者之一,他认为运动心理学是研究体育活动的心理学基础学科。马腾斯(Martens)认为,运动心理学的发展不太成熟,因而无须过多地为自身的定义问题而费心,所以他建议将运动心理学简单地定义为运动心理学家所从事的工作。迪什曼(Dishman)对马腾斯的定义提出了异议,认为这一定义曲解了运动心理学这一学科,会阻碍具有实际价值的理论研究以及应用模式的发展。

我国学者比较一致地认为,运动心理学是心理学的一个应用性分支,是阐明体育运动的心理学基础、研究人在体育运动中心理活动特点及其规律的学科。

运动心理学的主要任务包括(马启伟和张力为,1998):

第一,研究人在体育运动中心理过程的特点和规律,以及人的个性差异与体育运动的关系。例如,哪些因素会影响人们参加体育活动的动机? 在体育活动中的自信心是否存在男女性别差异?

第二,研究体育运动对人的心理过程和个性特征产生的短期和长期影响。例如,有氧训练对人的焦虑水平有哪些短期效应和长期影响? 长期的运动训练会促进或改变运动员的个性吗? 体育活动会加强残疾人生活中的独立性和自信心吗?

第三,研究掌握运动知识、形成运动技能、进行技能训练的心理学规律。例如,如何克服运动技能形成过程中的高原现象？如何利用迁移规律更快地掌握运动技能？

第四,研究运动竞赛中人的心理状态问题。例如,比赛中的最佳唤醒水平是什么？如何在比赛中达到最佳唤醒水平？如何区分和评定运动员的心理负荷和心理疲劳？优秀运动员在比赛的关键时刻运动操作的注意中心是什么？

二、运动心理学的研究领域

运动心理学的研究涵盖竞技运动、体育教育和大众健身三大领域。

(一)竞技运动领域

竞技运动领域的运动心理学研究主要围绕运动员的心理评定、心理选材、心理训练和心理咨询等工作进行。该领域研究的核心问题是追求卓越,即如何帮助运动员在高水平竞赛中通过心理调节获得优异的运动成绩,并谋求长期更好的自我发展。

运动训练过程是从选拔运动员开始的,运动员的选拔内容必须包括心理因素。心理选材要根据运动心理学的原理,借助于可靠有效的心理测量、心理实验等手段,按照各专项的心理特征,为教练员提供长期预测的信息,以便从训练的起点就开始实行最优化的训练。心理选材研究的主要问题是确定在什么时间、用什么指标进行心理选材。

心理训练和心理咨询的目的主要有两个:一是帮助运动员以最有效的方式掌握运动技能和表现运动技能,最大限度地发挥自己的运动才能;二是帮助运动员不断完善自身人格,以更加积极的方式去应对运动生涯的各种挑战。运动员心理训练和心理咨询涉及的主要问题有动机、自信、情绪控制、注意控制以及人际交往等。

(二)体育教育领域

体育教育领域的运动心理学研究主要围绕如何帮助学生掌握运动技能和增进心理健康这两个问题进行。掌握运动技能和增进心理健康,是人们适应社会变化和发展生存能力的必要条件。

学校体育教育有着重要的心理建设功能,主要表现在:

第一,诱发运动兴趣,培养锻炼习惯。学校体育课和课外活动引导学生在运动活动中享受人际交往的乐趣和肌肉运动的乐趣,培养锻炼的需要,形成健康的生活方式。

第二,欣赏体育文化,享受身体活动。通过体育活动营造体育文化氛围,引导学生欣赏体育文化,感染中华体育精神。

第三,发展健康人格,增强社会适应能力。体育活动帮助学生体验竞争中的合作和合作中的竞争,体验制定和遵守游戏规则的重要性,体验吃苦耐劳、坚韧不拔、顽强奋斗、不懈努力的拼搏过程。

(三)大众健身领域

大众健身领域的运动心理学研究主要围绕参加体育锻炼的动机和体育锻炼与心理健康的关系这两方面进行。前者涉及参与或退出体育锻炼的原因和影响体育锻炼动机的因素;后者涉及体育锻炼对心理状态的影响,以及体育锻炼促进心理健康的机制等内容。该领域研究的核心问题是如何保持健康,即帮助人们参与锻炼活动,养成运动习惯,感受运动乐趣,以促进身心健康。

三、运动心理学、体育心理学、锻炼心理学的关系

竞技运动、体育教育和大众健身三大领域的研究与实践活动推动了运动心理学的学科发展,也促进了运动心理学的不断分化,出现了运动心理学(sport psychology)、体育心理学(psychology of physical education)和锻炼心理学(exercise psychology)三种称谓并存的局面,虽然它们都是研究人在体育运动中心理活动的特点及其规律,但各自的研究目的、研究对象和研究领域不尽相同,见表1–1。

表 1–1　运动心理学、体育心理学和锻炼心理学的区别

研究范畴	运动心理学	体育心理学	锻炼心理学
目的	提高训练效果和比赛成绩	提高教与学的效果	参与体育锻炼的前因和心理效应
对象	运动员或教练员	学生或教师	大众健身者
领域	人格、动机、心理技能、焦虑与唤醒、团体互动与人际关系、领导、倦怠、运动损伤心理、运动辅导与咨询、竞技运动与心理发展等	学生参与体育学习的动机、提高学生体育学习效果的方法、体育课堂教学心理、体育对学生良好心理品质形成的促进作用等	参与锻炼的动机、锻炼与抑郁的关系、焦虑或压力与身体活动、人格与态度对锻炼习惯的影响、锻炼与心境或认知的关系、社会心理因素对健身者参与锻炼的影响、锻炼对健康的促进作用等

资料来源:卢俊宏和季力康(2009)。

运动心理学侧重研究竞技运动训练和比赛中的心理现象,特别是运动员在训练和比赛过程中的心理状态和变化。运动训练是以大运动量,甚至是极限运动量的高强度、高密度身体负荷为特征,以技术动作的高度自动化和达到高水平竞技运动能力为目标,

竞赛是竞技运动的主要存在和表现形式。运动员要达到高水平的专项运动技能水平和取得优异比赛成绩,除了受技战术训练的影响之外,还受心理因素的影响。众多的研究和实践表明,在高水平的竞技运动比赛中,获胜因素30%归于技战术训练,70%归于心理因素。因此,运动心理学集中研究心理因素(如动机、个性、焦虑、认知等)对运动成绩的影响。此外,运动心理学不但研究运动员的心理和行为,还研究教练员、观众的心理和行为。

体育心理学侧重研究体育教育过程中的心理现象,特别是学生在学习过程中的心理特点和变化。由于体育教育的主要目标是通过身体练习促进学生整体健康的发展,并达到培养人的目的,因此,体育心理学集中研究如何通过体育教学的手段和方法增强学生参与体育学习和体育活动的动机,激发学生的运动兴趣,培养学生的意志品质,提高学生的自尊心和自信心,调节学生的情绪状态,培养学生的合作精神和竞争意识等。体育心理学更强调研究体育教育对学生心理成长和发展的作用。除此之外,体育心理学还研究选择教学内容、采用教学方法、进行教学设计等的心理学依据。

锻炼心理学侧重研究体育锻炼过程中的心理现象。由于大众参与体育锻炼的主要目标是促进身心健康,因此锻炼心理学集中研究体育锻炼和心理健康的关系、参与体育锻炼的动机、进行体育锻炼的坚持性、体育锻炼成瘾、体育锻炼群体的社会心理等问题。

虽然运动心理学、体育心理学和锻炼心理学有分化的趋势,但三者还没有形成各自完整、独立的理论体系,在研究内容方面存在着明显的相互交叉和重叠的现象。可以这么理解,广义的运动心理学包括了竞技运动、体育教育和身体锻炼三大方向的心理学,狭义的运动心理学仅指竞技运动心理学,本教材以探讨竞技运动中的心理学问题为主。

Box 1.1

顾拜旦和奥林匹克运动

皮埃尔·德·顾拜旦(Le baron Pierre De Coubertin,1863—1937),是法国著名教育家、国际体育活动家、教育学家和历史学家、现代奥林匹克运动的发起人(见图1-2)。1896—1925年,他曾任国际奥林匹克委员会主席,并设计了奥运会会徽、会旗。由于对奥林匹克不朽的功绩,他被国际上誉为"奥林匹克之父"。

奥林匹克运动会发源于两千多年前的古希腊,因举办地在奥林匹亚而得名。古代奥林匹克运动会停办了1500年之后,顾拜旦于19世纪末提出举办现代奥林匹克运动会的倡议。1894年成立奥委会,1896年在

图1-2 奥林匹克之父:顾拜旦

希腊雅典举办了首届奥运会,每四年一届的奥运会是世界上影响力最大的体育盛会。我国承办了 2008 年北京奥运会,2020 东京奥运会因受新冠肺炎疫情影响被迫推迟至 2021 年 7 月 23 日至 8 月 8 日举行,截至 2021 年共举办了 32 届奥运会。

奥林匹克运动会有一系列独特而鲜明的象征性标志,如奥林匹克标志、格言、奥运会会旗、会歌、会徽、奖牌、吉祥物等,这些标志有着丰富的文化含义,形象地体现了奥林匹克理想的价值取向和文化内涵。

奥林匹克标志:五环

奥林匹克格言:更快、更高、更强——更团结

奥林匹克精神:互相理解、友谊、团结、公平竞争

第二节　运动心理学的发展

运动心理学的发展

一、国际运动心理学发展简史

艾宾浩斯(Hermann Ebinghaus,1850—1909)对心理学的发展有一句精辟的评价:"心理学有一长期的过去,但只有短暂的历史。"心理学思想源远流长,对心理学问题的探讨可追溯至古代中国及古希腊的哲学家,如孔子、老子、孟子、亚里士多德等。但心理学作为一门学科从哲学中脱胎出来只不过一百多年的历史,其诞生标志是冯特(Wilhelm Wundt,1832—1920)于 1879 年在德国莱比锡大学建立了世界上第一个心理学实验室。

在运动心理学作为一门独立学科之前的很长时间,人们就已经在思考和探讨体育活动中的各种心理现象了,古希腊哲学家对身心之间的关系已经有了某些思考和论述。例如,亚里士多德有一句至理名言"健全的精神寓于健全的身体",公元前 10 世纪希腊诗人荷马开展过"完美的身体和无瑕的心灵"主题宣讲,古希腊奥林匹克竞赛的参赛选手在比赛前就会进行某些心理准备等。

运动心理学作为心理学的分支学科,其历史是相当短暂的。国际运动心理学的发展历史大体可分为两个阶段:20 世纪 50 年代前和 20 世纪 50 年代后,两个发展阶段的重大事件见表 1-2。

表1-2 运动心理学发展史上的重大事件

年份	重大事件
1897	特里普利特进行了第一项运动心理学研究
1925	格里菲斯建立了第一个运动心理学实验室
1965	国际运动心理学会成立
1967	北美运动和身体活动心理协会成立
1969	欧洲运动心理学联合会成立
1970	《国际运动心理学杂志》创刊
1985	应用运动心理学促进会成立
1991	亚洲及南太平洋地区运动心理学会成立
1992	国际运动精神病学协会成立

Box 1.2

最早的运动心理学实验研究

美国印第安纳大学的特里普利特(Triplett)对自行车运动员进行了一项实验研究,以观察观众在场对运动员运动技能表现的影响。这项研究开了社会促进效应研究的先河,也被认为是最早的运动心理学实验研究。研究结果发现,当有人在场或进行比赛时,自行车运动员的骑行成绩要比自己单独骑自行车时更快,见表1-3。

表1-3 特里普利特的社会促进研究

情境	自行车骑行的平均速度
情境一:被试单独骑车	38.6公里/小时
情境二:被试骑车时让一个人在场跑步	50.0公里/小时
情境三:被试与其他自行车运动员骑车比赛	52.0公里/小时

特里普利特的实验说明,有他人在场,或群体性活动,会明显促进人们的活动效率。他还在实验室条件下,让被试完成计数和跳跃等任务,也发现了同样的社会促进效应。他对这种现象考虑了许多可能的解释,包括生理、身体、心理等方面的因素,最后提出被试有两个动力来源:

第一,另一个人的存在对被试是一种刺激,能唤起竞争的本能;

第二,在现场的其他人(如竞争者、合作者、观众)会成为被试努力的激励。

运动心理学史上具有划时代意义的事件是,美国的格里菲斯(Coleman Roberts Griffith,见图1-3)于1925年在伊利诺伊大学创建了世界上第一个运动心理学实验室。这一事件是运动心理学发展史上的重要里程碑,标志着运动心理学作为一门学科的建立。格里菲斯的研究领域主要集中在运动技能学习、运动技能操作和体育运动中的个性等方面。早在1918年,格里菲斯就因研究心理因素对运动表现的影响,而被称为"美国运动心理学之父"。1923年,格里菲斯在美国伊利

图1-3 美国运动心理学之父:格里菲斯

诺伊大学开设了世界上第一门运动心理学课程。1926年,他编写了世界上第一本运动心理学教材《教练心理学》。1928年,他又出版了《运动心理学》。1938年,他作为运动心理咨询专家,受聘于芝加哥一家棒球俱乐部运动队,运用多种运动测验和心理测验来确定运动员的心理状态和心理潜力。

20世纪初至30年代,在欧洲也出现了一些运动心理学方面的研究。1912年,德国人巴斯(Barth)在《身体练习对意志和个性形成的影响》一书中探讨了参加体育运动对人的意志和性格的影响。1913年,现代奥林匹克运动的创始人,法国的顾拜旦在《运动心理学浅谈》中指出,运动是一种美的表达和使人情绪平衡的教育手段。1921年,德国学者舒尔特(Schulte)在《在练习、比赛和运动活动中提高成绩》一书中阐述了优秀运动员的心理准备问题。

20世纪20—30年代,苏联的运动心理学处于萌芽和初创时期。被称为苏联"运动心理学之父"的鲁吉克(Rudik)撰写了《肌肉工作对反射过程的影响》《对反射的研究在体育主要问题上的应用》《在体育教育工作中提示和模仿的意义》等著作。苏联的中央体育学院(即莫斯科体育学院)和列宁格勒体育学院所做的一系列研究引起了人们对运动心理学的兴趣,例如,训练过程技能形成的特点,体育活动对发展知觉、记忆、注意和想象的影响,以及体育对个性形成、智力发展的作用等。

在20世纪40年代到50年代的近20年中,由于受第二次世界大战的影响,运动心理学的发展处于相对停滞阶段,但仍有不少的运动技能学习实验室相继建立,使得研究人员对体育活动中的运动行为进行研究时有了更为复杂和更为科学的方法。

从20世纪60年代起,随着体育运动事业的兴盛,运动心理学得到了前所未有的迅速发展。其重要标志有二:一是1965年在罗马召开了第一届国际运动心理学会议,成立了国际运动心理学会(International Society of Sport Psychology,简称ISSP),旨在世界范围内促进和传播运动心理学的实践。此后,每四年一届的国际运动心理学会议为世界各国运动心理学家提供了一个学术交流的平台。二是1970年国际运动心理学会刊物《国

际运动心理学杂志》(International Journal of Sport Psychology)创刊,2003 年改版为《国际运动与锻炼心理学杂志》(International Journal of Sport and Exercise Psychology),它沟通了世界各国运动心理学研究的信息,推动了运动心理学的科学研究。

各国体育界都积极支持运动心理学科学研究的开展,各种区域性和本国的运动心理学专业组织相继成立。1967 年,北美运动与身体活动心理协会成立,该协会在运动心理学的发展中一直起着重要作用。1969 年,欧洲运动心理学联合会成立。1985 年,应用运动心理学促进会成立,已发展成为促进北美乃至全世界应用运动心理学发展的一个主要机构。1991 年,亚洲及南太平洋地区运动心理学会成立。1992 年,国际运动精神病学协会成立。除了这些区域性专业组织外,各国也相继成立了运动心理学的学术团体。例如,美国于 1967 年成立了运动心理学全国协会,1986 年成立了美国心理学会第 47 分会(即锻炼和运动心理学分会),加拿大于 1969 年成立了加拿大心理技能学习和运动心理学协会,苏联在二战后成立了运动心理委员会,日本于 1950 年成立了体育学会体育运动心理专科分会。

二、中国运动心理学发展简史

中国运动心理学的发展历史可分为两个阶段:20 世纪 80 年代前和 20 世纪 80 年代后。

中国古代就已开始萌发了一些与体育活动有关的心理学思想,这些思想散见于《礼记》《庄子》《史记》《吕氏春秋》《梦溪笔谈》等名著中,包含运动发展心理、运动保健心理、技能形成心理、运动竞赛心理、运动战术心理、心理训练等方面的论述,闪烁着中国运动心理学史前时期的火花,对中国运动心理学的发展有着积极的影响。

早在 1926 年,我国著名体育教育家马约翰撰写了《体育的迁移价值》一文,这是中国最早的运动心理学专论。文章指出:运动场是培养学生的极好场所,可以批评错误、鼓励高尚、陶冶情操、激励品质;刻苦锻炼可以培养青年勇敢的精神、坚强的意志、自信心、进取心和争取胜利的决心;运动场上表现出来的道德品质能够迁移。1942 年,国立体育专科学校的吴文忠和肖忠国编译出版了我国第一部《体育心理学》。

20 世纪 50 年代末,我国的运动心理学发展开始起步,运动心理学作为一门学科被正式列入体育专业的课程体系,各体育院系逐渐开设运动心理学课程。1957 年,苏联运动心理学家鲁吉克(Rudik)的《心理学》被译成中文出版;1958 年,苏联运动心理学家车尼克娃(Chernikowa)的《运动心理学问题》被译成中文出版;1964 年,武汉体育学院和上海体育学院合编了我国第一部体育院系专用的《运动心理学》教材。

20 世纪 70 年代末和 80 年代初,我国运动心理学进入了一个新的发展阶段。1979 年,中国心理学会体育运动心理专业委员会成立;1980 年,中国体育科学学会运动心理学分会成立。这两个学会的成立,标志着中国体育运动心理学开始走向迅速发展的道路。1986年,中国运动心理学分会作为团体会员加入国际运动心理学会;1991年,中国运动心理学会作为发起国之一,组织建立了亚洲及南太平洋地区运动心理学会。

20世纪80—90年代,中国运动心理学的研究主要侧重在竞技运动领域,在运动员心理测量、心理选材、心理训练和心理咨询等方面做了大量的研究和实践工作,取得了较有代表性的成果。1980年,武汉体育学院首次承担国家课题"优秀青少年运动员科学选材"中的"优秀运动员心理特征与选材"子课题。1987年,中国运动心理学会承担了国家体委重点科研项目"我国优秀运动员心理咨询和心理品质的调查研究"。第六届全国运动会的比赛现场设立了心理咨询中心,为运动员提供临场运动心理咨询服务,受到了运动员和教练员的普遍欢迎。自1996年亚特兰大奥运会开始,中国运动心理学会开始以组织方式介入奥运科技服务工作。

2000年以后,竞技体育领域的运动心理研究和运动心理实践效果,为越来越多的运动队所认识,运动员开始积极寻求运动心理学的帮助。中国体育代表团备战2000年悉尼奥运会期间,中国运动心理学分会组织会员编写了运动员口袋书《中国体育代表团参加悉尼奥运会心理咨询手册》。从备战2004年雅典奥运会开始,国家体育总局系统安排运动心理学工作者进入各运动队进行心理科技服务。在备战2008年北京奥运会的过程中,20余名运动心理专家运用多种方式,对中国代表团16支参赛运动队的重点运动员开展了个人心理咨询、心理监控、心理训练、比赛方案建立等多种心理服务工作。为运动员提供的心理支持主要涉及以下几个方面:注意力集中、情绪控制、情绪稳定性、目标定向和参赛角色定位、心理稳定性、心理疲劳恢复、自信心、唤醒水平调节、大赛前心理准备及心理训练、调节因控体重产生的负性情绪、训练沟通、团队凝聚力等。随着2008年第29届北京奥运会的成功举办,我国运动心理学工作者受到行业内外人士的更多关注,竞技运动心理研究的科学性与应用性也得到了更广泛的认可(张忠秋,2012)。

中国运动心理学的研究领域不断扩大,除了在竞技运动领域一如既往地投入之外,在体育教育和大众健身领域的研究也明显增多。2002年以"运动心理与科技奥运"为主题的全国运动心理学大会研讨的主要内容包括以下4个方面:第一,竞技运动领域的心理学问题,包括心理训练方法,心理训练评价,心理选材,运动员、教练员和裁判员的心理特征,心理疲劳的评定和预防,伤病的心理预防和心理康复,兴奋剂问题等;第二,大众体育锻炼领域的心理学问题,包括锻炼的参与动机和锻炼的心理效益等;第三,体育教育领域的心理学问题,包括体育学习和课外体育活动的参与动机和心理效益,运动技能学习,体育教学中的差异心理等;第四,运动心理学的研究方法问题,包括量表研制、仪器开发、实验设计、心理统计等。

进入21世纪,中国运动心理学的国际影响力进一步提升,具体体现在:第一,2013年,第十三届国际运动心理学大会在北京召开;第二,2013—2017年,姒刚彦教授当选并担任国际运动心理学会主席;第三,2014—2018年,张力为教授当选并担任亚洲及南太平洋运动心理学会主席。

三、运动心理学的发展趋势

(一)研究领域不断扩展

研究领域由早期的研究运动员心理选材、心理技能训练和心理咨询工作的竞技运动领域,不断扩展到研究体育锻炼的动机、体育锻炼与心理健康的关系等大众健身领域,以及如何有效地掌握运动技能和通过学校体育课和课外体育活动培养学生良好人格品质的体育教育领域。随着三大领域研究的不断深入,体育心理学、运动心理学和锻炼心理学不断朝着各自的方向发展,未来三门学科的分工将会越来越明确,各自将会建立更为完善的学科体系。

(二)专业领域进一步细分

运动心理学本身可分为三个不同的专业领域,即实验运动心理学、教育运动心理学和临床运动心理学,每一个专业领域都有不同的任务和研究内容。实验运动心理学家的主要任务是在运动现场和实验室中研究一些基础理论问题,如唤醒水平和运动成绩的关系等,该项任务主要由大学和研究所的运动心理学教授或研究人员承担。教育运动心理学家的主要任务是传授知识给教练员、运动员和运动队的行政人员,以及体育系的学生,同时帮助心理健康的运动员或学生挖掘潜力和提高运动水平。临床运动心理学家的主要任务是预防和矫治运动队和运动员个人的情绪和行为问题,主要集中于运动员的异常行为。

(三)研究内容更加广泛

1985年,国际运动心理学会主席辛格(Singer)博士预测了21世纪运动心理学研究涉及的内容,他的展望集中在竞技运动心理学领域,主要包括:

(1)儿童与运动学习;

(2)专项运动心理测验;

(3)运动成绩的预测;

(4)运动员的认知;

(5)自我控制技术;

(6)适宜心理过程的训练和发展;

(7)运动动机;

(8)运动员的全面训练计划;

(9)运动员的追踪研究;

(10)强体力活动训练计划造成的后果;

(11)对运动员的跨文化心理学比较研究。

20多年过去了,这些研究取得了广泛的研究成果,但由于运动心理学这门学科的不太成熟和研究方法的缺陷,这些内容还有待于继续深入的研究。随着运动心理学研究领域的不断扩大和应用性不断增强,运动心理学研究的内容将越来越广泛。

(四)研究方法更趋丰富

以实验和心理测验等为代表的量化研究方法在国际运动心理学研究中占有举足轻重的地位。但目前的趋势是研究者们已经开始重视量化研究与质性研究的结合使用,从而使研究结果的可信度大大提高。近年来,定性研究方法越来越多地引起了运动心理学工作者的重视,其中,个案研究法作为对实验研究方法的一种有效补充在国外运动心理学研究中得到了足够的重视。结合运动实践利用现场研究方法进行的研究所占的比例会越来越大,人们将从简单的实验研究中解放出来,更多地从生态学的角度以求对运动员行为进行更有说服力的解释。

(五)运动心理学的资格认证制度化

谁有资格提供运动心理学服务?应用运动心理学会认为要通过资格认证程序。美国奥委会将运动心理学家分为临床型运动心理学家、教育型运动心理学家和研究型运动心理学家三类,因此,运动心理学专业化通过认证将得到正式的承认和保护,从事运动心理学的个人资格认定等工作模式将会被普遍采用。欧美许多国家和亚洲的韩国、日本等都已先后制定和实施了类似运动心理咨询师的资质认证标准,这一模式已经成为竞技体育心理科技服务的共同发展趋势。

2007年4月,经过中国体育科学学会运动心理学分会严格的审议程序,刘淑慧、张忠秋、丁雪琴、姒刚彦等22名运动心理学工作者成为我国首批获得认证的"运动心理咨询专家",从而结束了我国高水平竞技运动科技服务工作缺乏行业自律和标准化评估的现状。

Box 1.3

运动心理学工作者的职业道德

北美应用运动心理学促进会(AAASP)和加拿大运动心理学会,参照美国心理学会(APA)的职业道德标准,提出了一套运动心理学工作者的道德标准。该职业道德标准的核心是运动心理学咨询人员应尊重运动员的个人尊严与价值,保证基本人权以及为其保密等,其基本精神是把运动员的幸福放在首位。在这套道德标准中,有6项一般性原则:

第一,能力。这是运动心理学工作者在工作中努力追求的最高目标,同时运动心理学工作者应该分清他们的专业领域和工作范围。如果一个运动心理学工作者对团队形成和团体动力学了解不多,而希望别人相信他正在或将要和一支球队一起工作,这是不道德的。

第二,正直。运动心理学工作者在科研、教育和咨询方面都应该表现出高度的正直。他们不做虚假的报告,并向球队或组织澄清自己的角色,如告诉选手他们将参与队员的选拔。

第三,职业和科学责任感。运动心理学工作者应该把当事人的最大利益放在首位。例如,为了研究竞技运动中的攻击性行为,而故意教导一组被试攻击另一组被试,即便这样做被试可以从中得到更多东西,但也是不道德的。

第四,尊重他人的人权和尊严。运动心理学工作者尊重咨询对象的基本人权,如隐私。不论当事人的种族、性别、社会地位,除非经过当事人的同意,否则不能公开咨询对象的有关事宜。

第五,关心他人的幸福。运动心理学工作者必须充分考虑当事人的幸福。因此,运动员的心理、生理健康较比赛的胜负更重要。

第六,社会责任。运动心理学工作者在关心人类幸福的同时,应绝对保障参与者的利益。例如,一个运动心理学工作者如果只提供给实验组可以减少沮丧的运动处方,而在实验结束后不愿意把同样的处方提供给控制组的被试,这不仅违反社会责任,也是不道德的。

（张力为和毛志雄,2007）

微课堂：课程思政

序号	教学内容	育人目标
1	顾拜旦和奥林匹克运动	了解奥林匹克运动会,弘扬奥林匹克精神。
2	中国运动心理学的发展历史	将学科发展与中国的发展进程相结合,根植家国情怀。
3	运动心理学工作者的职业道德	了解运动员或体育工作者该具备的职业素养,树立提升自身职业素养的意识。

实训项目

1.通过文献资料或人物访谈等方法,列举国际、国内运动心理学发展史上的重大事件。

2.通过人物访谈、小组讨论等方法,列举体育运动中常见的心理现象。

本讲小结

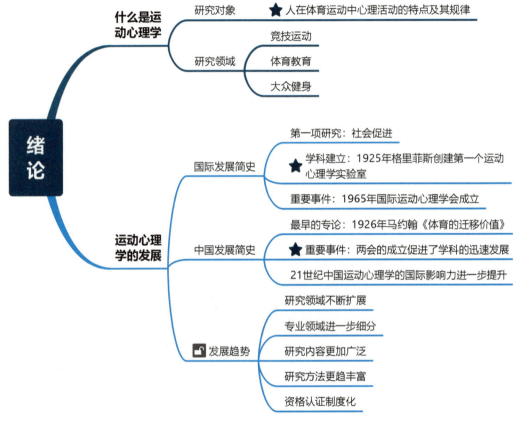

注:★表示重点,🔒表示难点。

即测即评

第二讲　运动技能的形成

图 2-1　体操王子:李宁

1984 年,在新中国首次参加的洛杉矶奥运会上,李宁以完美的动作表现征服了裁判,征服了观众,为中国夺得了自由体操、鞍马和吊环三枚金牌,赢得了"体操王子"的称号(见图 2-1)。运动员炉火纯青、行云流水般的运动技能,究竟是如何形成的?

通过本讲的学习,你将能够回答以下问题:

1. 什么是运动技能?运动技能的分类有哪些?

2. 运动技能形成的三阶段是什么?

3. 运动技能形成过程中的变化特征体现在哪些方面?

4. 什么是练习曲线?运动技能在练习过程中表现有哪些共同的趋势?

5. 如何才能进行有效的练习?

6. 运动技能迁移存在哪些现象?

7. 如何测量运动技能迁移的发生?

8. 如何促进运动技能的正迁移?

第一节　运动技能概述

运动技能概述

一、什么是运动技能

　　运动技能(motor skill),也称动作技能,是指通过练习而形成的完成某种任务的动作方式。运动技能是人类生活不可或缺的重要组成部分,涉及人们日常生活、学习活动、生产劳动和体育活动中的各种动作操作。例如,日常生活中吃饭时筷子和勺子的使用,学习活动中的写字和打字,生产劳动中对生产工具的操纵,体育活动中的游泳、打球等都属于运动技能。运动技能主要是借助于神经系统和骨骼肌肉系统实现的。打高尔夫球主要体现为对球和杆的操作,跳远主要体现为外显的肌肉反应,无论使用还是不使用器械,运动技能总是包含有神经系统对有关肌肉的控制。

　　运动技能具有三个特征:(1)有一定的任务目标,运动技能总是指向一定的操作目标。(2)运动技能是自主运动,受主观意识的支配。(3)运动技能需要身体的运动来实现任务目标,这是运动技能区别于人类其他技能的基础。虽然数学运算也是一项技能,但运算并不需要身体的运动来实现目标,因此运算不是运动技能,通常把数学运算称作智力技能。

　　运动技能与智力技能是两个不同的概念。智力技能(mental skill)是指借助于内部言语在头脑中进行认识活动(如感知、记忆、想象、思维等)的心智操作。例如运算、围棋、国际象棋等,主要依靠头脑中的"心算",借助手来完成的活动都属于智力技能。智力技能主要表现为思维操作活动,而运动技能主要表现为外显的骨骼肌的操作活动。当然,人们在完成比较复杂的活动时总是手脑并用的,既需要智力技能,也需要运动技能。

二、运动技能的分类

运动技能纷繁复杂,对其进行科学分类是进行该领域研究的前提。目前被广为接受并且应用较多的运动技能分类方法有以下四种。

(一)封闭性与开放性运动技能

根据技能操作环境的稳定性特征,可将运动技能分为封闭性和开放性运动技能,如图 2-2 所示。

封闭性运动技能(closed motor skill)的环境背景特征是稳定的,环境背景特征在技能操作过程中不会发生位置上的变化。例如,固定靶射击、跳水、体操、游泳、跳远、标枪、篮球的罚球等均为封闭性运动技能。在完成封闭性运动技能过程中,环境特征和技能的程序基本是固定的,个体很少需要根据环境和对手的情况来进行直接、迅速和反复的技能调节,可以较多采用本体感受器所介入的反馈来调节动作。

开放性运动技能(open motor skill)的环境背景特征是不稳定的,即技能的操作目标、支撑平台和其他人始终处于运动状态。在完成开放性运动技能过程中,个体必须根据环境的变化适时地对动作进行相应的调整,个体完成动作的时机和采取的动作主要由相关的环境线索决定。例如,拳击、击剑、足球的防守等都是开放性的运动技能。

图 2-2 封闭性和开放性运动技能分类

(二)非连续性和连续性运动技能

根据技能操作过程中动作的起止点是否清晰,可将运动技能分为非连续性和连续性运动技能,如图2-3所示。

图2-3　非连续性和连续性运动技能分类

非连续性运动技能(discontinuous motor skill)的主要特征是,一个动作的开始和结束非常明显,且持续时间相对短暂,动作的完成带有一定的爆发性。例如,铁饼、标枪、举重、篮球的投篮等都是非连续性运动技能。

连续性运动技能(continuous motor skill)的主要特征是,运动操作由一个接一个的连串动作或系列动作组成,没有明确的开始与结束。例如,游泳、滑冰、跑步等都是连续性运动技能,这些技能可以任意确定开始点和结束点。

在非连续性和连续性运动技能之间,存在着大量的系列性运动技能。系列性运动技能是由一组非连续性运动技能联结在一起组成的新的、更加复杂的技能动作。例如,三级跳远、跨栏、跳高等都属于系列性运动技能。完成系列性运动技能的关键是系列动作之间的节奏。

(三)低策略性和高策略性运动技能

根据技能执行时所需要的认知策略多少,可将运动技能分为低策略性和高策略性运动技能,如图2-4所示。

低策略性运动技能(low strategic motor skill)是指技能操作成功的决定因素是动作本身的质量,主要要求操作者怎么做,对该做什么动作的知觉和决策要求比较低,例如举重、游泳、体操等。

高策略性运动技能(high strategic motor skill)是指技能操作成功的重要因素是决策在什么情况下做什么动作,例如在羽毛球比赛中,杀球、勾球、放网等基本动作每个运动员都会,重要的是要知道在什么情况下使用什么动作,这才是比赛取胜的关键。现实中多数的运动技能都包含了决策制定和动作实施的复杂组合。

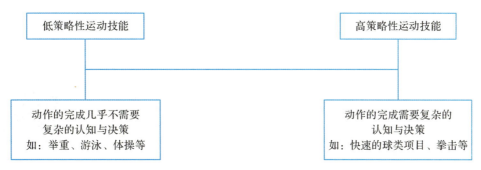

图 2-4 低策略性和高策略性运动技能分类

(四)小肌肉群和大肌肉群运动技能

根据技能操作时肌肉参与的不同,可以把运动技能分为小肌肉群运动技能和大肌肉群运动技能,如图 2-5 所示。在连续区间分类体系中,左侧端点为典型的小肌肉群运动技能,右侧端点为典型的大肌肉群运动技能。

小肌肉群运动技能(fine muscle group motor skill)是指以小肌肉群活动为主的运动技能,具有细微、精巧的特点。绣花、织毛衣、写字、打字等都是小肌肉群运动技能。大肌肉群运动技能(gross muscle group motor skill)是指以大肌肉群活动为主的运动技能,如举重、摔跤、跑步等都是典型的大肌肉群运动技能。

典型的大肌肉群运动技能、小肌肉群运动技能都相对比较容易区分和分类,但是在运动训练过程中,还存在很多非典型的大肌肉群或小肌肉群运动技能,比如跳水、骑自行车等运动技能的操作既需要大肌肉群的参与,同时还要求一定的(较高的)、精确的小肌肉群控制。那么这些技能该如何分类呢?跳水虽然需要大肌肉群的参与,但在动作协调流畅的基础上,精确控制才是关键,因此跳水更靠近连续期间的"小肌肉群运动技能"端。而骑自行车往往需要募集多个较大的肌肉群,虽然也需要精确控制骑行方向,但对动作方向和流畅性的要求相对更高,所以骑自行车技能更接近连续区间的"大肌肉群运动技能"端。

图 2-5 小肌肉群和大肌肉群运动技能分类

第二节　运动技能形成的过程

运动技能形成的过程

一、运动技能形成的阶段

运动技能形成的过程是分阶段的,不同的阶段有不同的特点。1967 年,费茨和波斯纳(Fitts & Posner)把运动技能的形成划分为认知阶段、联结阶段和自动化阶段,该三阶段模型被认为是运动技能形成的经典模型,得到广泛的认可和运用。

(一)动作的认知阶段

动作的认知阶段是运动技能形成的开始阶段。该阶段具有如下特点:练习者的神经过程处于泛化阶段,内抑制尚未精确建立;知觉的准确性较低;注意范围比较狭窄;紧张程度高;动作的完成不精确;动作之间的联系不协调,多余动作较多;能初步利用结果的反馈信息,但只能利用非常明显的线索;较多利用视觉来控制动作,动觉的感受性较差;难以发现动作的缺点和错误;意识的参与较多。

运动技能形成的认知阶段,主要应强调练习者对任务的认知,即知觉和理解动作的术语、要领、原理或规则,以及做动作时应知觉的线索(包括来自身体内部或外部的线索),以便使练习者在做动作时尽可能正确。例如,网球初学者需要了解网球的基本任务、抓握球拍的正确动作、击球点的最佳位置等。在此阶段,练习者主要是通过视觉观察示范动作并进行模仿练习,因此,来自教师的指导、示范、反馈等信息可以帮助他们更有效地进行技能操作。

(二)动作的联结阶段

练习者经过一定的练习之后,初步掌握了一系列局部动作,并开始把个别动作联系起来,这个阶段是动作的联结阶段。该阶段具有如下特点:练习者的神经过程逐渐形成了分化性抑制,兴奋和抑制在空间和时间上更加准确;注意的范围有所扩大;紧张程度有所减缓;动作的准确性提高;多余动作逐渐消除,动作之间建立了初步的联系;视觉仍起一定的作用,肌肉运动感觉逐渐清晰明确;识别错误动作的能力有所加强。

运动技能形成的联结阶段,重点是使练习者将动作的各个组成部分建立起固定的联系,强调在正确的知觉和积极思维的基础上反复练习,以找到改进动作的方法,合理地使用力量、速度,建立准确的空间方位,最后把动作各个组成部分联合成一个整体,建立起动作连锁。例如,网球学习者进入动作联结阶段时,已经知道在击球之前如何跑动和挥动球拍,以达到预期的球速和落球点。

(三)动作的自动化阶段

动作的自动化阶段是运动技能形成的最后阶段。该阶段具有如下的特点:练习者的动作已在大脑中建立起稳固的动力定型;神经过程的兴奋和抑制更加集中和精确;注意范围扩大,注意主要用于对环境变化信息的加工上,对动作本身的注意很少;动作的自动化程度扩大,意识只对个别动作起调节作用;视觉控制作用减弱,动觉控制作用加强;练习者已经形成较高的错误觉察能力,能够发现错误和纠正错误。

在运动技能形成的自动化阶段,一长串的动作系列似乎是自动流出来的,无须特殊注意和纠正,这时的动作已经程序化了,心理和机体的能量消耗出现节省化。例如,一个高水平的武术或体操运动员在演练套路时,并不需要思考每一个动作以及动作之间的顺序等基本内容,技能的操作已经达到自动化。需要指出的是,许多运动技能需要经过多年的和大量的练习才能达到和保持自动化的水平。

动作的认知阶段、联结阶段和自动化阶段构成了一个完整的运动技能形成过程,虽然各个阶段有各自的特点,但各个阶段不是互相割裂、截然分开的,这三个阶段是紧密联系的完整体。

二、运动技能形成过程的特征

运动技能形成是指通过练习或经验,引起动作行为持久性改变的历程。运动技能形成过程的变化特征主要体现在动作控制的意识性减弱、动觉反馈作用加强、微弱线索利用能力提高、运动程序建立和能量消耗节省化等方面。

(一)动作控制的意识性减弱

运动技能是通过练习从低层次的感知系统与运动系统的协调关系向高层次的协调关系发展,最终达到高度完善和自动化程度。运动技能的学习过程就是技能的自动化形成过程。在技能学习的初期,技能的各种动作都受意识控制,如果此时意识控制稍有削弱,动作就会出现停顿或出现错误,正确的技能就很难形成。但在技能的熟练期,人们完成技能时所关心的是怎样使这些技能服从于当前任务的需要,而不是如何操作的问题,技能操作的控制逐渐由意识性向自动化方向发展。例如,篮球运动中的基本运球动作,初学阶段我们只能把注意力放在拍球力度与节奏上,甚至常出现人跟着球跑的现象,但成为优秀的控球后卫后,运球的同时可以游刃有余地指挥全队的攻防战术,运球的动作几乎不需要意识的参与。

随着运动技能熟练程度的增加,意识控制逐渐减弱,动作控制呈自动化,但并非不需要意识的参与。如果技能操作环境发生变化,意识会很快参与对新情境的决策。

(二)动觉反馈作用加强

在技能形成的初期阶段,练习者主要依靠外部反馈,特别是视觉反馈来控制动作。例如,篮球初学者在运球时,眼睛紧盯着手里的篮球;自行车初学者,视线离不开自行车把手和前轮胎。随着技能的形成和完善,运动技能的操作借助于运动程序的控制来完成,此时,视觉反馈的作用降低了,而动觉反馈的作用却大大加强。动觉反馈是运动程序的控制器,保证着运动技能的顺利操作。

(三)微弱线索利用能力提高

任何运动技能的完成都受情境中的线索指导,但在不同的技能形成阶段,对线索的利用情况并不相同。在运动技能形成的初期,练习者只能对很明显的线索(如教练的提示)产生反应,自己并不能觉察到动作的全部情况,难以发现自己的错误。而随着技能的形成,练习者能觉察到自己动作的细微差别,能运用细微的线索,使动作日趋完善。技能达到自动化程度时,练习者根据很少的线索就能完成动作。例如,优秀的长跑运动员在比赛中能够觉察到自己某一圈速度是快了还是慢了,从而作出调整节奏的决策,而新手则很难觉察。

(四)运动程序建立

运动技能是由若干动作按一定的顺序组织起来的动作体系,任何一种运动技能都具有时间上的先后动作顺序和一定的空间结构。例如,原地推铅球技能,从持球蹬腿、转体到最后出手用力的动作顺序是不变的,动作的空间结构也具有稳定性。当运动技能在经过充分的练习达到熟练程度时,不仅技能的局部动作已综合成大的连锁动作,而且神经系统已发展了一个内部运动程序,使完整的技能操作畅通无阻地进行。优秀运动员熟练的运动技能都是由运动程序来控制执行的,很少需要视觉系统的监控。例如,跨栏运动员在比赛中如行云流水般地自动跨过10个栏架,攻栏、跨栏、落地、再攻栏……技能的完成是按一定的程序依次进行的。可以说,技能的形成过程就是运动程序的建立过程。

(五)能量消耗节省化

运动技能的形成过程就是技能操作能量节省化的过程。运动技能的自动化程度越高,或者说运动技能越完善,技能操作过程中耗费的能量就越少。完成同样的运动技能,初学者往往要消耗很多的能量,而熟练者则能节省能量的消耗。与运动过程有关的能量消耗有:(1)生理能量消耗,即技能操作时所消耗的生理能量,可通过测量技能学习过程中的热量消耗来确定生理能量的消耗;(2)机械能量消耗,可通过计算个人新陈代谢来测定机械能量消耗;(3)知觉能量消耗,即个体对能量消耗的主观感觉。运动技能的练习可以减少能量的消耗。

运动技能形成可以减少能量消耗,这已经得到了许多研究的支持。Sparrow 和 Hudles 等对被试进行为期 6 天的划船练习,实验结果发现,被试在 6 天的练习中,心率、氧气消耗量和知觉能量消耗率都显著降低,当练习者采用个人喜欢的划法和速度划船时,新陈代谢中能量消耗降低。Almasbakk 等研究也指出,通过几天的模拟障碍滑雪器练习,练习者在练习过程中的耗氧量缓慢下降。

Box 2.1

运动技能为什么不容易遗忘?

运动技能一经形成就不易遗忘。例如,小时候学会了骑自行车,即使很长时间不再骑自行车,但其技能几乎保持如故。与知识的保持性相比,运动技能的保持更牢固。为什么形成的运动技能不容易遗忘?

第一,运动技能是经过大量练习而形成的。大量的练习往往意味着过度学习,经过过度学习的任务是不易遗忘的。

第二,多数运动技能是以有序连续的个别动作串联而成。有序连续的动作只要出现某一部分,其他相关联的动作就会连锁出现,由有序连续的动作序列构成的运动技能不易遗忘。

第三,运动技能不同于言语知识,它的保持高度依赖小脑和脑低级中枢,而这些中枢可能比脑的其他部位有更大的保持动作痕迹的能量。

(唐征宇,2018)

第三节 运动技能形成的途径

运动技能形成的途径

一、练习

任何运动技能都是通过练习而形成的,练习是运动技能形成的根本途径。

(一)练习和绩效

练习是指以掌握一定的动作或活动方式为目标的反复的操作过程。随着练习的进行,个体的绩效水平会发生变化,绩效水平的提高是练习所带来的最直接、最明显的结果。

绩效是个体操作运动技能时能被直接观察到的行为,如百米赛跑的成绩,投篮的命中率等。需要说明的是,绩效水平的变化并不等同于运动技能学习的发生,只有具备某些特征的绩效改变才提示运动技能学习的发生。这些重要的绩效变化特征是:

1. 绩效提高的持久性

绩效的提高必须能持续一段时间,这可以通过保持测验来评估。练习后休息一段时间,再测验与练习时相同的内容,称为保持测验。练习结束到进行保持测验之间停练的时间长度是任意的,但停练时间的长度要足以排除所有影响绩效效果的因素,如疲劳、情绪、动机等,以评估练习期间人们学到了什么。学校体育教学中的许多运动技能测验多为保持测验,总在技能学习结束后某个时间段里进行。

2. 绩效改变的一致性

随着学习的进步,绩效改变的一致性提高,即从一次绩效到下一次绩效,个体的绩效特征会变得更为相似。在学习的早期阶段,各练习间的绩效特征通常是不稳定的。

绩效是观察到的行为,而学习并非能够被直接观察到。所以,只有通过对练习绩效的特点进行推断才能来评估学习的状况。

(二)练习曲线

练习曲线是表示一种技能形成过程中练习绩效随着练习次数或练习时间变化而发生变化的曲线图,也称为绩效曲线。练习曲线通常有三种表述方式:

(1)练习次数或练习时间与完成动作所需时间的关系;

(2)练习次数或练习时间与单位时间内完成工作量的关系;

(3)练习次数或练习时间与错误量的关系,错误量常用均方根误差(RMSE)来表示。

(三)练习过程的一般趋势

在运动技能学习的过程中,练习的最直接结果就是绩效的提高,练习绩效的提高主要表现为速度的加快和准确性的提高。速度加快是指单位时间内完成的工作量增加,或每次练习所需要的时间减少。准确性提高是指每次练习出现的错误次数减少。不同运动技能的练习进程不可能完全相同,但它们具有一般的、共同的发展趋势。这些共同趋势表现为:练习进步的先快后慢、练习进步的先慢后快、练习进步的高原现象和练习进步的起伏现象。

1. 练习进步的先快后慢

练习进步的先快后慢表现为个体在练习的开始阶段绩效提高较快,但随着练习的进行,绩效提高的速度逐渐减慢的现象,如图2-6所示。短跑、跳远等技能的练习都表现为这种情况。

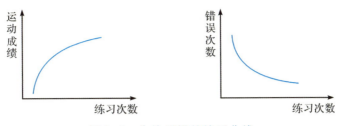

图 2-6　先快后慢的练习曲线

出现这种现象的原因可能有：

（1）练习初期，练习者可以利用过去的经验和方法，所以练习绩效的提高较快。但到了技能形成的后期，可利用的经验成分越来越少，需要新建的神经联系越来越多，此时技能的任何进步都要付出极大的努力，所以绩效的提高逐渐缓慢下来。

（2）练习初期，常把复杂的运动技能分解为较为简单的局部动作进行练习，若此时测验的是局部动作而不是整体技能，就会看到练习绩效进步较快。在练习的中后期，需要建立复杂的动作联系，若此时测验的是整体技能，练习绩效的进步就会减慢。

（3）练习初期，练习者的练习兴趣浓厚，情绪饱满，练习积极主动，而练习后期，练习者的积极性降低，对练习产生枯燥感，因而造成练习绩效的提高减慢。

2. 练习进步的先慢后快

练习进步的先慢后快表现为个体在练习的开始阶段绩效提高较慢，但随着练习的进行，绩效提高的速度加快的现象，如图 2-7 所示。这种现象多出现在游泳、滑冰等技能的学习过程中。

出现这种现象的原因可能是，诸如游泳、滑冰等技能的操作环境与练习者的生活环境有很大差异，个体可利用的过去经验和方法极少，可利用的运动程序有限，练习者必须建立新的神经联系，还要克服其他动作程序的干扰，因此练习初期绩效的提高较慢，一旦掌握了基本的技能程序，绩效提高的速度就明显加快。

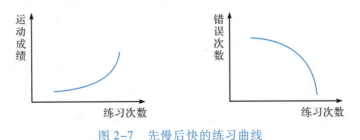

图 2-7　先慢后快的练习曲线

3. 练习进步的高原现象

练习进步的高原现象是指在练习的过程中，个体的练习绩效并非一直上升，有时会出现暂时停顿的现象，其主要表现为：练习绩效在某水平出现停顿，甚至有些下降，但经过一段时间的调整，绩效又会继续上升。图 2-8 所示是某个体完成一项复杂追踪任务的练习曲线,在第 23 至 27 次练习之间出现了明显的高原现象。

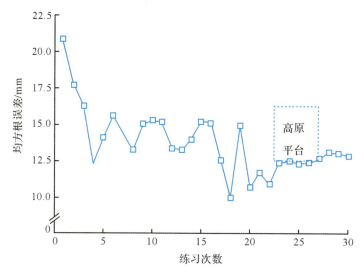

图 2-8　复杂追踪任务的练习曲线(Magill,2006)

产生高原现象的原因可能有以下几种:

(1)当练习者从技能学习的一个阶段向另一个阶段过渡时,技能的提高需要改变旧的动作结构,建立新的动作结构,形成新的策略。因此,在练习者还没有适应技术改造之前,或新策略完全形成前,练习绩效的高原现象发生了。

(2)有些技能的提高需要身体素质作保障,身体素质发展的落后会制约运动技能的发展,出现练习绩效的暂时停顿现象。只有身体素质得到适当的提高,技能水平才可继续发展。

(3)经过一段时间的练习后,练习者的动机水平下降,兴趣降低,情绪厌倦,或者练习者身体疲劳,出现伤病等,也会使绩效进步出现停滞。

(4)高原现象更可能发生在复杂技能的学习中。在复杂技能的学习中,单个动作的连接以及整体技能的程序都较复杂,分解练习中的单个动作的执行时机、力度在整体技能中都有不同的要求,如果测验的是整体技能,则会看到高原现象的发生。

有研究者认为,高原现象是技能练习的绩效特征,而非学习特征。也就是说,高原现象可能在练习曲线(或绩效曲线)中出现,但学习仍然进行着(Magill,2006),高原现象是由于绩效指标的局限性引起的。当绩效测量中出现“天花板或地板效应(ceiling or floor effect)”,即绩效的测量值不允许超出或低于某个点时,绩效高原现象就会出现。例如,将一组 20 个罚球线投篮命中数作为绩效分,那么当个体达到 100% 命中率时,就不再能观察到绩效的提高,即出现了“天花板效应”。此时,尽管练习绩效不再提高,但是个体的技能可能仍在不断提高。

高原现象在运动技能学习中普遍存在,但应当指出的是,高原现象并不是任何运动技能在学习过程中都会发生的。

4.练习进步的起伏现象

练习进步的起伏现象是指运动技能在练习过程中,绩效表现出时而上升、时而下降的现象,如图 2-9 所示。

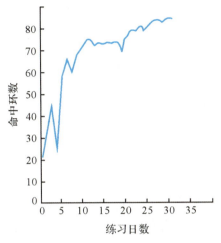

图 2-9　步枪射击的综合练习曲线(张力为,2003)

造成练习进步起伏现象的原因有客观和主观两方面的因素。客观因素包括学习环境、练习设备、练习内容、教师指导方法等,主观因素包括练习者的动机、兴趣、注意、情绪、意志、学习方法和身体状况的变化等。

Box 2.2

心理实验:运动技能的形成

一、目的

学习用镜画仪来探索运动技能的形成过程。

二、仪器

镜画仪

三、程序

1.令被试面对镜子正坐。主试将星形图案纸放在镜前,调节遮眼板,使被试不能直接看见图形,只能在镜中看见。

2.被试用优势手执笔,笔尖放在星形图案的起点处,做好准备。主试发令"开始",被试立即动作,按图中箭头所示方向,顺着星形图的双线中央,尽快地画一圈,直至回到原起点时为止,这算练习一次。执笔移动时要尽量又快又准。

3.被试所画的线如果触及了星形图案中双线的边际时,就会触发出响声,这就算犯一次错误;如果倒退一次也算一次错误。用计数器累计每次练习中所产生的错误动作的次数。

4.被试共练习 12 次。

四、结果

1.以练习次数为横坐标,以被试每完成一次练习所需时间为纵坐标,绘制运动技能练习曲线。

2.以练习次数为横坐标,以被试每完成一次练习所犯错误次数为纵坐标,绘制运动技能练习曲线。

五、讨论

1.什么是练习曲线?

2.从镜画学习的实验结果分析运动技能形成过程的特点。

(四)有效练习的条件

练习者在同一种运动技能的学习过程中表现有很大的个体差异,这除了有先天学习能力的制约外,练习的条件也起着重要的作用。影响运动技能有效练习的条件有:练习的目的和要求、练习方法、练习时间的分配等。

1.明确练习目的和要求

在运动技能的形成过程中,练习者明确自己的练习目的和要求,对于练习的效果具有重要意义。无目的的练习是简单重复,简单重复的练习不可能使活动方式得到改善,因为重复练习对正确和错误的活动方式均有巩固作用。

2.正确选用整体练习法和分解练习法

整体练习法是指每次练习都完整地把技能从头到尾操作一遍的方法。分解练习法是指将技能分解成若干个局部动作分别进行练习,在有一定基础时,再把局部动作联合起来练习的方法。

采用整体练习法还是采用分解练习法更为有效,通常依据技能的复杂性和组织性而定。复杂性是指运动技能中包含的动作数量,以及需要进行信息加工的数量,而组织性通常指运动技能各部分之间的关系。篮球训练中的例子可以很好地比较整体练习与分解练习的不同应用。篮球跳投是一项高组织性技能,因为跳投技术每一个环节的操作都有依赖于前一个技术环节的操作,虽然球出手时的手臂动作可以进行分解练习,但跳起后手臂在空中的位置以及出手的时机都必须与跳的方向和高度等其他技术环节联系在一起,所以跳投技术应采取整体练习。相反,篮球中的运球、传球、上篮等动作的时空关系相对独立,可以说这些技能具有较低的组织性,适宜采取分解练习(Magill,2006)。

3.合理分配练习时间

练习时间的分配是指实际练习时间和休息时间之间的比例。根据比例的大小,练习时间的分配有两种方式:常把较长的练习加上较短的休息称为集中练习,而练习间若有较长的休息,则称为分散练习(也可称为分布练习)。研究中通常以练习与休息时间比为1∶1作为判断的标准,若休息时间短于练习时间为集中练习,休息时间等于或长于练习时间则为分散练习。

许多研究表明,分散练习的绩效优于集中练习。杨博民曾就三种练习方式对大学生手枪射击成绩的影响进行研究。实验结果发现:经过短时休息和长时休息的练习方式,射击成绩的提高均达到显著性水平;而连续练习100次不休息者,射击成绩提高很少。黄希庭在转盘追踪练习实验中发现,每次练习间的休息时间越长,被试的绩效越好。

集中练习效果不佳的原因可以从疲劳的角度去解释。在很长一段时间内连续地进行相同的练习,或每次练习间仅有极短时间的休息,练习者无法消除在练习中产生的疲劳,从而使下一次练习的绩效提高缓慢,甚至下降,影响了练习的进程。但也有研究者(Stelmach)指出,虽然减少练习间的休息时间大大降低了练习成绩,并减慢了进步速度,但在休息一段时间后的迁移测验中发现,集中练习与分散练习的结果并没有明显差异。集中练习效果不好主要是因为暂时的疲劳,但疲劳在休息后会迅速消失,对实际的学习成绩影响不大。所以,无论是集中练习还是分散练习,影响的都只是暂时的练习效应,而对学习效应影响不大。

要合理地分配练习时间,必须考虑技能的性质、复杂程度,练习者的水平、身体状况,以及练习中如何消除疲劳、克服遗忘等各种不确定因素,练习分配只是影响练习效果的一个方面。对于集中练习和分散练习相结合是否对运动技能掌握更有效,以及两者是否存在一个适宜的结合比例,这些问题还有待进一步研究。

对于体育教师或教练而言,集中练习和分散练习都有各自的优缺点。集中练习次数较少,但每次练习的运动量大、时间长。分散练习的次数较多,每次练习的运动量较小、时间短。在休息间隔方面,集中练习几乎没有间歇,或者休息时间很短,练习之后很容易疲劳,而分散练习间隔时间长,完成起来相对较轻松。体育教师或教练应根据运动技能练习的特点采用不同的方法,见表2-1。

表2-1　集中练习和分散练习的优缺点

	集中练习	分散练习
优点	有利于简单动作的学习; 帮助初学者获得动作的感觉; 动作重复过程中强化关键技术; 可以针对动作中需要矫正的部分集中练习。	有利于学习一些容易产生疲劳的大肌肉群动作; 给学习者提供足够的时间进行思考,并通过反馈提高技能。
缺点	练习者较容易产生厌倦情绪并失去学习兴趣; 长时间的持续练习容易产生疲劳,并影响最终绩效表现; 需要很强的注意力和动机感。	由于每次休息后的重新启动,可能会拖延动作习得的时间; 可能会在休息阶段浪费时间,而没有足够的时间进行技能练习。

资料来源:任杰(2019)。

二、反馈

在运动技能学习过程中,有效而恰当的反馈对于提高运动技能的练习效率有着显著的影响。反馈的目的是向练习者提供动作过程或结果的有关信息,使练习者了解和比较其运动操作与运动目标之间的距离,从而调整练习的方式。

（一）反馈方式

按信息来源不同,可以将反馈分为内在反馈和追加反馈两种。

1. 内在反馈

内在反馈是指个体在操作技能时通过自身的视觉、听觉、本体感觉、皮肤感觉等感受器自然获得,不需要利用其他途径获得信息的方式,是人类进行学习的主要反馈方式。如一个网球练习者发球时腰部、肩部的肌肉用力情况,正手击球时击中与否,回球的具体位置等,这些运动信息在运动过程中或运动结束后,既不需要他人告知,也不需要任何的装置提供信息,练习者就可以直接获得,这些信息的反馈方式就属于内在反馈。

2. 追加反馈

追加反馈是指个体在操作动作和技能学习时,凭借外力或外物而获得关于动作结果或动作过程信息的方式,这些信息是追加的信息。例如,教师纠正错误动作时的语言、比赛中的成绩显示等。追加反馈常有两种不同的形式:结果反馈（Knowledge of Results,简称 KR）和绩效反馈（Knowledge of Performance,简称 KP）。

结果反馈是指提供与操作结果有关的反馈信息,如 100 米蛙泳后告知运动员其成绩是多少。结果反馈是追加反馈中最重要的一种反馈方式,它可以通过语言或非语言的形式提供,可以在运动结束后即刻或结束一段时间之后提供。

绩效反馈是指提供运动操作特征有关的反馈信息,如在进行投篮练习中,教练说"压腕不充分"等。绩效反馈通常以影像反馈、运动学反馈、动力学反馈等方式进行。Newell 等认为,对于复杂的、需要身体综合协调完成的运动技能,学习时提供有关技能形态的运动学反馈、动力学反馈比只提供运动结果的反馈更有效。练习者通过影像等资料观察到自己在练习过程中身体的动态信息,对于技能的习得是大有益处的,当然这需要关键部位和线索的提示和分析。

结果反馈关注操作结果或目标的达成度,常以语言形式出现,简便易行,被广泛应用。绩效反馈侧重于动作操作的特征,常以录像、可视化数据分析等形式出现,可以为动作的学习、问题诊断、动作纠正等提供更详细的信息,在体育教师及教练中得到广泛使用。经验丰富的体育教师和教练会根据学生的学习情况,将结果反馈和绩效反馈有效结合起来使用。表 2-2 列举了一些常见的结果反馈和绩效反馈的实例。

表 2-2　结果反馈和绩效反馈实例

运动情境	反馈类型	实例
乒乓球教练告诉运动员	结果反馈	这个发球很好。
	绩效反馈	发球时,抛球高度要固定。
康复师告诉患者	结果反馈	你今天独自站立的时间比昨天长了 2 分钟。
	绩效反馈	在站立的时候,尽量将重心放在两腿之间。
短跑运动员	结果反馈	看到自己跑步所用时间。
	绩效反馈	观看自己跑步时的录像。
驾校学员在模拟器上	结果反馈	完成一次操作后,看到自己操作的错误数量。
	绩效反馈	驾驶练习中,每次操作出错时看到提示灯闪亮。
射击运动员	结果反馈	看到自己射击的环数。
	绩效反馈	观看当时射击时心率波动曲线图。

资料来源:任杰(2019)。

（二）反馈频率

长期以来人们总认为每次练习后都应提供追加反馈,100% 的追加反馈频率是最有利于技能学习的,但 Winstein 等以不同频率反馈对复杂追踪任务学习的影响研究表明,50% 频率反馈的保持测验成绩好于 100% 频率反馈。现在的研究证实,降低追加反馈频率可以促进运动技能的学习,但不一定有利于所有运动技能的学习。为了避免信息超负荷,以及对追加反馈产生依赖,在训练教学中应降低提供追加反馈的频率,具体应注意以下几个方面:

（1）学习初期,由于没有掌握基本的技术动作及运动模式,应该频繁提供反馈。

（2）在掌握基本技术动作、运动模式,能发现及纠正简单操作错误后,应降低反馈的频率,直至不提供反馈。

（3）应根据学习者的特点制定降低反馈频率的策略。对于前期经验、动作掌握较快的学习者,应尽快降低反馈频率。对于动作掌握较慢的学习者,可以缓慢降低反馈频率。

（4）学习操作开放性运动技能初期,需要相对较频繁地追加反馈,而学习封闭性运动技能时,应降低追加反馈的频率。

（5）大班授课时,应较频繁地在学习者之间移动,在走向下一个学习者之前,至少提供 1~2 次练习反馈。

（6）小班授课时,避免相对频率高于 50% 的反馈,以免出现对反馈的依赖。

（三）反馈时间

何时给予追加反馈最有效?是即刻反馈还是延迟反馈?传统的观点认为及时反馈可促进运动技能的学习,延迟反馈不利于运动技能的学习,但这一观点近来受到了普遍的质疑。有研究者(Swinnen)发现,在某些特定情境中,即刻反馈不利于技能的获得,一种可能的原因是个体在运动后过早获得追加反馈,将干扰他们从事对任务内在反馈信息的分析,而这些分析过程对于个体形成觉察错误能力是很关键的。当稍微延迟数秒提供追加反馈时,这些能力就能得到适当的发展。在教学训练中恰当提供追加反馈应注意以下几个方面:

(1)当视觉受限或无法获得关键的感知觉信息时,应提供同步追加反馈。

(2)尽量不要在操作后即刻提供追加反馈,这将不利于运动技能的学习。同步追加反馈和即刻追加反馈都不利于运动技能的学习。

(3)在提供追加反馈前,应鼓励学习者先对应完成的动作结果和操作过程特质进行自我评价。

(4)提供追加反馈和下次练习开始的时间不宜相隔太短,否则不利于动作计划的制定。

(5)在运动技能教学训练中,追加反馈提供的时机策略应根据学习者自身的特点和学习情况进行动态的调整。

(6)对于有前期经验、运动技能掌握较快、技能水平较高的学习者应延迟追加反馈。而对于运动技能掌握较慢、技能水平较低的学习者,在学习初期可以相对及时地提供追加反馈。

(7)学习复杂或较难的运动技能初期,应及时提供追加反馈。当掌握或建立基本的运动模式后,应延迟提供追加反馈。

(8)学习开放性运动技能初期,应及时提供追加反馈。而学习封闭性运动技能时,应适当延迟提供追加反馈。

第四节　运动技能的迁移

一、什么是技能迁移

运动技能的迁移

不同运动技能之间的学习会产生相互影响。例如,学会了投手榴弹的技能会影响掷标枪技能的学习;反过来,学会了掷标枪的技能对于投手榴弹技能的保持也会产生影响。我们把一种运动技能的学习对另一种运动技能学习的影响,称为运动技能的迁移。

(一)正迁移和负迁移

运动技能间的相互影响可以是积极的,也可以是消极的。根据技能间相互影响的性质,可以把技能迁移分为正迁移和负迁移。

一种运动技能对另一种运动技能的学习产生积极影响,叫作技能的正迁移或积极迁移。例如,学会了跳高之后再学习撑杆跳高,学会了技巧的前翻动作后再学习跳马动作等,都会因为一种运动技能的学习而促进另一种运动技能的学习。

一种运动技能对另一种运动技能的学习产生消极影响,叫作技能的负迁移或消极迁移,也称为技能的干扰。例如,学会了自行车后学习骑三轮车,学会了俯卧式跳高之后再学习背越式跳高等,都会因为一种运动技能的学习而阻碍另一种运动技能的学习。

(二)顺向迁移和逆向迁移

我们通常会片面地把技能迁移理解为已形成的运动技能对后续运动技能学习的影响。然而现实生活中也存在这样的现象,即后续的运动技能学习也可能对先前已形成运动技能的保持产生某种影响,这种影响也应当看作是运动技能学习的迁移现象。

根据运动技能间相互影响的时间序列,可以把技能迁移分为顺向迁移和逆向迁移。顺向迁移是指已形成的运动技能对新技能学习的影响,逆向迁移是指后学运动技能对先前运动技能保持的影响。无论顺向还是逆向迁移,都有可能存在着积极或消极的影响。

Box 2.3

两侧迁移

当我们学会用某一侧的手或脚操作一项运动技能时,就很容易学会用另一侧的手或脚来操作这项技能,这种现象称为两侧迁移,又称对侧迁移或交叉迁移。例如,学会了右手运球或投篮,能促进左手运球或投篮技能的形成。关于两侧迁移的实证研究非常多:武德沃斯(Woodworth)的镜像追踪实验、布雷(Bray)的目标定位试验、库克(Cook)的迷津试验、艾伦(Allen)的镜画练习等研究都发现了肢体的对侧迁移现象,而且发现不但手对手可以产生迁移,甚至手对脚、脚对脚、脚对手也可以产生技能迁移。

两侧迁移最明显的是人体对称部位,如左手－右手、左脚－右脚;其次是同侧部位,如左手－左脚、右手－右脚;最弱的是对角线部位,如左手－右脚、右手－左脚。两侧迁移对需要双手或四肢协调运动技能的学习具有促进作用。

两侧迁移发生的原因是什么? 两侧迁移的发生可以用认知论和动作控制论来解释。

认知论认为,两侧迁移产生的基础是获得共有的认知信息:需要怎么做才能达到技能目标。不管练习的是哪侧肢体,这种信息对于技能操作都是相同的。例如,用右手投篮与用左手投篮是完全不同的篮球技能,但如果不考虑投球者所用的是哪一只手,投球时眼睛盯着目标、蹬地、起跳、伸臂、拨球、出手等,这些动作顺序是相同的,正是这些相同的信息促使了技能的两侧迁移。

动作控制论认为,动作的执行是由程序控制而完成的,而一类动作是由共同的一般运动程序控制的。例如,左手或右手单手肩上投篮动作是由相同的一般运动程序控制,只是在某一变量上选用的动作参数不同。通过一侧肢体练习获得的这种一类动作的一般运动程序,就可以用于另一侧的相同技能操作,从而表现出两侧迁移的效果。

二、技能迁移的测量

要测量一种运动技能的学习对另一种运动技能的学习或保持存在怎样的影响,比较经典的实验设计是前后测验法,用以研究前后任务间的相互影响,见表2-3。

表 2-3　迁移实验的基本设计

迁移方向	分组	先学任务	后学任务	测验任务
顺向迁移	实验组	A	B	B
	控制组	—	B	B
逆向迁移	实验组	A	B	A
	控制组	A	—	A

迁移实验的设计包括四个步骤:

(1)等同分组:一般是建立等组,设实验组和控制组。

(2)实验处理:在顺向迁移实验中,实验组先学习任务A,控制组休息,然后两组都学习任务B;在逆向迁移实验中,两组先学习任务A,然后实验组学习任务B,而控制组休息。

(3)结果测量:在顺向迁移实验中,两组均测量B;而在逆向迁移实验中,两组均测量A。

(4)比较分析:将实验组和控制组的测量结果进行比较,得出迁移是否产生,以及发生的是正或负迁移。

在顺向迁移的实验中,如果实验测得两组的任务B成绩相同,说明任务A对任务B没有影响,即没有发生迁移;如果实验组任务B的成绩好于控制组,则说明学习任务A对学习新任务B起到了促进作用,即发生了正迁移;如果实验组任务B的成绩差于控制组,则说明学习任务A对学习新任务B起到了干扰作用,即发生了负迁移。

在逆向迁移的实验中,如果实验测得两组的任务A成绩相同,则说明任务B的学习没有对已学任务A的保持产生影响;如果实验组任务A的成绩好于控制组,说明后学任务B对前任务A的保持起到了促进作用,即发生了正迁移;如果实验组任务A的成绩差于控制组,说明后学任务B对前任务A的保持起到了干扰作用,即发生了负迁移。

三、促进技能正迁移

(一)技能迁移的原因

技能学习过程中的正迁移和负迁移是如何发生的? 多年来,研究者们已经提出了很多的假说来解释学习迁移发生的原因。

1.正迁移发生的原因

共同要素理论。行为主义心理学家桑代克（Thorndike）提出共同要素理论来解释迁移的效果。他认为，迁移的产生是由于技能之间或技能操作情境之间有许多共同成分，这种成分一般包括刺激和反应方面的相同或相似。两种技能或两种技能操作的情境相似性程度越高，两者之间的正迁移数量就越多。例如，与排球的发球技术相比，网球与壁球的发球技术之间相似程度更高，所以两者之间的正迁移数量就较多。同样，与实际比赛情境高度相似的练习条件也将产生较多的正迁移。

加工需求相似性理论。加工需求相似性理论认为，正迁移产生的原因是两种技能操作过程中认知加工特征的相似性，而不是两种技能的成分或两种技能操作情境特性的相似性。许多活动项目的技能成分虽然不同，但在操作中却有相似的策略、规则。例如，虽然在不同的场地或者使用不同的球拍，但比赛的规则相似。网球、壁球和板球都需要建立一个回击反弹球的决策过程，在一种情境中学习有关球的反弹速度、方向、启动角度、球的旋转等特征，可以对其他一些知觉因素相似的情境提供更多的积极性迁移。迁移的发生更重要的是因为两种技能操作的认知加工过程具有相似性。

2.负迁移发生的原因

尽管负迁移在运动技能的学习中很少出现，并且持续的时间很短暂，但是在实际教学和训练情境中，认识负迁移产生的原因以及如何应对仍具有非常重要的意义。如何解释负迁移的发生？最合理的解释是两种技能操作时的刺激是相同或相似的，但是要求作出的反应不同。例如，俯卧式跳高和背越式跳高，由于手的用力不同，脚尖的动作不同，或踏跳动作的不同，两者之间会产生负迁移。

对相同或相似的刺激作出反应时，反应空间位置的改变和反应时间结构的改变是产生负迁移的两个重要变量。例如，当你驾驶一辆别人的汽车，这辆车的变速挡位置与你已经习惯的位置正好相反，你会发现自己很容易在习惯的位置上换挡；或者你在一台不熟悉的电脑上打字，有些键的位置（空格或回车键）与你习惯的位置不同，你会发现打字时容易出现错误。这些例子都是因为反应的空间位置发生变化而产生了负迁移。对于已经获得的运动技能，反应时间结构的改变也是引起负迁移的重要因素。例如，操作一套熟练的艺术体操动作需要 1 分 30 秒，此时若要求运动员在 1 分 25 秒内完成全套动作，则运动员在初期会遭遇很多的失败，需要进行多次的尝试才能建构新的动作结构模式。

在运动技能的学习过程中，教师必须意识到当练习者需要对旧刺激作出新反应时，练习初期的错误数量会比较多，甚至还会出现反应困难的现象。教师应将练习者的注意指向引发负迁移的任务特征或反应特征的变化上，练习者对这些特征的关注以及继续练习会有利于负迁移的克服过程。

（二）如何促进正迁移

"为迁移而教"，有效地指导和组织运动技能的学习，以促进最大的学习迁移，是多数教育过程追求的重要目标。要实现技能学习的最大化迁移，应注意以下一些原则：

两种技能间的相似程度越高，迁移量越大。教师要指出技能间的相似性，让学生寻找技能间相似的一般运动模式，借用已经熟悉的运动模式，以完成新技能的学习，从而实现技能间的快速迁移。

两种技能操作的认知加工特征越相似，迁移量越大。教师要指出技能间的认知因素方面的相似性，如规则、概念、策略和机械原理等。

两种技能的训练条件高度相似时，迁移量最大。模拟训练对训练程序的迁移可能是有用的。

刺激相似而反应相同时，会产生正迁移；随着刺激相似性的增加，正迁移量也增加。

刺激相似而反应不同时，会产生负迁移；随着新反应与旧反应相似性的减少，负迁移量增加。

在运动技能学习的后期阶段，运动技能的迁移量一般很小，即使两个技能间非常相似，迁移量也非常小。但在运动技能学习的早期阶段，当技能水平很低时，已有的经验与技能对于练习者学习新技能可能是有用的。

微课堂：课程思政

序号	教学内容	育人目标
1	运动技能形成的阶段	掌握运动技能在不同阶段的特点，以技能形成从生到熟的过程为切入点，培养运动员锲而不舍的意志品质。
2	有效练习的条件	将理论知识与体育教学训练相结合，开展科学化的技能练习，培养运动员科学化训练的意识和能力。
3	技能迁移的测量	掌握前后测验法的基本实验设计，培养运动员严谨的思维能力和科学研究态度。

实训项目

1. 回忆学习某项运动技能的经历，通过小组讨论，分析运动技能形成的阶段和变化特征。

2. 选择一项新的运动技能进行学习（比如单手肩上投篮），坚持每周有规律地练习。

每次练习后进行测验,并记录每次测验的成绩。描绘成练习曲线,分析练习曲线表现出来的趋势。

3.假设你是一名体育教师,准备给从没有学习过篮球的学生教单手肩上投篮,为了提高教学效果,你会如何设计练习和反馈?

4.设计一个测量运动技能顺向迁移的实验方案。

本讲小结

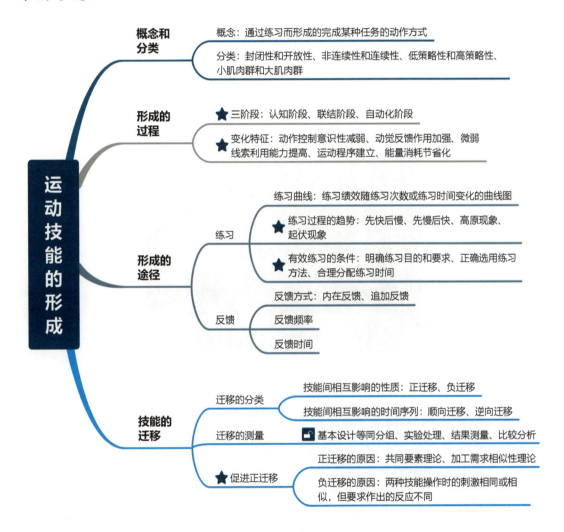

即测即评

第三讲　运动中的认知

图 3-1　东京奥运会乒乓球女子团体冠军:孙颖莎

在东京奥运会乒乓球女单半决赛中,孙颖莎直落四局 4∶0 横扫对手伊藤美诚,与陈梦会师决赛;在女子团体决赛中,孙颖莎在第二轮 3∶1 击败伊藤美诚,帮助中国队以大比分 3∶0 战胜日本队夺冠(见图 3-1)。孙颖莎是右手横拍快攻结合弧圈打法,在外界评论她技术打法先进,所以能够驰骋世界乒坛的时候,她清楚地意识到,自己的成功与日常训练中重视球感、思维、记忆的培养和提高是分不开的。她知道自己要什么,并为之不顾一切,同时她也会在比赛中总结点滴的经验,有信念、有拼劲,也有想法和策略。

问题导读

通过本讲的学习,你将能够回答以下问题:

1. 什么是专门化运动知觉?专门化运动知觉有什么特征?
2. 运动中常见的思维有哪些?
3. 操作思维与运动水平、运动项目有什么关系?
4. 为什么说预测思维是一把"双刃剑"?
5. 战术思维有哪些特点?
6. 运动记忆的特征是什么?
7. 影响运动记忆的因素有哪些?
8. 怎样提高运动记忆的有效性?

第一节　专门化运动知觉

一、什么是专门化运动知觉

(一)运动知觉

感知觉是人们认知活动的开端,运动技能的学习也是由感知开始的。每一项运动技能都是由大量动作细节组成的复杂结构体系,具有其自身的基本特点和规律,并在生理和心理方面对运动员有一定的要求。运动知觉是对物体在空间和时间上位移的知觉,其依赖物体的运动速度、运动物体离观察者的距离,以及观察者本身所处的运动或静止状态。运动知觉需要视觉、听觉、肤觉、平衡觉、机体觉、运动感觉等系统的参与。

(二)专门化运动知觉

专门化运动知觉是在长期从事某一运动项目的运动实践中发展与形成的一种特殊的、精细的综合性知觉,能对自身运动和环境线索(器械、场地、运动媒介物质,如水、空气)作出敏锐和精确的识别和觉察。专门化运动知觉是专项运动对运动员心理要求的一个重要方面,它对运动成绩的提高具有重要作用,越来越引起人们的重视。专门化运动知觉由一系列运动感觉组成,它能给运动员提供动作进行状况的信息,包括动作的顺序性和协调、方向和幅度、频率和节奏、强弱和久暂等信息。值得一提的是,它反映的某种动作技能各个部分之间的联系,以及动作与器械或环境之间的关系是一个有机的整体。

二、常见的专门化运动知觉

常见的专门化运动知觉有球感、水感、速度感和平衡感等。

常见的专门化运动知觉

(一)球感

球感是在长期从事球类运动的过程中形成的一种复合知觉。它是对球的重量、形状、弹性、硬度、击球的力量,以及球在空间中运动的高度、速率和方向变化等方面的知觉。这种复合知觉是对练球时进入视觉系统、触觉系统和动觉系统的各种刺激物进行精细分析,并在大脑皮层形成复杂而稳固的神经联系的结果。球感可以帮助运动员正确判断踢球或发球的方向和高度,以及球的落点是否适当。

运动员在球场上能否正确确定自己的行动方向、采取有效动作、防止错误动作,这取决于多种因素,在运动员的深度知觉和边缘视觉(视野的大小)相同的情况下,球感越好,越能正确判断球的运动和保持良好的控球能力,从而迅速而准确地回击球或投球。运动员情绪过分激动,或者身体极度疲乏时,球感就会减弱;如果长期不参加球类运动,球感也会减弱,甚至消失。

(二)水感

水感是游泳的专门化运动知觉。它是由触觉(人的压力感觉、与水的贴近感觉)、肌肉运动觉(动作强度、速度、准确性、柔和性、平衡性与协调性)、温度觉等感觉系统组成的复合知觉。水感是人们在游泳时对水的浮力、压力、阻力等刺激进行精细分化的结果。正是因为有了水感,人们才能调整划水动作的强度和速度,进而提高游泳的技能水平。例如,游泳时,一旦感到指尖的水压开始减弱,手就逐渐加紧划水,以保持持续均匀的冲力;划臂时还要控制手的动作幅度,改变划臂方向。与此同时,凭着水流经脚趾之间的感觉,可以保证双腿顺应性而有效地完成动作,可以检验自己的脚踝是否放松,以及纠正屈膝过分的腿部动作。所有这些动作构成一个整体,成为游泳运动员的专门化知觉。

Box 3.1

游戏与水感

游戏,是人类的天性。初学游泳的人,水感没有建立起来,多少有些怕水心理。因此,在游泳教学初期,多安排分组合作的小游戏进行互动练习,不仅可以有效消除惧水心理,而且在游戏中还可以逐步建立身体对水的适应性,提高身体各部分对水的感知能力,从而在不经意间逐渐提高运动员的水感。培养水感的游戏方法主要有:

(1)水中跑跳互相追逐类。以不同的动作如双手放在头上或背在身后、单脚跳跃、双腿跳跃等,两人一组互相追逐,追到后角色互换;多人分组一臂间隔排成一路纵队,用双手握住前面同学的右腿,向前跳一段距离,组间进行比赛。

(2)水下猜拳游戏类。两人一组,腹腔空气排空后蹲坐于水下进行,水要没头,进行猜拳游戏,三局两胜,获胜者可以出水;或者输的一方要背上同伴在池中走一段距离作为"惩罚",以提高游戏互动效果。

(3)分组协作对抗类。如骑马打仗:两人一组,一方骑在另一方的肩上为战士与马。两组战士互相用手把对方拉下马,落水者为输,战士与马互换位置。再如水中斗膝、水中互相踩脚等,单位时间内计算跌倒次数,输的一方要有惩罚措施。

(王成,2017)

(三)速度感

速度感是在长期从事有时间(或单位时间)要求的运动项目过程中形成的一种专门化运动知觉。速度感是脑和身体各器官(包括平衡器官、运动器官)活动的整体产物,它是运动员准确估计自己的运动速度、正确使用力量和调节速度的必要心理因素,是周期性运动项目(如跑步、滑雪、自行车、划船等项目)和非周期性运动项目(如田径中的跳跃和投掷,以及体操、武术等)必不可少的心理条件。

在周期性运动项目中,以跑步为例,速度感的发展过程经历了以下三个阶段:第一阶段,通过听自己脚步声的频率来判断和调节速度,或者根据视野中看到的移动事物的快慢来估计自己的跑速。第二阶段,通过肌肉运动感觉系统对肌肉的紧张度、后蹬的力度和步幅大小以及动作结构等各种复杂刺激在时间关系上的变化,逐步达到精确分化的程度。第三阶段,依靠视觉、听觉和动觉三种感觉系统的协调活动来判断和调节速度,其中主要是凭借动觉,有时也凭借机体觉(如脉搏、心率、骨骼肌的疼痛、麻木或轻松等变化)来估计自己的跑速。

在非周期运动项目中,表现为时间节奏感。如果长期不参加训练或训练条件(如气候、场地等)突然发生变化,其敏锐性会减弱。

（四）平衡感

平衡感是辨别身体运动的速率和方向的知觉。它主要由前庭分析器来调节,也与视觉、动觉和内脏(机体)觉等感觉系统有关。运动员在跳伞、高台跳水、撑杆跳高、快速跑、摔跤、体操等运动中,都要凭借平衡感来控制自己身体的姿势和动作。

三、专门化运动知觉的特征

（一）综合性

专门化知觉往往依赖多种分析器的同时活动。例如,游泳运动员的水感不仅包括对水的触觉、温度觉,对环境的视觉,也包括对自身运动的动觉及速度知觉等。

（二）专项性

由于各运动专项的特点可能存在较大差异,因此,不同的分析器在不同专门化知觉中起的作用也不尽相同。例如,平衡觉在跳水、体操项目中具有重要作用,但对射击、射箭就不那么重要。

（三）高度发展的动觉

在所有运动项目中(不含棋类),高度发展的动觉都是专门化知觉的重要特征。球类项目的"球感",水中运动项目的"水感",冰上运动项目的"冰感",射击、射箭、跳水等项目运动员的"动作感",以及各种使用专门器械的运动项目的"器械感"等,这些专门化知觉都以高度发展的动觉为基础。

第二节　运动中的思维

思维是人脑对客观现实间接、概括的反映,借助言语、表象和动作实现,是认识的高级阶段,即理性认识阶段。认识事物一般的和本质的特征及其规律性联系的心理过程就是思维。思维对体育运动有着重要作用,主要表现为:模拟、预测运动进程;在运动的进程中接受反馈,调节和控制动作形成;形成对体育运动的综合认识等。

按照体育运动中思维的特点与解决问题的方式,可以把体育运动中的思维分为操作思维、预测思维和战术思维。

一、操作思维

(一)什么是操作思维

根据思维的抽象性可以把思维分为直观动作思维、具体形象思维和抽象逻辑思维。不论是从种系发展还是从个体发展的角度看,人类最初发展的思维形式都是直观动作思维。直观动作思维在个体发展中向两个方向转化:一是它在思维中的成分逐渐减少,让位于具体形象思维;二是向高水平的操作思维发展。

操作思维是反映肌肉动作和操作对象相互关系及其规律的一种思维活动。日常生活和工作中的绘画、弹琴、驾驶、体育运动等都离不开操作思维。在体育运动中,操作思维是运动员思维的主要表现形式,操作思维中有形象思维和抽象逻辑思维的成分参与,有过去的知识经验作为中介,有明确的自我意识(思维的批判性)的作用。运动员掌握、表现运动技能,都需要发达的操作思维作为基础,这在开放性运动技能中表现得尤为突出。

体育运动领域,常采用五格盘实验任务来测定运动员操作思维的准确性和敏捷性,完成实验任务的"时数"与"步数"是测量运动员操作思维水平的主要指标。

Box 3.2

心理实验:操作思维测验

实验目的:测定操作思维的准确性、敏捷性和随机应变性。

实验器材:五格盘 1 个,3 个标有"1""2""3"的筹码。

实验程序:

1. 主试向被试呈现五格盘、筹码。

2. 主试向被试讲解并演示测试的方法和要求:这里有三个筹码,开始的摆法不一,每次你都要以最短的时间、最少的步数,按照最终位置的形式把三个筹码对号摆在五格盘 1、2、3 的位置。每次上下或左右移动筹码一格,不能斜向移动或跳格移动,一个格子只能放一个筹码。

3. 按照测试规定的 3 个筹码 3 种不同的起始摆法,要求被试各做一次。记下每次所走步数和所用时间。

三种起始摆法如下：

3	1
	2

3	2
	1

3	2	1

最终摆法如下：

1	2	3

实验结果：分别记录三次实验所用的时间和步数，并计算平均数。

表 3-1   操作性思维测验的结果

次数	所用步数/步	所用时间/秒
1		
2		
3		
平均数		

资料来源：祝蓓里和季浏（2000）。

（二）运动水平与操作思维的关系

一般而言，对于从事同一项目的运动员，运动水平越高者，其操作思维越好，具体表现为：优秀运动员的操作思维优于一般运动员；专业运动员的操作思维优于业余运动员；运动者优于不运动者。1983年，许尚侠对不同运动项目的操作思维的研究证明了此观点，体育学院篮球班学生的操作思维优于少年体校篮球班学生，而专业篮球队运动员的操作思维又优于体育学院篮球班学生。羽毛球运动员均表现出了专家优势，优秀组比一般组具有更快的操作反应速度并且有更高的操作决策正确率（刘改成，2008）。

（三）运动项目与操作思维的关系

20世纪八九十年代以来，涉及篮球、排球、乒乓球、羽毛球、体操、武术、田径等运动项目的大量研究发现，对抗性项目运动员的操作思维优于非对抗性项目的运动员。以篮球、武术、体操和游泳为例，见表3-2。

表 3-2   篮球、武术、体操及游泳运动员的操作思维成绩

测验指标	篮球运动员	武术运动员	体操运动员	游泳运动员
步数平均数	8.21	10.56	16.22	17.00
步数标准差	0.64	0.71	0.97	1.12
时间平均数/秒	7.52	8.00	15.40	19.10
时间标准差/秒	0.66	0.50	0.83	1.04

对抗性项目中,人与人之间、人与器械之间的关系具有较大的不确定性,导致运动员的信息加工量较大,中枢神经系统需要迅速、灵活地作出大量决策,长期训练会促使运动员对这种任务要求产生适应性,提高其在运动情境中迅速、灵活地处理大量信息并作出决策的能力,这正是操作思维水平高的表现。因此,在各类运动项目中,信息加工数量和信息加工时间的要求越高,运动员的操作思维水平也越高,反之,则越低(张力为和毛志雄,2007)。

预测思维

二、预测思维

心中的行为选项越多,作出决策的速度就会越慢,往往稍有犹豫,就会贻误战机。除了依靠平时的大量训练外,运动员在比赛中如何克服这种决策延误? 他们一般靠预测对手的行为来增加决策时间。有经验的运动员能够通过对手的常规举动预测对手接下来会做什么。例如,在网球赛场上,新手需要满场狂奔,疲于应付;而有经验的网球运动员看到对手的某个动作时,就可以预测他会把球打到哪个方位,就有充足的时间进行决策,选择最有效的行为(见图3-2)。当然,这种预测是否会成功在很大程度上取决于运动员对关键线索的识别。

图3-2　C罗究竟是如何瞬间作出决策的呢?

预测思维是指对不完整信息或先行信息的加工过程。认知运动心理学认为,在某些情况下,运动成绩取决于预测思维。例如,在足球比赛中,为了使自己的动作能阻止飞来的足球飞进球门,足球守门员必须对攻方运动员的射门动作进行准确的估计和判断,也许他不得不依靠不完整的信息作出估计和判断,甚至利用统计推断来估计和判断射门的可能性。

运动心理学家区分了两种类型的预测——事件预测和时间预测。事件预测是对环境中会发生什么事件的预测,时间预测是预测环境中将要发生的那件事会在何时发生。

例如,篮球运动员预感队友要传球给自己,这是事件预测,事件预测使运动员能提前准备反应选择,如果他的预感应验了,他就能够迅速地作出反应。在事件预测的基础上,如果这名篮球运动员感到大约再过 2 秒队友就会传球给自己,这是时间预测。这种反应速度是在没有预感的情况下所进行的仓促应对所无法企及的。时间预测也能带来很明显的好处,知道队友将何时传球,就能够适时地准备接应,这样的默契可以使球队的攻防保持节奏和控制。如果运动员的事件预测和时间预测能力都很强,那自然是非常理想的状态。从为正确决策争取时间的角度来看,相比时间预测,事件预测的价值更高。事件预测的能力可以通过学习来提高,运动心理学家已经通过研究证实,将有效的运动线索识别经验传授给新队员,可以提高他们的反应速度和决策准确性。

虽然正确的预测能让运动员占尽先机,但如果预测是错误的,则会付出额外的代价。因此,预测是把双刃剑,预测也是有风险的。如果运动员预测对手将要传球,那他就可以提前完成自己的行为决策过程,准备就绪,只等对方的行为出现。如果对手确实如料想中那样传球了,他就可以如愿以偿地逮个正着。但如果预测失误,对方没有如料想的那样传球而是硬闯了,这时预测失误的副作用会导致赛场上的局势瞬间逆转。因为,一旦出现预测失误的情况,运动员就要抑制住已经蓄势待发的行为,这是需要时间的,即使停止最简单的行为也需要大约 40 毫秒的时间;抑制行为之后,运动员需要立即选择新行为,这又是一个决策的过程,事实上,情况已经令人无暇细想,只会下意识地去应对对手的行动,即使这样,新行为的发起也需要时间;等一系列新的信息加工过程完成后,可能早就错失良机,对方可能早就带着球跑远了。

经验丰富的运动员常常通过创造出对手的预测失误,而从中获利。例如,足球运动员会用假动作迷惑对手,作势要传球给一个队友,却出其不意地突然射门,由于对手欲防守传球,对方守门员完全没有预料到会射门,已经来不及应对随后的情境变化,因而,这种策略屡试不爽。

三、战术思维

(一)战术思维的定义

战术思维也称运动战术思维,是指在运动竞赛前和运动竞赛过程中,预测比赛进程、确立战术意图、制定各种战术方案、规划和动用各种战术手段的思维过程(祝蓓里、季浏,2000)。例如,在足球比赛中,根据对方的战术,己方采用什么阵势去应对。战术思维实际是个体在制定战术、形成战术和实施战术过程中的心理指向。战术思维的前提是对技术运用的认识,对比赛制胜规律的把握和对对手技战术状态的分析,它的基础是运动员所拥有的技术。

在体育竞赛中,战术思维是一种十分重要的思维。竞技场上的情况错综复杂,要想克敌制胜,必须了解自己,了解对手,以己之长,克彼之短,正所谓"知己知彼,百战不殆"。运动竞赛的过程是与对手进行较量的过程,在比赛中选手对运动条件的认识,对比赛形势的理解,对有效方法、手段的选择等一系列心理活动,都是与战术思维密切相关的。

战术思维的培养是一个长期积累的过程。教练应在平时的训练赛中有意识地让运动员注意运用合理的战术。比赛是形成、检验战术的最好时机,引导运动员在激烈的对抗中积极思考与总结,及时调整战术,敢于采用新的战术,将有利于他们战术思维能力的提高。

(二)战术思维的过程

首先,深入、全面地了解对方的实力,包括对方的身体能力、技术水平、战术特点和个性特征,并与我方实际情况进行认真细致的比较,作出客观的评价。准确估计临场各种客观环境和条件,并预先做好充分准备。

其次,通过对各种信息的分析与综合,正确地预见战局的发展方向和对方的行动趋势,并准备数套应对战术。

再次,在比赛中迅速对各种情况作出准确判断,识破对方的战术意图,并采取相应的战术措施,且不让对方识破。

最后,根据场上情况的突然变化,迅速而有效地改变战术或调整自己的行动方案。

(三)战术思维的特点

解决战术任务时的思维活动不同于解决其他问题学习过程的思维活动,它总是与运动操作的实际行动相联系,运动员只有通过对自己行动的成功与否加以分析,并能了解到对方行动的特点时,才能使问题得到解决。同时,对解决战术任务的思维活动过程,极少可能进行智力上的验证,只是在"瞬间"解决问题。研究表明,战术思维具有以下几个主要特点:

1.行动性

战术思维的行动性,是指运动员所采取的决定和对双方战术能力、战术意图、战术特点的预见和判断,都是在行动中进行和校正的。运动员的思维活动直接参加了比赛的实践活动,此时运动员主要是以对手的行动、个人行动和队友的行动为起点,也是对临场情境战术思维的终点。由于战术思维具有行动性的特点,不仅使运动员的思维获得了敏捷性和灵活性,而且也使战术思维本身获得了实效性,即运动员把战术决定付诸行动实施后立刻就能看到实际效果。

2.有效性

运动员的运动战术思维要与场上具体情境相结合。思维的内容和材料来自当时比赛场上的各种信息。在比赛过程中,运动员必须不断正确地预见和判断对方的战术意图并分析对方的能力。为使运动战术思维有效,不仅要迅速实施所采取的决定,而且要在行动中不断加以校正。

3. 敏捷性

运动员在执行战术任务的思维过程中,客观形势要求他们必须迅速地作出反应,很少有可能或者根本不允许作出智力上的验证。因为运动员对客观形势的分析、判断和对行动的选择,是在"瞬间"进行的,时间是极为短暂的,这一过程往往只有几秒钟,或者只能占更短的时间,这就必须靠思维的敏捷性来解决。如果运动员缺乏战术思维的敏捷性,往往会面对瞬息万变的形势而表现出犹豫、徘徊、迟疑等行为,从而造成贻误战机、使战术配合失灵等现象。具有战术思维敏捷性的运动员,往往能在情势危急的情况下当机立断,巧妙化解危机,从而创造出良好的攻势,变不利形势为有利形势,化被动为主动,抓住战机,出奇制胜。

4. 灵活性

战术思维的灵活性,主要表现在制定战术计划要根据实际情况(对方、自己、本队队员等)选择合理的战术手段,以及能根据临场情况的变化,机智、灵活地运用战术,而不是刻板地、机械地去执行赛前制定的战术方案。当条件变化时,要敢于采用新的战术。运动员善于把思维活动从偏见或谬误中解放出来,使战术运用活而不乱。

5. 批判性

战术思维的批判性,是指运动员善于严格地评价自己的行动计划,检查自己所提出的假设,在没有确认正确之前,不把它当作最后结论。由此看来,战术思维的灵活性是以思维的批判性为基础的。因为高度战术水平的基础,就在于运动员善于对不断变化的情况具有迅速、正确评价的能力,并能根据情况的变化,提出特殊的战术策略,只有建立在思维批判性的基础上,灵活性才是有效的。

6. 预见性

战术方案的制定建立在广泛搜集各种信息情报的基础上,通过对信息情报的分析、综合、判断和推理达到对战术运用结果的预见。

7. 创造性

创造性是指在战术方案的制定和战术手段的选择上有自己的创见,不囿于人们习以为常的方法和手段,能够出奇制胜。

8. 情绪性

运动员的战术思维活动总是伴随着强烈的情绪体验,运动员在执行战术任务时,是在强烈的情绪体验中进行的。例如,要完成一次集体进攻或防守战术的配合行动,运动员是在情绪异常兴奋状态下完成的。成功的战术思维活动总是伴随着积极的情绪体验,失败的战术活动也总是与消极的情绪体验相吻合。增力情绪(有信心、兴奋、愉快等)能提高思维过程的速度和效果,有助于执行战术任务;减力情绪(无信心、紧张、恐惧等)则会降低思维过程的速度和效果,从而表现出战术思维的贫乏性和局限性,有碍于执行战术任务。

Box 3.3

思维导图(Mind Mapping)

思维导图又称心智导图、脑图、脑力激荡图、灵感触发图等,是表达发散性思维的有效图形思维工具。

思维导图是一种将思维形象化的方法,运用图文并重的技巧,把各级主题的关系用相互隶属与相关的层级图表现出来,把主题关键词与图像、颜色等建立记忆链接。它充分运用左右脑的机能,利用记忆、阅读、思维的规律,协助人们在科学与艺术、逻辑与想象之间平衡发展,从而开启人类大脑的无限潜能。思维导图因此具有人类思维的强大功能。

放射性思考是人类大脑的自然思考方式,每一种进入大脑的资料,不论是感觉、记忆或是想法,包括文字、数字、符码、香气、食物、线条、颜色、意象、节奏、音符等,都可以成为一个思考中心,并由此中心向外发散出成千上万的关节点,每一个关节点代表与中心主题的一个联结,而每一个联结又可以成为另一个中心主题,再向外发散出成千上万的关节点,呈现出放射性立体结构,如图3-3所示。

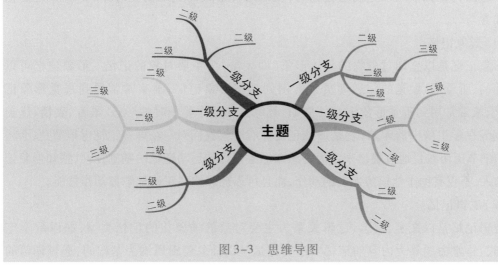

图3-3 思维导图

第三节 运动中的记忆

一、什么是记忆

(一)记忆的定义

记忆是过去的经验在人脑中的反映,是个体对其经验的识记、保持及再现(回忆或再认)的心理过程。运用信息加工的术语来讲,记忆是人脑对外界输入的信息进行编码、存储和提取的过程。人所经历过的事物,都会在头脑中留下不同程度的印象,并能在适当的条件下回想起来,或当它重新出现时被再认出来,这就是记忆。记忆可将人过去和现在的心理活动联系在一起。有了记忆,人经历过的事物才能被保存在头脑中,构成人的知识和经验。因此,人能不断地积累知识和经验,通过分类、比较等思维活动,认识事物的本质和事物之间的内在联系;人也通过记忆积累自己所受到的各种影响,逐渐形成了自己的个性,可以说记忆是人类智慧的源泉,是人的心理发展的奠基石。

记忆是一个极其复杂的心理过程,它包括识记、保持和遗忘、再认和重现三个环节。每个环节都有它自己的特点和规律,从而使每个环节都具有其特殊性。

(二)记忆的分类

1. 根据记忆内容的分类

根据记忆的内容,一般把记忆分成四种形式:形象记忆、逻辑记忆、情绪记忆和运动记忆。这四种记忆形式不是独立存在的,在以某种形式的记忆为主导下,也有其他的记忆形式参与。

(1)形象记忆

形象记忆是以感知过事物的具体形象(即表象)为主要对象的记忆。形象记忆可以是视觉的、听觉的、触觉的。运动员常常用到动作形象记忆、画家常常用到视觉形象记忆、音乐家常常用到听觉形象记忆。例如,教练讲解动作要领时的形态、语言、表情、优美的示范等在学生脑中的印象,就是形象记忆。有时候我们对一场球赛记忆得很清楚,会将发生的细节历历在目地再现出来。因为感知形象记忆是运动记忆的基础,所以感知形象记忆好的人,不仅有助于他模仿他人的动作,而且可以比较快和正确地掌握动作技能。

(2)逻辑记忆

逻辑记忆是以文字、概念、逻辑关系为主要对象的抽象化的记忆类型,如以数学定理、公式、哲学命题等为内容的记忆。这类记忆是以抽象逻辑思维为基础的,通过词语的作用形成并表现出来,具有概括性、理解性和逻辑性等特点。

人的形象记忆、情绪记忆和运动记忆是不能与别人进行直接交流的,也不能将它记录成文字。只有借助语词和概念,才能便于交流经验和记录下来。但语词概念在作为交流和记录的途径使用时,某些信息会有所丢失。因此,要学习动作和技术,靠看书是很难理解和掌握的,更多的时候我们还需要教师或教练员的现场指导。因为有动作的示范学习,才可以一目了然。

(3)情绪记忆

情绪记忆是指以自己曾经体验过的情绪情感为内容的记忆。例如,比赛前体验到的激动与紧张,比赛胜利后的兴奋与自豪,失败后的沮丧与悔恨等情绪情感体验。当时有什么样的情绪状态,在回忆中就会有什么样的情绪状态伴随出现。运动训练需要创造良好情绪记忆的情境,让运动员在积极的情绪记忆中准确地完成动作技能。

（4）运动记忆

运动记忆是以身体的运动状态或动作形象为内容的记忆,例如,对舞蹈、体操、游泳等动作的记忆都属于运动记忆。运动记忆是培养、形成各种技能的基础,对培养各种熟练的技能技巧有着非常重要的作用。

2. 根据记忆保持时间的分类

按照记忆保持的时间长短,可将记忆分为三种:瞬时记忆、短时记忆和长时记忆。

（1）瞬时记忆

瞬时记忆又叫感觉记忆,包括图像记忆和声音记忆。它是当刺激物停止作用后保留感觉时间极短的记忆,保持时间在 0.25～2 秒。相对短时记忆而言,感觉记忆保持的信息量较大,但它们都处于相对未经加工的原始状态,感觉记忆的信息量很少经过大脑的加工、编码,而是一闪而过。如果人不予注意,感觉记忆的信息便很快丧失,所以保持时间相当短。感觉记忆的重要作用在于将环境刺激保持一定时间,以便进行更精细加工。只有受到特别注意或模式识别的信息,才能转入短时记忆,并被赋予意义。瞬时记忆是整个记忆系统的开始,是一切外界信息输入大脑的必经之路,其他的记忆形式必须经它转换而来。

（2）短时记忆

短时记忆也称为工作记忆,是一种为当前动作而服务的记忆,即人在工作状态下所需记忆内容的短暂提取与保留。储存在感觉通道的信息大部分迅速消失,只有得到注意的小部分信息才能转入到短时记忆。短时记忆保持时间较短,一般不超过 1 分钟。短时记忆的容量为 7±2 组块。例如电话号码,只看一眼能记住 5 到 9 个数字。在短时记忆中,动作和空间形象的信息基本上以视觉形式编码,言语材料信息基本上以听觉形式编码。对短时记忆进行有意识的重复,就会转为长时记忆。

（3）长时记忆

长时记忆指信息经过充分的和有一定深度的加工后,在头脑中长时间保留下来的记忆。长时记忆保持时间长久,一般为 1 分钟以上乃至终生不忘,记忆容量极大,几乎无限,包括人所记住的一切经验。长时记忆里的材料是人对短时记忆的信息反复编码加工的结果。长时记忆是学习知识和技能的重要过程,没有长时记忆,人的心理活动结果和任何行动都无法进行。

二、运动记忆的特征

运动记忆是以能否重做或再认外显的动作为其标志的。运动记忆是一种复杂的综合记忆,既有动作概念的逻辑记忆,又有直观动作的形象记忆,还有身体练习的动作记忆,它不仅有感知觉、思维的参与,还伴随着情绪的记忆。这种以多种记忆共同实现的运动记忆,是对过去所感知的记忆,以形成运动熟练技巧为基础,基本生理机制是动力定型的建立和保持。

（一）多种感知觉参与

动作记忆是以身体运动状态或动作形象为内容的记忆,其特点是由动觉、静觉、触觉和空间知觉、时间知觉、运动知觉等多种感知觉参与,还受到动作方向、幅度和节奏等因素的影响。

（二）本体运动感知觉的作用

体育运动大多数属于大肌肉活动,通常模仿学习每一个动作都依靠本体运动感知觉。在本体运动感知觉参与下获得的动觉表象,能形成好的动作效果。

（三）形成动力定型和高度自动化

体育运动中的技术动作通常是在高速进行的,需要参与者在短时间内一个动作接一个动作地完成一连串的动作,稍有停顿就破坏了动作的流畅性。因此,要求运动者不仅要学会动作,还要反复练习,达到高度自动化的程度,形成动力定型。这种达到动力定型形式的记忆,通常表现为前一个动作的结束就成为后一个动作的始发条件刺激物,形成连锁式的运动条件反射。这时不再需要中枢神经系统的指挥去回忆,而是将注意力集中于战术思考、应对策略等方面的思维活动。

（四）运动记忆不易遗忘

对于语词－逻辑记忆的遗忘现象,在 19 世纪末,德国的心理学家艾宾浩斯就已进行了系统的研究。他在以无意义音节为识记材料的实验中,得出了著名的"遗忘曲线",如图 3-4 所示。

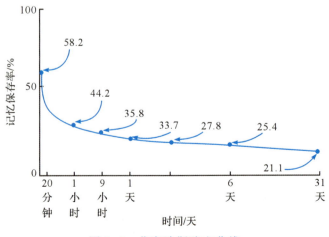

图 3-4　艾宾浩斯遗忘曲线

许多重复的实验都验证了相同的结论:(1)遗忘的历程是先快后慢,在识记之后,遗忘很快就开始了;(2)识记有意义的材料遗忘得慢而少,识记无意义的材料遗忘得快而多;(3)识记材料的中间部分遗忘得比较快而多,开头和末尾的部分则遗忘得比较慢而少。

那么,运动记忆的遗忘进程又如何呢?1986 年,许尚侠对动作遗忘的进程进行了研究。研究者设计了一套有连贯性的需要四肢与躯体共同参与的动作作为学习的材料,此套动作不受身体素质和其他技能的影响,动作各环节无名称,与平时所学的徒手体操有所区别。学习过程单纯,通过示范而没有任何语言指导。研究采用节省法,即学会动作操作后,选定间隔 1 天、2 天、6 天和 31 天等四个时间间距作为检查点(与艾宾浩斯实验相同),结果显示,运动记忆遗忘的进程不同于语词遗忘的进程,如图 3-5 所示。

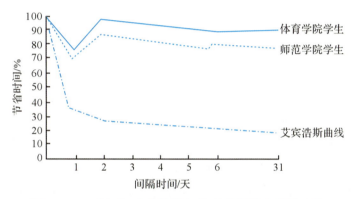

图 3-5　运动记忆遗忘曲线与艾宾浩斯遗忘曲线比较

运动记忆的遗忘量远远小于语词记忆的遗忘量。运动记忆是需要多种感知参与下的记忆活动,除了来自外界的各种信息之间形成一系列的联系外,还有来自动作操作本身所引起的反馈信息的联系,动作操作联系的紧密性提高了记忆的稳定性,因而运动记忆不易被遗忘。另外,运动记忆是按照每个个体知识、经验特有的规律进行编码记忆的,虽然有些动作在学习后并没有及时复习和回忆,但动作遗忘到一定的程度就稳定了。譬如,学会游泳的人,即使很长一段时间没有游泳,到了水中还是能够游得很好。因为运动记忆并不是将一个一个的动作进行记忆,而是将它进行编码记忆。

三、影响运动记忆的因素

训练的目的任务是否明确、信息加工的深度、测试背景与练习背景之间的关系、学习态度、情绪状态、识记动作的数量和结构、学习氛围、个体差异、识记动作的方法等都会对动作记忆产生影响。

（一）目的任务的明确性

对于运动员来说，清楚地知晓训练的目的和任务，对识记动作的效果及其保持的久暂具有关键性的作用。在其他条件相同的情况下，目的愈具体，则运动记忆的效果就愈高。只有运动员清楚了动作练习的意义和作用，才能使训练真正成为自己感知的对象，动作才容易被清晰地感知、深刻地理解，记忆的内容才能在大脑中留下牢固的痕迹，记忆效果才好。只有具有明确的识记目的和任务，才能充分提高运动员识记的积极性和针对性，从而聚焦在所需识记的对象上，而且，运动员会采取自己独具特色的方式去识记。此外，与短期任务要求下进行的识记相比，长期任务要求下进行的识记效果更好。例如，为了应付考试而临时抱佛脚的考前突击，虽然目的任务明确，识记效果一般比较好，但是，考完试后，突击学习的内容很快就遗忘了。

（二）信息加工的深度

信息加工的程度越高，其在记忆系统中保留的效果就越好。如果识记的材料成为个体活动的直接对象，这些材料就能得到更多加工，那么记忆效果就更好。同样，由于理解识记、有意识记要比机械识记、无意识记加工程度深，理解识记要比机械识记好、有意识记要比无意识记好。理解了的对象、有意识记的对象与长时记忆保持的知识经验发生了内在联系，并形成了网络结构，它们的存在不是孤立的，而是被纳入已有的知识网络中，成为其中的一部分。

（三）测试背景与练习背景之间的关系

测试背景与练习背景越相似，记忆效果越好，这种情况被称为编码特异性原则，该原则特别适合封闭型动作技能的学习。对封闭型动作技能而言，测试背景通常是稳定、可预知的。在某些情况下，测试目标与练习目标基本上是一致的。例如，篮球罚球时运动员站在与练习投篮时相同的位置，以同样的距离把球投进篮筐。因此，教练应尽可能地模仿测试环境来为运动员设立练习环境，运动员在类似比赛环境中的练习经验是赛前演练不可或缺的一环。

（四）情绪状态

在运动训练中，影响运动员情绪状态的因素是多方面的，教练与运动员之间、运动员与运动员之间等方面的协调与不协调都会导致情绪的波动。如果教练尊重运动员、信任和鼓励运动员的良好品质，就会带来良好的情绪状态；如果教练以粗暴的态度对运动员进行批评和指责，不但会严重影响运动员的情绪状态，同时会使运动员厌恶训练，从而导致运动训练不能正常进行。

（五）兴趣

在运动训练中,兴趣是影响运动员运动记忆的重要因素。教练应不断丰富教学训练的内容,在完成规定训练任务的前提下,可以积极介绍体育科学发展进程、体育新闻,拓展体育知识,组织有趣的体育活动和小型竞赛,从而不断激发和培养运动员的兴趣。

（六）学习内容的数量和结构

在运动训练中,教学动作数量、难易程度、学习材料的长短等都会影响动作记忆的效果,数量越多、难度越大、学习的一系列材料越长,动作记忆越难,越容易遗忘;在一系列的学习材料中,开始与结尾的内容记忆效果较好,而中间的内容则容易遗忘。

（七）课堂氛围

良好的课堂氛围能促进运动记忆效果的提高。营造良好课堂气氛的因素是多方面的,它不仅表现在新颖的教学内容、有效的组织方法、积极的学习态度、高涨的学习情绪等方面,还表现在融洽的师生关系、同学关系的竞争与合作上,它是外部环境对个体内在心理倾向的一种有效的影响。

（八）个体差异

个体在运动记忆上存在的差异主要表现在运动能力、生理状态及心理状态等方面。运动记忆的差异要求体育教学与运动训练要因材施教,在学习和任务的布置上要有的放矢,有目的、有意识地根据学生不同的情况进行教学和训练的安排,从而促进每个运动员的发展。

四、提高运动记忆的策略

提高运动记忆的策略

（一）增强动作的意义

意义性较强的动作比意义性较弱的动作记得更牢。保证动作学习者形成清晰的运动表象以及为所学动作提供有意义的语言标签都是可以增强动作意义的有效策略。

1. 形成准确的运动表象

表象是指在知觉的基础上,头脑中呈现出来的事物形象。例如,当学生回想起足球的远距离射门动作时,该动作就立即在头脑中浮现出来,仿佛又看到教练示范时的情境。运动表象反映着动作在一定时间、空间和力量上的特点,如身体位置、动作方向、速度、幅度、力量等。学习者以自己头脑中重现出来的运动形象为"蓝本"去完成动作,而运动记忆的加强,会反过来促进运动表象的完善和精确,并将它牢固地储存下来。只有在清晰、稳定、准确的运动表象基础上才能形成正确的运动记忆。因此,在体育教学与运动训练中,运动表象是学习者掌握动作技能的精确性和正确性的重要保证。

2.提供有意义的语言标签

给动作加上一个有意义的语言标签也是增强动作意义的有效策略。谢伊(Shea)的实验最早证实了为动作添加语言标签会对动作记忆产生有益的影响。他让被试在一个半圆的手臂定位仪器上移动控制杆直到停止。当被试达到效标位置时,给一组被试提供一个符合效标位置的钟面位置数字;另一组被试得到一个诸如无意义的三字母音节的不相关的语言标签;第三组被试则没有得到有关效标位置的语言标签。结果显示,得到钟面标签的被试组在60秒间歇期后没有错误增加,而其他两组被试在回忆中出现了很多错误。在另一个相关实验中,温特和托马斯(Winther & Thomas)指出,当有用的语言标签加到定位的动作上时,7岁小孩的记忆成绩与成人相等。

(二)讲解与示范后立即进行动作练习

体育教学与运动训练中,教师或教练示范后应使学习者在最短的时间内及时进行模仿练习。因为间隔时间过长,视觉表象会发生动摇或模糊,以此为线索进行模仿练习难以保证准确性或容易出现错误,从而影响运动表象的正确形成。同时,也要注意及时校正来自视觉的信息与来自自身本体感受器信息的不吻合之处,尽可能在学习者完成动作后的 25~30 秒,同步反馈信息或快速反馈信息。如果不能及时传输信息,有关这个动作的记忆将会损失 20%~30%,从而不同程度地影响体育教学与运动训练的效果。

(三)运用组块化学习策略

要想增加短时记忆的容量,组块是关键。对材料的组块化实际上就是把若干组块组合成数量更少、体积更大的组块的心智操作,它能使输入的信息有效地进入长时记忆。常见的组块化方式是类别群集,即按一定的类别来记忆一系列项目。有证据显示,当个体有机会对一套动作进行加工时,他会自发地创造有组织的结构。例如,自由体操的每个套路由许多单独的部分组成。对体操初学者来说,会把一套自由体操看作诸多动作技能的组合。而随着练习的进行,学习者学习这些动作技能的方法也在发生变化,开始把动作套路组织成单元或动作群,把三四个组成要素看成一个部分。其结果是在恰当的时机,以适当的节奏和协调性来表演这套完整的动作。而且,这也是在记忆中储存这套复杂动作的更有效手段。

一般而言,专家运动员比新手运动员能更有效地利用组块策略。思达克斯(Starkes)曾做过一项研究,被试是11岁的舞蹈初学者与舞蹈专家,主试向他们呈现由8个成分组成的芭蕾舞成套动作。结果发现,舞蹈专家几乎完美地回忆出了这套动作,而舞蹈初学者大约只能正确回忆出这套动作的一半。然而,当以一个未组织的动作序列方式呈现同样数目的成套动作时,就能够正确回忆出的动作成分数而言,两者之间不存在差异。这个结果表明,舞蹈动作序列的组织结构是影响舞蹈专家更优回忆成绩的一个重要因素。此外,还有研究报告指出,一名成人国家级芭蕾舞主力演员在看过一次动作套路演示后,就能够表演出其中由 96 个成分组成的一系列动作。总之,对学习材料的组块化是一种降低工作记忆负荷并提高记忆力的有效策略。

（四）过度学习

过度学习,又称为"过度识记",是指达到一次完全正确再现后仍继续识记的记忆。过度学习理论是由德国著名心理学家艾宾浩斯提出的,主要含义是一个人要掌握所学的知识,一定要经常提醒自己通过反复练习,才能得到巩固。例如,如果学习某一动作 6 遍后恰好能准确无误地再现,为达到过度学习的程度,就应再练习 3 遍,即总共练习 9 遍。过度学习并非浪费时间和精力,因为在一定范围内,动作保持量是随着练习次数的增加而递增的。因此,增加练习的重复次数,应达到过度学习的程度,这样才能使动作形象牢固地贮存在动作记忆之中。

过度学习有利于识记材料的保持,但是这并不意味着动作的重复练习次数越多越好,我们也要明白"过犹不及"的道理,不能一味地重复再重复。研究结果表明,适当限度的过度学习比刚能背诵的效果好,但如果超过这个限度,其保持效果不再增加。因为,超过了一定的限度,可能会出现注意分散、厌倦、疲劳等消极影响,从而降低识记和保持的效果。

（五）掌握遗忘规律,正确、及时地复习

为了更好地巩固动作记忆,防止消退,必须加强复习,强化已保持的动作技能。体育教学与运动训练中,除了需要大脑积极思维,还需要人体肌肉的活动和身体的运动,需要花费一定的体力和能量,需要各种感知觉,特别是视觉和动觉的协调配合。这些特点决定了动作技能学习的方法和手段不能完全沿用知识学习的方法和手段。在动作技能学习过程中,复习时间的安排也不能完全套用"复习时间越早越好"的观念,而应在学习动作后的两三天内,增加学习者的新颖感,改变单纯个人练习的缺点。而且,体育教师与教练应当明确,在学习动作技能的不同时期,复习的作用与目的是不同的。在开始阶段,复习是为了检查动作表象的准确性,使之达到最大的精确程度。在基本掌握动作后,复习则用以补充已经建立的动作表象中出现的各种遗漏,因为只有在动作学习结束时,动作表象才能在记忆中把所获得的动作技能的正确形象巩固下来。此外,在编排体育课程与运动训练表时,也要注意两节体育课或训练课不宜连上,两节课之间不能安排得过近或过远。

Box 3.4

运动记忆法

1.口诀记忆法

根据教学内容的性质与特点编成口诀,有助于提高记忆效果。例如,单杠单腿蹬地翻上成支撑,动作要领可编成:"蹬地踢腿肩后倒,收腹引臂腹贴杠,翻腕展体制动腿,直臂挺身看前方。"又如武术弓步口诀可为:"前腿弓、后腿绷、挺脚、立腰别晃动。"实践证明,这种口诀记忆法,学生感兴趣,能加深对动作概念的理解和记忆。

2.要点式记忆法

要点式记忆法就是把技术动作要领中的关键词,按顺序概括成简单的几个字进行记忆的方法。例如,武术练习的"腾空飞脚",可把蹬地起跳,提腰提气,拍手拍脚击响的过程归纳为"蹬、摆、提、拍"四个字。又如,篮球行进间单手肩上投篮动作要领,可概括为"跨、接、跳、伸、拨"五个字。

3.分类记忆法

把学过的技术动作按性质、特征、结构、内容等进行分类归纳,使知识条理化、系统化,以便记忆。例如,体操教材按动作结构与特点,把它分为屈伸、滚翻、手翻等类别。只要理解和记住同类中的典型动作,就能起到由此及彼、触类旁通的记忆效果。此外,还有联想记忆法、趣味记忆法、自我检查法等。

（王斌,2015）

微课堂：课程思政

序号	教学内容	育人目标
1	专门化运动知觉	发扬运动员精益求精的工匠精神,激发学生对体育专业的认同感和自豪感。
2	战术思维	了解战术思维的特点,培养运动员的战术思维意识和战术思维能力。
3	提高运动记忆有效性的策略	通过提高运动记忆有效性策略的学习,培养学生遵循科学规律的学习态度,养成良好的学习习惯。

实训项目

1.通过文献资料或访谈等方法,列举体育运动中的专门化运动知觉。

2.自制五格盘和筹码,测定3~5名运动员的操作思维,并分析操作思维和运动项目、运动水平的关系。

3.利用思维导图,通过小组的多轮讨论提出提高运动记忆的有效策略。

本讲小结

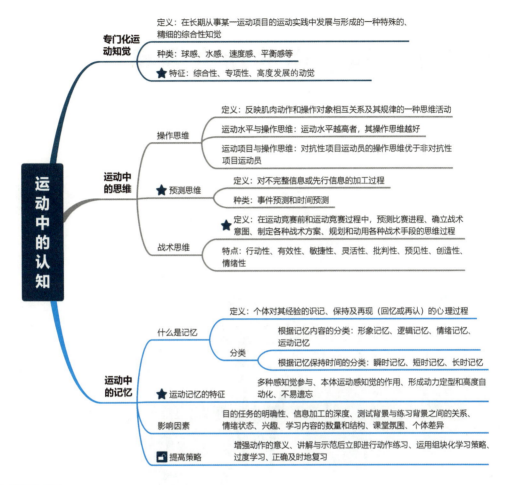

运动中的认知

专门化运动知觉
- 定义：在长期从事某一运动项目的运动实践中发展与形成的一种特殊的、精细的综合性知觉
- 种类：球感、水感、速度感、平衡感等
- ★特征：综合性、专项性、高度发展的动觉

运动中的思维
- 操作思维
  - 定义：反映肌肉动作和操作对象相互关系及其规律的一种思维活动
  - 运动水平与操作思维：运动水平越高者，其操作思维越好
  - 运动项目与操作思维：对抗性项目运动员的操作思维优于非对抗性项目运动员
- ★预测思维
  - 定义：对不完整信息或先行信息的加工过程
  - 种类：事件预测和时间预测
- 战术思维
  - ★定义：在运动竞赛前和运动竞赛过程中，预测比赛进程、确立战术意图、制定各种战术方案、规划和动用各种战术手段的思维过程
  - 特点：行动性、有效性、敏捷性、灵活性、批判性、预见性、创造性、情绪性

运动中的记忆
- 什么是记忆
  - 定义：个体对其经验的识记、保持及再现（回忆或再认）的心理过程
  - 分类
    - 根据记忆内容的分类：形象记忆、逻辑记忆、情绪记忆、运动记忆
    - 根据记忆保持时间的分类：瞬时记忆、短时记忆、长时记忆
- ★运动记忆的特征
  - 多种感知觉参与、本体运动感知觉的作用、形成动力定型和高度自动化、不易遗忘
- 影响因素
  - 目的任务的明确性、信息加工的深度、测试背景与练习背景之间的关系、情绪状态、兴趣、学习内容的数量和结构、课堂氛围、个体差异
- ▣提高策略
  - 增强动作的意义、讲解与示范后立即进行动作练习、运用组块化学习策略、过度学习、正确及时地复习

即测即评

第四讲　运动中的动力源泉

图 4-1　高亭宇:中国速滑运动员

　　2022 年 2 月 12 日,高亭宇获得速度滑冰男子 500 米冠军,不仅打破了奥运纪录,还赢得了中国历史上首枚冬奥会男子速度滑冰金牌(见图 4-1)。

　　高亭宇第一次滑冰时就爱上了在冰面上自由自在的感觉,他深感神奇,又享受其中。他的家人并没想过让他走上职业道路,可高亭宇因为热爱,偷偷报名了学校的滑冰课。2008 年,11 岁的他被刘德光教练发掘,并被带到牡丹江市进行专业的训练。2011 年,他被选拔进入黑龙江省速度滑冰队。2016 年进入了速度滑冰国家队。高亭宇不喜欢追星,不喜欢热闹,不爱打游戏,就喜欢滑冰,他希望自己能在冰场上为国争光。对滑雪运动的热爱以及为国争光的愿望正是高亭宇从事训练和比赛的动力源泉。

问题导读

通过本讲的学习,你将能够回答以下问题:

1.运动兴趣有什么作用? 如何激发学生的运动兴趣?

2.什么是强化理论? 对激发学生运动动机有什么启示?

3.什么是需要层次理论? 对激发学生运动动机有什么启示?

4.什么是自我决定理论? 对激发学生运动动机有什么启示?

5.什么是自我效能? 自我效能是如何形成的?

6.如何提高运动自信心?

第一节　运动兴趣

一、什么是运动兴趣

什么是运动兴趣

(一)运动兴趣的定义

运动兴趣是人们积极地认识、探究或参与体育运动的一种心理倾向,是获得体育与健康知识和技能,促进身心健康的重要动力。

运动兴趣影响着人们体育活动的方向、强度和持续时间(次数),它能把人们积极愉快的情感和注意与具体的体育运动紧密地联系起来,促使人们对体育运动倾注时间和精力。一旦人们对体育运动有了兴趣,就会特别关注与其有关的信息,并积极主动地投身体育运动之中。例如,对羽毛球运动感兴趣的人,总是特别关注各级羽毛球比赛、羽毛球明星、羽毛球服装等与羽毛球有关的事物,对羽毛球的媒体报道特别敏感,不论是现场比赛,还是电台广播和电视播放,对他都有着极大的吸引力,并且在观看羽毛球比赛时热血沸腾,为每一位自己所喜爱的羽毛球队员或心中所归属的羽毛球队的精彩表现鼓掌喝彩,平时一有空就会约上好友打羽毛球。由此可见,运动兴趣会使人的认识优先指向某项运动,并以一种渴望和愉快的心情去了解和探究它。

(二)运动兴趣的品质

1.运动兴趣的倾向性

运动兴趣的倾向性是指运动兴趣总是指向一定的体育项目或体育事件。如果一个学生对某项体育运动感兴趣,他就会积极主动地参与这项运动,认真学习相关的运动知识和技能,积极参与这项体育运动。这种良好的运动兴趣有助于学生在体育学习上取得进步,进步又能强化运动兴趣的倾向性,让学生更加喜欢这项运动。

2.运动兴趣的广泛性

运动兴趣的广泛性是指运动兴趣指向对象范围的大小,可以是指对多项体育运动感兴趣,也可以是对某一项体育运动的多方面感兴趣。以某项体育运动为例,如果学生的运动兴趣广泛,为了掌握某项自己感兴趣的运动技能,他们会主动地查阅相关材料,如从运动生物力学方面进一步熟悉动作技术要领,从运动心理学方面学会调控情绪、增强自信心等,从营养学方面合理调整膳食结构,并通过各种渠道寻求各方帮助,最终提高运动技能水平,收获身心健康。

3.运动兴趣的稳定性

运动兴趣的稳定性是指运动兴趣持续时间的长短。持续时间越长,表明兴趣的稳定性越强;持续时间越短,则稳定性越弱。一般来说,随着年龄的增长,少年儿童的运动兴趣将逐渐得以稳定。稳定的运动兴趣可以让学生持续地投身锻炼之中,而不受其他因素的干扰。即使在体育运动中遭遇困难或挫折也不会放弃,从而形成强大而持久的推动力。对于复杂又艰巨的体育运动任务而言,稳定的运动兴趣是十分必要的,它往往使人能够获得普通人难以掌握的运动知识和技能。

4.运动兴趣的效能

运动兴趣的效能是指运动兴趣对体育活动的推动所产生的效果。根据运动兴趣的效能水平可分为积极和消极两种。积极的运动兴趣常常给人以巨大的力量,使人勤学苦练,自觉、主动地参与到自己感兴趣的体育运动项目中,即使在练习过程中遭遇一些困难或挫折,也会尽力克服,直至收获成功。反之,消极的运动兴趣则是一种被动的兴趣,使人处于静观状态,缺乏参与体育运动的动力,难以获得实际的效果。运动兴趣效能高低主要表现在对实际行动的推动力大小及起作用时间的长短上。

(三)运动兴趣的分类

1.根据运动兴趣的倾向性,可分为直接兴趣和间接兴趣

直接兴趣是出于对体育运动本身的需要而产生的兴趣,它能促使人们产生愉快感,如参与体育活动、观看体育比赛等方面的兴趣。间接兴趣不是对体育活动本身产生的兴趣,而是对体育活动的未来结果感到需要而产生的兴趣,如保持体形、增进健康、促进人际交往等。

直接兴趣与间接兴趣之间既有联系又有区别,主要表现在:(1)直接兴趣与间接兴趣所需要的意志努力程度不一样。一般来说,在有直接兴趣的体育运动中,不需要或较少需要意志努力。（2）直接兴趣和间接兴趣具有年龄差异。随着年龄的增长，学生的学习会由直接兴趣转向间接兴趣。（3）直接兴趣和间接兴趣可以相互转化。在一定条件下，间接兴趣可以转化为直接兴趣，这种转化对于促使个人积极而有效地参加体育运动非常必要。

2. 根据运动兴趣的广泛性，可分为广泛兴趣和中心兴趣

广泛兴趣是指对多项体育运动或某一项体育运动多方面的事物或活动（如技战术、竞技心理、生理状况等）感兴趣。中心兴趣则是在广泛兴趣的基础上，对某一项体育运动或体育运动的某一方面（如运动心理）有特别浓厚而稳定的兴趣。

广泛兴趣和中心兴趣密切联系，互相促进。对于学生而言，首先要对体育运动有广泛兴趣，通过参与多种体育运动锻炼自己，为以后的发展打下扎实的体能和技能基础。在此基础上，进而培养自己的中心兴趣，即要求对某一项体育运动进行更系统、科学的学习和锻炼，或对体育运动的某一方面进行更深入的钻研，并使其他各种兴趣都能直接或间接地为自己的中心兴趣服务。

3. 根据运动兴趣的内容，可分为物质兴趣和精神兴趣

物质兴趣是以人的物质需要为基础的兴趣，主要表现为对体育用品的兴趣。精神兴趣则是以人的精神需要为基础的兴趣，主要表现为对运动的偏好和渴望。过分的物质兴趣以炫耀、享受为目的，令人只关注运动的表面形式，而忽视运动的实质内容及其所具有的健身和育人价值。一个人是有浓厚的精神兴趣，还是有强烈的物质兴趣，与他的理想、信念、价值观有密切联系。

4. 根据运动兴趣的深度、范围和稳定性，可分有趣、乐趣和志趣

"有趣"是运动兴趣的初级水平，属于始发状态的低层次兴趣。如新颖有趣的教学内容所引起的兴趣，是被动观赏性的兴趣，大多伴随产生兴趣的情景消失而很快下降，甚至消失。这个阶段的兴趣特点具有直觉性和不稳定性，是由事物的新异刺激而引起的好奇心。

"乐趣"是继发状态的中层次兴趣。"有趣"不断地发展积累，由量变引起质变，由被动的、观赏性的兴趣转化为主动参与的兴趣，由不太稳定的愉悦倾向（情绪性的）发展成为比较稳定的热爱倾向（感情性的），兴趣的稳定性逐步加强，其动力效应大大增强，从而形成"乐趣"。在这一阶段，人们具备主动进行体育学习的积极动力。

"志趣"是完成状态的高层次兴趣，即对体育运动技能及其基本用途的兴趣。志趣是运动乐趣与个人志向的结合，兴趣有了自觉性、方向性，学生能在体育学习兴趣的调控下克服内外干扰。这时体育学习兴趣已转化为稳定的内部动机，甚至能影响到终身体育意识的形成。志趣是推动人实现远大理想目标的最稳定的动力倾向。

学生运动兴趣的产生、发展和形成，一般都要经历"有趣—乐趣—志趣"三个阶段，志趣也是运动兴趣培养的最终目标。在体育教学中,体育教师一定要注意帮助学生了解体育学习的目的,促使学生的运动兴趣由有趣、乐趣发展到志趣,这样的运动兴趣才具有更大的推动力量。

二、运动兴趣的作用

(一)对体育学习和锻炼活动具有定向的作用

运动兴趣总是针对一定运动项目或内容的,也是为实现某种体育学习或锻炼目的而产生的。运动兴趣促使学生将注意指向他们向往的运动项目、内容、方法和手段,可以说学生的锻炼选择取决于他们在运动兴趣方面的喜好差异。

(二)对体育运动行为具有积极的推动作用

兴趣是求知行为的前提,也是"求练"行为的前提。如果一个人对体育运动不感兴趣,那么他锻炼的积极性就较低;如果一个人对体育活动有浓厚的兴趣,那么他会以强烈的锻炼欲望、高度的注意、愉快的情绪体验、高昂的热情和忘我的投入参与到体育运动之中,力争取得良好的锻炼效果。运动兴趣还可使学生形成体育运动的行为爱好,养成锻炼的习惯,坚持不懈、持之以恒、乐此不疲地进行身体锻炼。运动兴趣是终身体育锻炼的基础。

(三)对提高体育学习效果具有良好的促进作用

运动兴趣能使人产生快乐和满意感,能维持人脑的积极兴奋状态,能为人的身体和心智活动提供愉快的情绪背景。这种状态和背景对促使学生进行协调的感知与运动活动、增强运动记忆、提高运动思维敏捷性、发展运动技能、提高体育学习效果具有良好的促进作用。

(四)对培养探究学习和创新能力具有激发作用

学生对体育学习和锻炼活动内容、方法的创造性活动往往产生于对它们的认识兴趣之中,并随着认识的加深而不断深入。如果学生对体育活动具有强烈的运动兴趣,那么他将会带着更多的疑问和好奇参加体育运动,会以特别的专注和极大的热情主动思考、探究和解决与体育运动有关的各种问题,用灵活、新颖和更加有效的方法、手段从事体育运动。运动兴趣可以使人在不断进行体育锻炼和接受体育教育的过程中,培养全面细致的观察力,发展丰富的想象力,提高创新能力。

（五）对实现终身体育起到准备作用

学生对某种事物的兴趣可以转化为将来从事某种专业学习和研究的兴趣。同样，运动兴趣的形成也可以对其今后终身从事体育专业或主动参与体育运动起到准备作用。学生一旦对体育运动产生了兴趣，不管遇到多大的困难，都会努力克服，以至终身都能积极主动地坚持体育锻炼。运动兴趣有助于实现"每天锻炼 1 小时，健康工作 50 年，幸福生活一辈子"的终身体育目标。

Box 4.1

用兴趣点燃梦想的火种

2022 年北京冬奥会最火的明星除了"冰墩墩"和"雪容融"，恐怕就要数又美又飒、创造历史的谷爱凌了。谷爱凌获得 2022 年北京冬奥会自由式滑雪大跳台冠军、自由式滑雪女子 U 型场地技巧金牌、女子自由式滑雪坡面障碍技巧银牌，成功挑战高难度动作，收获了全世界的宠爱和关注。

她滑雪就是因为热爱、喜欢、兴趣。"我不是为了比奥运会而滑雪，我最初做这些事情是因为我喜欢，我喜欢去做不同的滑雪动作，然后顺便开始比赛，顺便开始赢；这让我更喜欢它，再接着去做。同样，我也不是为了考斯坦福而学习。"

谷爱凌不仅滑雪一流，兴趣爱好之广泛也令人惊叹，骑马、攀岩、冲浪、足球、篮球、芭蕾、钢琴、跑步、美术设计等，样样拿得出手。她参加冬奥会的滑雪板和滑雪服就是她自己设计的。丰富的兴趣爱好不仅没有影响谷爱凌的学习，反而让她拥有更广阔的视野和更坚韧的毅力。为了滑雪，背着鼓鼓囊囊的背包、衣服、训练器材，辗转学校、训练场和比赛场；要在不同爱好间穿梭，要时刻带着不同的训练服、装备，应对下一场训练；要熟练地在时间间隙中参加学习。谷爱凌每周只有周末两天在滑雪场，她的练习时间绝不比别的选手多。在相对低强度的训练之下，能够从众选手中脱颖而出，她说关键是靠兴趣驱使下的高度专注。

三、运动兴趣的激发

在运动技术教学中，如果教师或教练缺乏对教学内容的深入研究，缺乏对教材教法的深入钻研，就会使运动技术显得浅、碎、乱，不能使学生真正体验到掌握和提高运动技能的成就感，造成学生缺乏体育学习兴趣。因此，教师或教练要与时俱进，在教学过程中，重视教材内容之间的逻辑联系，选择新颖、学生喜闻乐见的教学组织形式，积极采用现代化信息技术和手段，不断更新教学方法，激发学生的运动兴趣，提高他们的体育学习欲望,使他们变"要我学"为"我要学",促进他们体育运动行为的形成与发展。

(一)成功教学法

著名的教育家苏霍姆林斯基指出:"只有在学习获得成功而产生鼓舞的地方,才会出现学习兴趣。"因此,要使学生产生运动兴趣,就必须设法使他们在体育运动中获得成功的体验。如在背越式跳高教学过程中,为了减少学生的焦虑,可以用橡皮筋代替横杆,有助于帮助他们轻松地跳过去,这种成功的体验会使他们对跳高产生兴趣,进而更加积极地投入运动之中。

(二)愉快教学法

愉快教学法的宗旨是让学生在体育运动中感受到快乐的体验,满足其趋乐避苦的需求,从而激发运动兴趣。

(三)需要满足法

青少年时期的学生一般具有活泼好动、好奇心强、自我约束能力低、注意力易分散的特点,这就要求教师力求在内容安排和教学组织上体现新颖性,充分体现体育运动教学的活动性、游戏性和娱乐性,提高学生的学习兴趣。

(四)教学引趣法

运动兴趣离不开教师的引导和环境因素的诱发。教学中持续"引趣"是引起学生愉快体验并逐渐形成体育学习兴趣的重要条件。教师在教学过程中可以积极运用以下方法:

(1)教学用语引趣:生动形象的技能讲解,简洁、幽默、充满激情的教学用语。

(2)新颖教法引趣:教法灵活多变,新颖、有趣。

(3)运动示范引趣:示范动作准确、熟练、规范、轻快、舒展。

(4)设置疑难引趣:开始上课设疑、教材难点设疑、学动作设疑等。

(5)体育信息引趣:优秀运动员奋斗拼搏、为国争光事迹,世界体育明星案例等。

(6)竞赛活动引趣:灵活多样的教学比赛或游戏。

第二节　运动动机

运动动机

一、什么是运动动机

（一）运动动机的定义

运动动机是激发和维持个体参与体育活动,并使活动朝向某一目标的心理动力或内部动因。动机是一种内部心理过程,无法直接观察到,行为是这种内在过程的外部表现,可以通过观察人们行为的变化来推测行为背后的动机。

运动动机具有激活、指向或选择、调节与维持等功能,它好比汽车的发动机、方向盘和油门,不仅激发个体的行为,并且决定着个体行为的方向和强度。

动机的激活功能是指动机具有发动行为的作用,能推动个体产生某种活动,使个体由静止状态转向活动状态。

动机的指向或选择功能是指动机可指引个体的行为朝向某一目标或选择活动的方向。例如,在成就动机支配下的运动员会积极地训练,主动选择有挑战性的任务去做。方向与一个人目标的选择有关。

动机的调节与维持功能是指动机具有维持、增强或制止、减弱某一活动的力量。动机会决定行为的强度,动机愈强烈,行为也随之愈强烈。例如,在相同条件下,为什么有的运动员能够长期坚持刻苦训练,而有的却不能,这是动机的强度问题。强度与一个人行为的激活程度有关。

（二）运动动机的分类

1.生物性动机和社会性动机

根据人们参与体育学习和锻炼活动的心理动因是以生物性需要,还是以社会性需要为基础进行划分,可以将运动动机分为生物性动机和社会性动机。

生物性动机是以满足个体的生理性需要而参加体育运动的动机,如为了体验活动刺激、眩晕、运动愉快感觉和宣泄身心能量等的动机。社会性动机是满足个体的社会性需要而参加体育活动的动机,如为了在体育活动中与同伴接近、交往、得到认同、发展友谊,追求完美、施展才能、获得成功、赢得荣誉等的动机。

2. 内部动机和外部动机

根据人们参与体育学习和锻炼活动的心理动因主要是由自身内在需要转化而来，还是由外界条件诱发而来进行划分，可以将运动动机分为内部动机和外部动机。

内部动机是源于人们自身好动、好奇或好胜的心理需要的运动动机，如渴望从体育活动中获得身体上的快感、乐趣、刺激，以及希望满足自尊心、上进心、荣誉感、义务感、归属感和自我实现等心理需要的动机。外部动机是由自身之外的诱因转化而来的运动动机，如为了获得教师的表扬、同学的赞赏、竞争获胜的奖励、荣誉，或因为迫于压力、避免惩罚等原因而参加体育活动的动机。

运动员参加体育运动的动机，既有外部动机又有内部动机。一般而言，内部动机对人们参与体育运动的推动力量较大，维持的时间较长。而外部动机对人们参与体育运动的推动力量相对较小，持续作用的时间也较短。外部动机和内部动机对于体育运动活动均是有意义的。但必须指出的是，外部动机对内部动机的影响既可以是积极的，也可以是消极的。外部动机可能加强内部动机，但外部动机也可能削弱内部动机，这主要取决于外部奖励的方式以及运动员对内部奖励和外部奖励重要程度的认识。

Box 4.2

德西效应

美国心理学家德西（E. L. Deci）曾做过一系列的实验来探究内部动机和外部动机的关系。他将被试分为甲、乙、丙三组，让他们在不同的房间里解答一些有趣味的智力题，这些题目不动脑筋还难以回答。甲组被试在开始解题之前就被告知每解出一道题可得到 1 美元的报酬，乙组被试是在完成规定的解题任务之后宣布解出一道题的报酬，丙组被试不给任何报酬。在规定的解题时间结束之后，三组被试留在各自的房间里，所有房间里放有杂志和另外一些同样类型的题目，他们可以在房间内随意从事任何活动，没有其他人在场，也不对他们提出任何要求。观察发现，丙组和乙组比甲组有更多的人在实验后自由活动的时间里用更多的时间去继续解题。因此，德西得出这样的结论：当一个人正对活动充满兴趣时（内感报酬），给他提供的外部物质奖励（外加报酬）反而会减少这项活动的吸引力。这种外部奖励削弱内部动机的效应，被称为"德西效应"。

随着研究的进一步深入，心理学家发现真正影响行为自我激发和调节的是人对行为的自主性或控制性意识。自主性是指个体自主选择行为和承担行为责任的程度，控制性是指个体在某种压力下作出特定行为的程度。奖励是一种社会控制手段，限制了人的自主性。德西认为，事先就告知将给予奖励的被试，在完成工作任务的过程中，会把当前做的事归于因为我将为此得到报酬，也会考虑给予我的奖励对于我所要完成的任务来说是否值得一干，而在完成解题任务后给予奖励的被试的内部动机则未被削弱。因此，给予外部奖励的时机是一个值得考虑的问题。

3.直接动机和间接动机

根据人们参与体育学习和锻炼活动的心理动因是指向于体育活动过程,还是指向于体育活动的结果进行划分,可以将运动动机分为直接动机和间接动机。

个体参与某项体育活动的动机是指向于该活动的内容、方法或组织形式的,是直接动机,如运动员由于肌肉活动而体验到的满足感,因身体动作灵活协调而产生的美感等。个体参与某项体育活动的动机是指向于该活动可能带来的生理、心理和社会的延迟、间接结果的,是间接动机,如运动员参加体育比赛是为了国家荣誉,为了获得别人的肯定和赞许等。

直接动机直接与体育学习和锻炼活动本身相联系,动机内容相对具体,对行为的直接动力作用较大。但当体育活动内容具有一定的难度,需要花较长时间、付出较大努力才能学会和掌握时,或人们对某一练习方法、形式产生单调感、枯燥感时,直接动机作用的局限性就将表现出来,其作用的影响范围和持续时间也就减少。而间接动机虽然与当前体育活动的直接联系相对较少,但它与长时间活动后产生的最终结果和社会意义相联系,其影响持续的时间较长,能使人们更自觉地、持久地进行体育活动。因此,直接动机和间接动机是相互联系、互为补充的。

4.缺乏性动机和丰富性动机

缺乏性动机(也称匮乏动机)是以排除缺乏、制止破坏、避免威胁、逃避危险等为特征的运动动机,以生存和安全为目的,往往趋向张力的缩减。例如,有的运动员为逃避即将到来的比赛而谎称伤病,不愿出场。诈伤是为了逃避比赛失败的威胁,是为了降低或减轻心理负荷,并将这种负荷保持在最低水平,这种动机属于缺乏性动机。还有的运动员为保住自己在队中的主力位置而被迫刻苦训练,这也属于缺乏性动机。

丰富性动机(也称享有动机)是以体验乐趣、获得满足、达到理解、寻找新奇、有所发现、有所成就和创造等为特征的运动动机,以满足和刺激为目的,往往趋向张力的增强。例如,人们看恐怖电影、读侦探小说、玩电子游戏、到原始森林探险等,都是在追求刺激,而不是避免刺激,希望得到兴奋、愉快、赏识和威望等。

二、强化理论和应用

(一)动机的强化理论

动机的强化理论和应用

行为主义心理学派的强化理论在 20 世纪 50 年代有着重要的影响,其代表人物是美国心理学家斯金纳(B. F. Skinner)。斯金纳通过对操作条件反射的研究,提出有机体的操作性行为是通过强化形成的,且强化对行为还起着动机的作用,即受到强化的行为,其发生的次数将会出现增加的趋向。

斯金纳的著名实验是把白鼠关在"斯金纳箱"中,但不呈现食物,允许白鼠在箱内自由探索,如图4-2所示。白鼠由于饥饿,在箱内乱窜,无意中碰到了一根横木,食物出现了,于是这个碰横木的动作得到了强化,增加了白鼠以后碰横木这一动作的概率。多次强化后,白鼠形成了操纵横木以获取食物的反应,这时的食物强化发挥了引导老鼠行为的作用,斯金纳称之为操作性条件反射。斯金纳认为,人的行为主要是由操作性条件反射构成的,人们已经建立的行为模式,无论是适应良好的行为还是适应不良的行为都可以看作是环境强化作用的直接后果。人类的行为能够借助强化的适当使用而加以控制、指导、改变和形成。

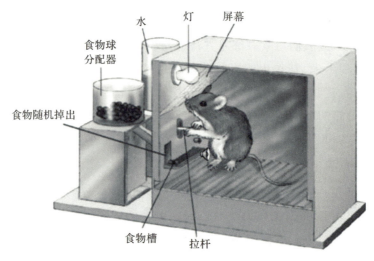

图4-2　斯金纳箱

1.什么是强化

强化是指出现可接受的行为时,或者给予奖励,或者撤除消极刺激的过程。强化可以分为积极强化和消极强化两种。

积极强化也称正强化,是指出现特定的行为时给予奖励。奖励有物质奖励和精神奖励,例如,教练员的微笑、表扬、关注,某种荣誉称号,以及奖杯、奖金等。为了能建立一个适应性的行为模式,运用积极强化使这种行为模式重复出现,并保持下来。

消极强化也称负强化,是指通过撤除消极的结果来鼓励特定的行为。例如,运动员训练主动而且很好完成训练计划时,教练员免于运动员每天训练后例行的3000米跑,这就是消极强化。当一个人的某种适应性行为出现时,拿掉他不喜欢的事物,或厌恶的刺激,就可以增强这种行为的出现频率,并保持下来。

一般来说,强化的方法优于惩罚的方法,因为它比惩罚更能鼓励正确的行为。当然,适当的惩罚也是必要的,它有利于减少错误行为反复出现的可能性。

2.强化给予的时间

斯金纳认为,强化可以在固定的时间间隔或行为反应次数之后给予,也可以在无固定的时间间隔或行为反应次数中给予。强化安排的不同,对行为反应可能产生不同的影响效果。他的实验研究表明,固定间隔或次数的强化会引发有规律的行为反应,且间隔愈短,行为反应频率就愈快。而不固定间隔或次数的强化会产生快速、稳定、一致的行为反应,且可明显地减缓行为的消退。

(二)合理运用强化手段

动机的强化理论在体育教学和运动训练中得到了广泛的应用。教师和教练员经常运用表扬和批评的手段,激励学生和运动员的运动行为。在运用强化手段时,要注意以下几点:

(1)明确规定应获得奖励的行为、奖励的条件以及奖励的标准。

(2)在不同的训练阶段给予不同形式的强化。

对于初学某个技能或刚刚参加体育活动的人来说,在表现出正确行为后,应立即给予积极强化,效果较佳。对他们给予连续性的强化,可促使他们快速、有效地建立起良好的行为习惯。对已经形成一定行为习惯或技能水平的运动员来说,可采用不定期、不定时的强化方式,这种非规律性的间歇强化将会对行为产生更大的促进作用。

(3)奖励不能过量,不能让运动员感到教练员企图在控制他们的行为。

(4)应使运动员懂得,奖励不是目的,奖励只是能力、努力和自我价值的标志,这有利于加强运动员的内部动机。

德西效应告诉我们,外部奖励运用不当会削弱人们的内部动机。因此,要合理运用强化手段,不仅要激发运动员的外部动机,而且也要有利于运动员内部动机的培养。

三、需要层次理论和应用

需要层次理论和应用

(一)需要层次理论

著名的美国心理学家马斯洛(Maslow)通过对各种人物的观察和对人物传记的研究,把人类行为的动机从理论上加以系统整理,提出了需要层次理论。马斯洛认为,人类的行为是由一定的需要所驱使的,需要和动机是一回事。人类所追求的需要具有普遍性,包括生理需要、安全需要、归属与爱的需要、尊重需要和自我实现需要。其中生理需要是最低层次的需要,自我实现需要是人类最高级的需要。这五种需要从低级到高级有层次地排列着,如图4-3所示。

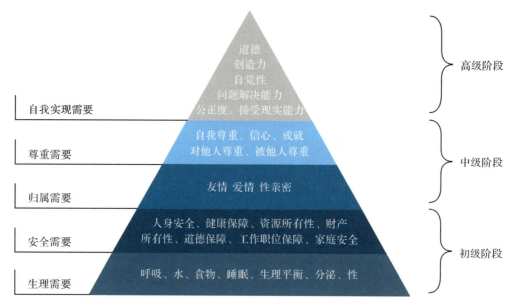

图 4-3　马斯洛的需要层次

生理需要。生理需要是与有机体的生存和繁衍有关的基本需要,是人类最原始、最基本的需要,例如对食物、水、氧气、性、排泄和睡眠的需要等。

安全需要。在生理需要得到满足之后,人们就会产生安全的需要,包括对人身安全、社会安定、生活保障等的需要。安全需要使个体寻求一个能够让生命避免受到威胁的环境。

归属和爱的需要。人人都希望能够爱别人并得到别人的爱,渴望在家庭、组织及各种社会关系中找到归属感,在团体中帮助与被帮助、爱护与被爱护。

尊重需要。尊重需要包括自尊的需要和对来自他人的尊重需要,既需要自我感觉是有能力和有价值的,也希望获得别人的积极评价。自尊的需要包括对实力、成就、优势、胜任、自信、独立和自由的需要,对来自他人的尊重需要包括对地位、声望、荣誉、支配和赞赏的需要。尊重需要得到满足的时候,人们会感到活得有价值,能体验到活着的用处,对社会充满热情。

自我实现需要。自我实现需要是指实现个人的理想、抱负,最大程度发挥个人的能力,完成与自己能力相称的事情的需要,即成为自己所期望的人。

需要层次理论认为,只有较低一级的需要得到基本满足以后,人们才会产生较高一级的需要,较高一级的需要才能成为行为的驱动力。若低层次需要没有获得满足,人们便会作出一切努力去满足。人在同一时期内,可能会存在几种需要,但总有一个需要占优势地位。占优势的需要也是从低到高依次出现的,当占优势的较低层次的需要得到基本的满足之后,较高层次的需要才能占优势,这时,较低级的需要对行为的影响就减弱了,较高层次的需要才能成为行为的驱动力。马斯洛认为,人对低层次需要的追求是有限的,一旦得到满足便不再成为人们行动的积极推动力。而人们对高级需要的追求则是无限的,它将对人的行为产生持久的激励作用,并且只有高级需要的满足,人才能产生最深刻的幸福感和满意感。

尽管马斯洛一再强调需要满足的顺序性,但他仍指出有例外的情况。例如,有的科学家冒着生命危险从事研究工作,忽略了安全的需要,直接追求自我实现;有的人虽然满足了安全需要,但对交友、权利、创造仍不感兴趣。

虽然马斯洛的需要层次理论能够很好地解释人的需求的变化,但却忽视了社会历史条件对人需要的影响,没有很好地说明需要产生的社会意义,忽视了人的主观能动性。需要的发展、变化受一定条件影响,需要是在人的社会化过程中逐步发展的,需要的发展依赖于社会生产、生活条件的发展,人的需要的发展层次受客观环境、教育的影响和个人主观因素的制约,不同层次的需要相互影响、相互制约。

(二)需要层次理论的应用

马斯洛的需要层次理论对运动训练具有重要的指导意义。它对运动队的管理、激发运动员的运动动机、分析运动员参加比赛的目标、发展运动员更高级的需要等具有重要的指导价值。

人们参与体育运动的需要各不相同,满足运动员的需要,是有效激发运动动机的关键。在教学训练过程中,要注意运用适当的方法,满足运动员从事体育运动的各种需要。

1.满足运动员追求乐趣的需要

体育运动的魅力之一就是具有鲜明的挑战性和趣味性,并使身心集于一体。它是富有乐趣的,但同时也是一项艰苦的劳动。如果教学训练安排枯燥无味,过多剥夺运动员的自由,或者对运动员提出苛刻的要求,那么可能就引不起运动员训练的乐趣,从而导致运动动机的下降。

为满足运动员追求运动乐趣的需要,应在教学训练中注意以下几点:

第一,使运动员的能力适合训练的难度和强度。如果一个人总是体验失败,那他就不会觉得这项运动有趣。因此,应该有意识地帮助运动员增加成功的体验。

第二,训练方法和手段多样化。在调查中,有的运动员羡慕地说:某队的某教练员经常会在训练计划中安排一些小游戏,他们队的运动员每天很开心! 优秀的教练员会让运动员笑着累倒在训练场上。

2.满足运动员归属集体的需要

所有的人都有归属的需要。运动员也一样,他们希望成为集体的一部分,希望被教练员和集体所接受。体育教师和教练员可以用集体的行为规范、集体的目标、集体的荣誉感来激发运动员的动力。

3.满足运动员尊重的需要

尊重需要既包括对成就或自我价值的个人感觉,也包括他人对自己的认可与尊重。

有尊重需要的人希望别人认为他们有能力,能胜任工作,他们也关心成就、名声、地位和晋升的机会。

在激励运动员的运动动机时,应考虑运动员的尊重需要。可以采取这样的一些方式:公开的奖励和表扬;布置任务时特别强调任务的艰巨性以及成功所需要的高超技巧等。这些方式可以满足运动员的尊重需要,提高运动员对自己所从事工作的自豪感。

另外,给予运动员自主权。许多研究表明,给人以控制自己生活的权利,可以加强动机,提高成就,促进责任感和自我价值感的发展。在体育运动中,有许多教练员会包揽训练方案的制定,运动员没有任何发言权,他们只是按计划训练,成为执行计划的机器。其实,这种做法不利于运动员主观能动性的发挥,会挫伤运动动机。教练员如果让运动员参与训练方案的制定,或者指导运动员自己来设置训练计划,给予运动员更多的自主权,运动员可能会有更强烈的责任心来执行计划,训练态度会更积极更主动。

4. 满足运动员展示自我的需要

感到自己有价值的需要是体育运动中最普遍最强烈的需要。展示自己的才能并使他人承认自己的价值,或者不必得到他人的尊重而只需自认为有价值、有能力,都可以满足这种需要。体育运动领域的各种任务时时都在向人的能力提出挑战,教练员必须尽可能去保护运动员,不要使他们失去自我价值感。对于遭受失败的运动员,教练员应帮助他们重新确定目标,并尽可能设法通过成功的体验来满足他们表现才能与自我价值的需要,这样才能有效地培养和激发他们的内部动机。

四、自我决定理论和应用

自我决定理论和应用

(一)自我决定理论

自我决定理论由美国心理学家德西和瑞安(Deci & Ryan)于 20 世纪 80 年代提出的一种关于人类自我决定行为的动机过程理论,它有力阐述了环境对个体行为产生影响的因果路径,对于个体行为的激励与改变具有重要的指导价值。

自我决定理论把动机划分为缺乏动机、外在动机和内在动机三种类型,并指出动机是处在一个自我决定程度或自主性程度的连续体上,缺乏动机与内在动机处于动机发展连续体的两端,外在动机处于中部位置,如图 4-4 所示。

缺乏动机是最缺少自我决定的动机类型,它的特点是个体认识不到他们的行为与行为结果之间的联系,对所从事的活动毫无兴趣,没有任何外在的或内在的调节行为以确保活动的正常进行。

内在动机与个体的内部因素如兴趣、享受、满足等密切相关的动机,是高度自主的动机。

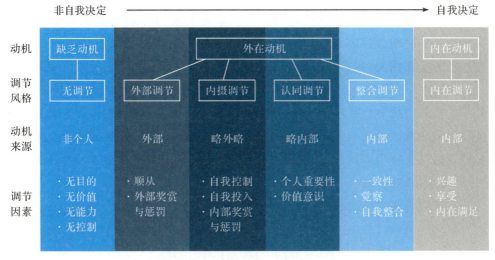

图4-4　自我决定论图解

外在动机主要指个体的行为受外界环境的制约而产生，通常需要个体付出一定的意志努力。根据外部规则与个体自我感受的整合程度，外在动机可分为外部调节、内摄调节、认同调节和整合调节四种类型，分别为：（1）外部调节：个体的行为受报酬或者避免惩罚制约。例如，当个体被医生告知如果不经常参加运动锻炼会严重影响自身健康，严重者会面临住院，此时个体是不情愿地、被迫地参加有计划的运动，此时的行为受外部控制。（2）内摄调节：当个体的行为与自身密切相关时，个体就会关注并且遵守外部的规则和要求，但内心并没有去接受这些外部的规则和要求。此时的行为部分受外部控制。（3）认同调节：当个体充分地认识到某种行为对于自己的重要性和价值，并能够认同这些规则时，他在行动过程中就不会感受到自身的行为受迫于压力和受制，而是更多地体验到自由和意志。例如，个体认同锻炼有益于身体健康并坚持锻炼，此时的行为部分受内部控制。（4）整合调节：这是最高程度的外在动机的内化，它与内部动机具有很多共同之处，但它还不是内部动机。例如，个体坚持有计划运动锻炼，不仅意识到了锻炼对身体健康的重要性，而且意识到了其社会价值及心理作用。整合调节表现为外部调节的完整内化，此时的行为受内部控制。

动机的内化是一个逐渐由外在向内在动机靠拢的自然过程，是个体对外在规则、要求及价值的认同吸收，并转化为个体认同的与自我价值相整合的过程。

（二）自我决定理论的应用

自我决定理论的正确性在体育运动领域得到了广泛的支持和验证。比德尔等人在一项关于锻炼行为意向的预测性研究中发现，自主性动机对锻炼行为具有显著的预测作用。如果在外部压力下参与体育运动，尽管在短期内控制性动机的负面影响不会显现出来，但是，一旦外部压力消失，个体的体育行为也将不复存在，这对长期坚持参加体育运动的行为是极为不利的。

孙国晓和张力为在有关自我决定动机对运动员心理疲劳影响的研究中发现,在高自我决定动机的一端,内部动机与心理疲劳呈负相关;在低自我决定动机的一端,无动机与心理疲劳呈正相关;在自我决定动机的中间部分,外部动机与心理疲劳的关系尚不明确。

外在动机的内化对自我决定需要的价值观具有较大的影响,它能使个体的参与行为由外部环境的诱导转向自我的决定,同时还具有激发反馈调控方式变化的作用。社会环境可以通过支持个体的自主、胜任、归属等基本心理需要的满足来增强人的内部动机,促进外在动机的内化。

第三节　运动自信心

Box 4.3

你的自信心强吗?

用优缺点罗列的方法来测量自信心,实施简单,既可以单独施测,也可以集体施测。

一、测量方法

自信心测量分两轮进行。在实施测量前,先发给运动员每人两张答题纸和一支笔。

第一轮测量指导语:我一说开始,请用 3 分钟在这张纸上尽快写出你的缺点。我一说停,不管写在什么地方,都要立刻停止。明白了吗? 好,准备,开始!

第二轮测量指导语:我一说开始,请用 3 分钟在这张纸上尽快写出你的优点。我一说停,不管写在什么地方,都要立刻停止。明白了吗? 好,准备,开始!

注意事项:第一轮测量完毕,收回答题纸;两次测量之间休息 3 分钟;第二轮测量完毕收回答题纸。

二、评分方法

1. 字数得分计算方法

字数得分 = 优点答题纸上的字数 − 缺点答题纸上的字数。得分越高,自信心越强。

2. 维度得分计算方法

维度得分 = 优点答题纸上的维度 − 缺点答题纸上的维度。得分越高,自信心越强。

一、什么是运动自信心

中国古代伟大的思想家、政治家、教育家孔子曾说过："我心信其可成,则无坚不摧。我心信其不可成,则反掌折枝之易亦不能。"美国思想家、文学家,诗人爱默生也曾说过:"自信是成功的第一秘诀"。可见,自信是非常重要的。

不同心理学派、不同研究者由于各自研究领域的取向和需要不同,对自信的界定也存在较大的分歧。最早对自信进行描述的是人本主义心理学家马斯洛(Maslow),他认为自信是自尊需要获得满足时产生的一种情感体验,而自尊包括获得权力、信心、成就、技能、独立性和自由等的愿望,拥有足够自尊的人总是更自信、更有能力和更有效率。Coopersmith 则认为自信是个体对自己作出并经常保持的评价,说明个体在何种程度上认为自己能干、重要和有价值,显现了对自己能力、成就和价值的信心。张春兴在《张氏心理学词典》中认为,自信指个人信任自己,对自己所知者与所能者具有的信心,对自己所做的事或所下的判断不存有怀疑。

运动自信心是指个体对其所具有的能力在竞技运动中获取成功的信念和确信程度(Vealey)。界定运动员运动自信心的主要边界条件是:第一,运动自信心是运动员在运动过程中(包括比赛和训练)与各种社会因素和场地、天气等客观因素交互作用的过程中产生和发展的;第二,运动自信心的客观评价、正向认知与评价是与竞赛任务紧密联系的,具有重要的调节和适应功能。这两点有别于其他交互作用条件下的自信,如学习的自信、身体外表的自信等。

Martens 和 Bump 在美国高级教练员培训教材运动心理学分册中提出,运动中的自信心是运动员对自己能力的确信,正确的自信心使运动员对自己能够取得成功有一个客观的期望,是运动员人格特征的一部分。他们将运动员的运动自信心分为三种不同程度,即缺乏自信心、适宜自信心和过高自信心,三种程度的运动自信心构成了一个连续体。

运动自信心不仅是运动员奋力拼搏的精神支柱,也是在比赛中战胜对手的力量源泉。在运动生涯发展过程中,有了运动自信心,运动员就拥有克服不足和缺点的勇气,拥有不断激发和完善自我的成就动机。

二、自我效能理论

自我效能源于美国心理学家班杜拉(A. Bandura)的社会学习理论,是社会心理学和动机心理学中的一个重要概念。自我效能理论认为,个体在目标追求过程中面临某项特殊任务时,对完成该项任务的动机强弱取决于个体对其自我效能的评估,自我效能是人类活动的一种强大力量,在控制和调节行为方面有着不可估量的价值。

（一）什么是自我效能

自我效能是指一个人对自己能否成功地完成一项任务所持的信心和期望,或者是对自己成功完成一项任务所具备的潜能的认识。自我效能与一个人所具有的技能水平无关,而是与一个人对自己所具有的技能可以做什么的判断有关。简单地说,自我效能是个体对自己能力和能力可能产生的效能的认知,是一种特定情境中的自信心。

与自我效能相反的是习得性无助。它是在个体多次经历了无法挽回的失败和挫折后,再次面对同一任务时产生的无能为力的心理状态。习得性无助对个体的行为动机、认知和情绪会产生不良影响,甚至会导致退避性行为。

（二）自我效能的作用

班杜拉认为,自我效能的作用主要表现在对行为和思维模式的影响上。

1.影响行为模式

自我效能影响着人们选择什么难度的任务、付出多少努力、遇到困难时能否坚持等行为模式。具有较高自我效能感的人往往会选择适合自己能力水平又具有挑战性的任务,敢于面对困难,相信可以通过坚持不懈的努力克服困难。具有较低自我效能感的人却总是认为自己不行,常常回避任务,在困难面前畏首畏尾、不敢尝试,轻易放弃。

2.影响思维模式

高自我效能者通常把注意力集中在所进行的活动中,积极地分析问题和解决问题,对完成活动有信心,情绪乐观稳定。在遭遇失败时,会将失败归因于自己努力还不够,因此,他们更有可能重整旗鼓,更加努力以争取成功。

低自我效能者往往把注意力集中在可能产生的失败或意外上,会过多地想到个人的不足,并放大潜在的困难,容易产生压力感和焦虑感。他们通常将失败归因于自我能力不足、天资不够,因此也不会作出积极的尝试和努力。

（三）自我效能的形成途径

班杜拉和他的同事从信息加工的角度对自我效能的形成做了大量的研究,提出自我效能的形成是建立在四种信息来源之上的,即成败经验、替代经验、言语说服和生理状态。自我效能的形成与作用可以用图4-5来表示。

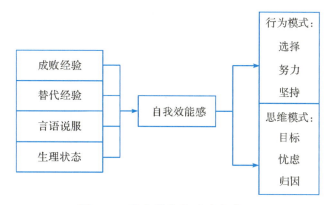

图 4-5　自我效能的形成与作用

1. 成败经验

　　明确的成功或失败经验,为个体提供了自我效能判断的可靠基础,是自我效能最重要的信息来源,对自我效能形成的影响最大。成功的经验可提高自我效能感,多次的失败经验会降低人对自己能力的判断,导致较低的自我效能感。具体而言,在竞技运动中,运动员先前的成功表现能够提升其自我效能,是个体预测将来成功的最有力证据;相反,先前的失败表现则会削弱其自我效能。值得注意的是,自我效能感一旦形成,即便遇到偶尔的失败,也不会轻易降低。

2. 替代经验

　　即使没有亲身经历,人们也可以通过观察和模仿学习,获得成功的替代经验,这些经验也会对自我效能的形成产生影响。替代经验对于缺乏经验、需要依赖他人判断自己能力的个体来说,是非常重要的自我效能信息来源。而且,榜样与自身的相似程度越高,对个体的自我效能影响就越大。观看与自己能力相当者的成功操作,能提高自我效能感,相信自己也有能力完成类似的任务;而观看与自己能力相当者的失败操作,则会降低自我效能感,觉得自己也将难以成功。例如,学习新体操动作时,看到跟自己实力相当的队友在高低杠上流畅地完成了新动作,不仅降低了自己的焦虑水平,同时也提升了自我效能。

3. 言语说服

　　言语说服是指他人利用鼓励性言语、正向反馈、说服性建议、劝告以及自我规劝使个体相信自己有完成任务的能力,而且愿意付出更多、更持久的努力。在竞技运动中,教练员、父母和同伴都可以通过言语说服提升运动员的自我效能。例如,当你尊敬的著名教练强烈地认为你有能力成功应对某一情境时,可以提高你的自我效能感。

4. 生理状态

　　个体在参加某一活动之前的生理状态是影响自我效能的最直接信息。当个体感觉生理状态良好时,能提高个体对自己能力的判断,自我效能会提高;相反,过度焦虑、疲劳、伤病等不良生理状态会降低个体对自己能力的判断,自我效能则会降低。班杜拉指出,人们常把紧张情境中的生理唤醒作为不良信号加以解读,这会降低自我效能感。

生理唤醒状态对个体自我效能的影响方向,取决于个体对生理唤醒进行的认知性解释。如果个体认为生理唤醒对运动表现具有促进作用,会提升自我效能;如果个体将生理唤醒与表现不佳相联系时,自我效能就会受到损害。例如,如果运动员将自己的生理唤醒(如心跳加速、呼吸加快等)解读为自己已经准备好迎接挑战或比赛,那么会提高自我效能;如果运动员将其解读为自己面对挑战或比赛时产生的恐惧,那么就会导致自我效能的降低。

三、运动自信心训练

自我效能理论提出了发展自信心的四个关键因素,即成功的亲身体验、可借鉴的他人成功经验、言语上的鼓励和适宜的生理状态等,这对于在体育运动中提高运动员的运动自信心具有很好的启发作用。训练运动自信心的方法有很多,在日常运动训练和比赛中可以参考以下常见的八种方法。

(一)引发成功体验

根据班杜拉的自我效能理论,成功体验能够提升运动自信心,并引发更多的成功行为。因此,创设情境帮助运动员获得成功体验是提升运动自信心的有效策略。在运动训练中,教练员可以营造有利于运动员成功的比赛情境,帮助运动员获得成功体验。当任务难度过大,难以立即获得成功时,教练员可以通过降低任务难度,以避免重复失败对运动员自我效能的打击,从而帮助运动员获得成功体验。此外,教练员也可以通过创设与模拟不利情境(如糟糕的天气、不友好的观众、较强的对手等),培养运动员应对不利情境的积极心态和应对方式,帮助运动员获得应对不利情境的成功体验,以提升其应对挫折、逆境的运动自信心。

(二)表象成功动作

西方和苏联的心理学家对表象训练进行的实验研究表明,对成功动作的表象训练有助于提高受试者的运动自信心。表象成功动作的具体做法如下:

(1)平时训练课上为运动员的关键动作录像;

(2)剪辑运动员训练中的成功动作或最佳操作表现;

(3)训练课后让运动员观看自己的成功动作;

(4)在放松状态下,如睡觉前,运动员做成功动作表象3－10次,以形成心理定势。

运用成功动作的表象训练来提高运动员的自信心,运动员要形成表象练习的习惯,这样才有可能提高表象的清晰性、稳定性和可控性,从而提高自信心。

（三）设置适宜目标

自信心与目标设置是相互作用、互相影响的关系。一方面，自信心水平影响着一个人目标设置的高低；另一方面，目标设置是否合理又会反过来影响其自信心。当目标制定得过低时，往往会使运动员放松努力，无法体验成功；而当设置的目标过高、不切实际时，运动员又会因无法完成任务而感到悲观和焦虑，挫伤自信心。因此，教练员和教师应该帮助运动员客观评估自己的能力，并在此基础上设置基于现实的、具有挑战性、可实现的、可测量反馈的、自我比较的目标，帮助运动员不断获得成功体验，从而增强自信心。

（四）重视赛前准备

良好的身心状态是运动自信的重要来源之一。如果运动员在赛前已经为赢得比赛进行了各方面的充分准备，就会对自己充满自信。因此，重视赛前准备，对提升运动自信具有举足轻重的作用。赛前准备工作不仅要从身体、技术、战术和心理方面进行准备，也要从比赛流程方面（如对出行时间、进餐时间、赛前仪式等）进行准备。

（五）正确归因成败

韦纳认为，能力、努力、运气和任务难度是个体对成败归因的要素。当运动员把完成动作的成功和比赛的胜利归因于自己的运气好，而把失败归因于自己的能力差时，自信心必然会受到削弱。因此，教练员有必要将合理的归因技术教授给运动员，使他们善于将成功归因于自己的能力和努力，而将失败归因于运气不好或努力不够，这样，无论遇到获得成功还是遭遇失败，运动员的自信心都不会被减弱，反而会逐渐积累和增强。

（六）积极自我暗示

自我暗示是运动员对自己"说"的、有关自己是否能实现目标的话语。积极的、任务指向的、目标导向及鼓励性质的自我暗示能够提升运动员运动自信；相反，消极的、批判性的、愤怒的、贬损的自我暗示则会降低运动员的运动自信。自我暗示可以默不作声地进行，也可以大声地说出来，还可以在纸上写下来，更可以歌唱或吟诵。

最有效的自我暗示是使用简洁的、积极的、聚焦于运动员能力的词汇或短语，可以使用三种类型的积极自我暗示，即情绪性的（如激动、投入、喜悦等）、技术的（聚焦与成功执行的话语），以及记忆的（回忆先前成功经验的话语）自我暗示。

（七）提供集体鼓励

班杜拉的自我效能理论指出，言语说服是一个人自我效能形成的重要信息来源。因此，可以通过多种途径给予运动员积极的反馈和鼓励，提高其自我效能感。具体做法如下：

(1)教练员每周在每个运动员的训练日记中及时反馈两个信息:你在哪些方面进步了;你的哪些表现值得赞赏。

(2)每个队员匿名写出其他队员的优点或者你喜欢他的哪些方面,然后汇总、集体分享。

(3)教练员对队员或队员之间,要多说鼓励性的话语,最好每天都能说几句。

(八)平时大胆表现

认知、情感与行为间存在着错综复杂的交互作用,认知、情感会影响行为,行为也会反过来影响个体的认知及情感。因此,通过大胆表现、展示自信行为,能够提升运动自信。运动员在比赛中,即使是失误或面临强大的对手,也要努力通过抬头挺胸、振臂高呼、微笑等肢体语言展示其自信。运动员的运动自信心训练还可以从日常行为的改变入手,具体做法如下:

(1)克服拖延,立即行动,完成既定的计划;

(2)开会、上课时挑前面的位子坐;

(3)与人交谈时,正视对方的眼睛;

(4)与人握手时,用力大一点;

(5)昂首挺胸,大步、快速行走;

(6)练习当众讲话;

(7)尽量多地咧嘴大笑;

(8)签名时,将自己的名字写得大一些;

(9)记录成功的体验。

微课堂:课程思政

序号	教学内容	育人目标
1	运动兴趣的激发	帮助学生树立终身学习的意识和终身体育的意识。
2	动机理论和应用	培养学生从认识理论到应用实践的思维能力和解决问题能力,植入理论指导实践的科学态度和科学精神。
3	提高运动自信心的策略	提高学生的自信心,促进人格健全、身心健康发展。

实训项目

1.假设你是一名少儿羽毛球培训班的教练,通过资料查阅、人物访谈、小组讨论等方法,设计激发少儿对羽毛球学习兴趣的方法。

2.选取你最喜欢的一名运动员,了解其运动生涯的相关故事,分析其从事运动训练的动力源泉。

3.以自己从事的某项运动技能为例,评估自己的运动自信心水平,并提出针对性地提高自身运动自信心的策略。

本讲小结

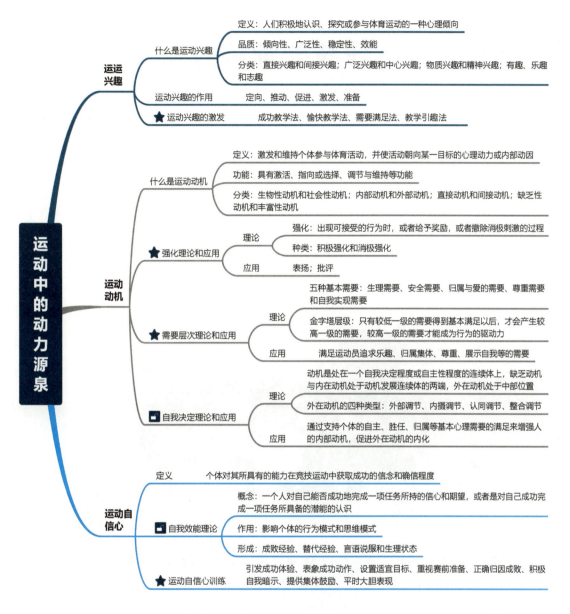

运动中的动力源泉

- **运动兴趣**
  - 什么是运动兴趣
    - 定义：人们积极地认识、探究或参与体育运动的一种心理倾向
    - 品质：倾向性、广泛性、稳定性、效能
    - 分类：直接兴趣和间接兴趣；广泛兴趣和中心兴趣；物质兴趣和精神兴趣；有趣、乐趣和志趣
  - 运动兴趣的作用　定向、推动、促进、激发、准备
  - ★运动兴趣的激发　成功教学法、愉快教学法、需要满足法、教学引趣法

- **运动动机**
  - 什么是运动动机
    - 定义：激发和维持个体参与体育活动，并使活动朝向某一目标的心理动力或内部动因
    - 功能：具有激活、指向或选择、调节与维持等功能
    - 分类：生物性动机和社会性动机；内部动机和外部动机；直接动机和间接动机；缺乏性动机和丰富性动机
  - ★强化理论和应用
    - 理论
      - 强化：出现可接受的行为时，或者给予奖励，或者撤除消极刺激的过程
      - 种类：积极强化和消极强化
    - 应用　表扬；批评
  - ★需要层次理论和应用
    - 理论
      - 五种基本需要：生理需要、安全需要、归属与爱的需要、尊重需要和自我实现需要
      - 金字塔层级：只有较低一级的需要得到基本满足以后，才会产生较高一级的需要，较高一级的需要才能成为行为的驱动力
    - 应用　满足运动员追求乐趣、归属集体、尊重、展示自我等的需要
  - ■自我决定理论和应用
    - 理论
      - 动机是处在一个自我决定程度或自主性程度的连续体上，缺乏动机与内在动机处于动机发展连续体的两端，外在动机处于中部位置
      - 外在动机的四种类型：外部调节、内摄调节、认同调节、整合调节
    - 应用　通过支持个体的自主、胜任、归属等基本心理需要的满足来增强人的内部动机，促进外在动机的内化

- **运动自信心**
  - 定义　个体对其所具有的能力在竞技运动中获取成功的信念和确信程度
  - ■自我效能理论
    - 概念：一个人对自己能否成功地完成一项任务所持的信心和期望，或者是对自己成功完成一项任务所具备的潜能的认识
    - 作用：影响个体的行为模式和思维模式
    - 形成：成败经验、替代经验、言语说服和生理状态
  - ★运动自信心训练　引发成功体验、表象成功动作、设置适宜目标、重视赛前准备、正确归因成败、积极自我暗示、提供集体鼓励、平时大胆表现

即测即评

第五讲　心理技能训练方法

图 5-1　2021 年东京奥运会中国首金得主：杨倩

　　在技术、战术达到顶尖水平的今天，高水平运动员之间的较量，实际上是心理素质、心理技能的较量（见图 5-1）。美国心理学家格鲁波的研究表明，低、中水平运动员心理因素对技能的影响占 20%，生物力学因素占 80%；而高水平运动员心理因素对技能的影响占 80%，生物力学因素占 20%。心理技能训练被很多高水平的教练员作为运动员科学训练不可缺少的一个重要组成部分，这是现代运动训练发展的必然趋势。心理训练与身体、技术、战术训练相结合，共同构成了现代运动训练的完整体系。

通过本讲的学习,你将能够回答以下问题:

1. 什么是心理技能训练?心理技能训练应遵循什么原则?

2. 什么是渐进性放松训练?如何实施渐进性放松训练?

3. 什么是自生放松训练?如何实施自生放松训练?

4. 什么是表象训练?如何实施表象训练?

5. 什么是 ABC 自我谈话模式?如何优化自我谈话质量?

6. 什么是正念训练?如何实施正念训练?

第一节　心理技能训练概述

心理技能训练概述

Box 5.1

优秀运动员具备哪些心理技能特征?

1. 从事专项运动应具有的个性特征。

2. 对成功与失败采取一种可控的内部归因。

3. 对最后成功有高自信和信念。

4. 内在动机。

5. 对运动成就具有较强的任务目标定向。

6. 集中注意于当前任务。

7. 具有情绪和心理唤醒水平的能力。

8. 面对逆境具有较强的应对能力。

9. 有设置不同目标并完成这些计划的能力。

10. 有使用自我谈话、表象、自我调节和其他心理学方法来树立信心和提高动机水平的能力。

11. 心理韧性。

([美]理查德·H.考克斯,2015)

一、什么是心理技能训练

心理技能训练（psychological skills training，PST，也称心理训练）可以从广义和狭义来加以界定。广义的心理技能训练是指有目的、有计划地对运动员的心理过程和个性心理施加影响的过程。狭义的心理技能训练是指采用特殊的方法和手段使运动员学会调节和控制自己的心理状态，进而调控自身行为的过程。

心理技能训练的作用主要有：

第一，有助于运动员掌握和改进运动技能。例如，专项技术训练与表象训练相结合，运动技能的学习效果比较好；在身体疲劳、伤病或条件不允许情况下，进行运动表象训练有助于运动肌肉感觉的建立、恢复和巩固。

第二，许多心理技能训练，如合理情绪训练和暗示训练等，能帮助运动员识别运动中的消极思维，建立积极的自我暗示，减轻认知与躯体应激的消极生理反应，提高积极的增力情绪。

第三，消除身心疲劳，加速恢复过程。运动员在大强度的训练之后，进行适当的心理放松技能训练，能逐渐降低精神和身体的兴奋水平，松弛肌肉紧张状态，促进血液循环和新陈代谢，减轻疲劳，恢复体力。

心理技能不仅运用在运动员的训练和比赛中，还能扩展到运动员生活的其他方面，成为运动员的行为习惯，促进运动员心理品质和人格的发展，直至影响运动员的一生。

二、心理技能训练的原则

心理技能同技战术能力及身体能力一样，可以通过系统的训练加以获得和提高。为保证心理技能训练的效果，训练实施中应遵循以下几项原则。

（一）自愿原则

心理训练只有赢得运动员和教练员的积极配合，才能使训练时间和训练质量得到有效保证。其中，运动员的自愿参与是内因，是心理技能训练产生作用的主要决定因素。如果运动员不相信心理技能训练的作用，不了解心理技能训练的原理，对心理技能训练持怀疑、观望甚至否定的态度，或在教练员的强迫命令下接受心理技能训练，不仅不会产生良好的结果，甚至还会起反作用。

（二）长期系统性原则

任何运动技能，如射门、扣球、三分投篮等运动技能都需要在技术训练中进行上万次的重复练习和比赛中千百次的重复运用才能达到炉火纯青的地步，在比赛中发挥其效力,心理技能的训练也是如此。心理技能的训练是一个不断重复有效的心理和行为调节方法的过程,是在心—身之间建立稳固联系的过程。因此,心理技能是心理学工作者同教练员、运动员一起认真分析存在的问题,制定详细的心理技能训练计划,然后按照计划实施,其形成和巩固需要经过有目的、有计划、长期系统的教学与训练过程。

（三）与专项运动训练相结合原则

不同的运动项目在技战术的掌握及比赛发挥上会对运动员的心理提出不同的要求。在心理技能的训练中,应充分考虑运动专项对运动员心理状态、心理特征方面的特殊要求,只有这样才能收到切实的训练效果,进而赢得教练员、运动员的信服,调动其开展和参与心理技能训练的积极性。

（四）因材施教原则

开展心理技能训练要以运动员的个人心理特点为依据,有针对性地选择心理技能训练的方法,区别对待,做到因人施训。

第二节　放松训练

一、什么是放松训练

所谓放松,就是使自己的思想、情绪和肌肉都处在一个不紧张或松弛宁静的状态。在放松的过程中,大脑和肌肉具有双向联系,是作为一个整体系统发挥作用的。我们在平常的生活中常有这样的体验,心理紧张时肌肉会不由自主地发抖、僵硬等,而心理放松时,肌肉也自然放松。另一方面的体验是,肌肉活动越积极,从肌肉往大脑传递的冲动就越多,大脑就越兴奋,反之肌肉越放松,向大脑传递的冲动就减少,大脑的兴奋度就降低,心理也就放松了。因此,有些放松方法侧重于放松身体,继而平复心情,如渐进性放松、自身放松等,而诸如意象、冥想等方法侧重于平复心情以便放松身体。

放松训练是以一定的暗示语集中注意,调节呼吸,使肌肉得到充分放松,从而调节中枢神经系统兴奋性的一种训练方法(张力为,2007)。

在运动训练和竞赛中,运动员经常会遇到各种情绪问题,如过度紧张、焦虑、恐惧、倦怠等,而且会伴随出现中枢神经系统的过度兴奋、过度抑制或中枢疲劳等生理变化。放松训练作为一种最常见、最基础的心理技能训练方法,可以降低中枢神经系统的兴奋性,降低由情绪紧张而产生的过多能量消耗,使身心得到适当休息并加速疲劳的恢复,并为其进行其他心理技能训练打下基础。

二、渐进性放松训练

渐进性放松训练是由美国学者雅各布森(Jacobson)首创,经过多年临床应用不断得到修改和完善,被誉为西方放松技术的先驱。在练习过程中,首先让练习者选取一个舒适的姿势,然后帮助他获得身体各部位肌肉紧张和放松的精确感受。一般先主动地收缩某一肌肉群,体会紧张,然后让它充分放松,并把这种紧张"排出"体外,通过身体不同部位的肌肉紧张与放松训练,最后达到全身放松。

(一)准备姿势

找一个安静的场所,可采取坐式或躺式,尽可能使自己舒适,最大限度地让自己放松。

坐式。舒适地坐在一张椅子上,胳膊和手放在椅子的扶手或自己的腿上,双腿和双脚采取舒适的姿势,脚尖略向外,闭上双眼。

躺式。仰面躺下,头舒服地靠在枕上,两臂微微弯曲,手心向下放在身体两旁,两腿放松、稍分开,脚尖略朝外,闭上双眼。

(二)基本练习程序

以下指导语中,"……"代表5-8秒的停顿,这个时段里练习者要仔细去体验紧张或放松的感觉。

请注意倾听以下指示语,它们会有助于你提高放松能力。每次我停顿时,继续做你刚才正在做的事,并体验那种感受。好,轻轻地闭上双眼,深呼吸三次……

(1)右手用力握拳……(体会紧张感),放松……(体会放松感),重复一次。

(2)左手握拳……,放松……,重复一次。

(3)屈右前臂,收缩肱二头肌……,放松……,重复一次。

(4)屈左前臂,收缩肱二头肌……,放松……,重复一次。

(5)蹙眉,收缩前额肌肉……,放松……,重复一次。

(6)咬紧牙……,放松……,重复一次。

(7)耸肩,收缩肩部肌肉……,放松……,重复一次。

(8)收缩腹部肌肉……,放松……,重复一次。

(9)绷右脚尖,伸右踝关节……,放松……,重复一次。

(10)绷左脚尖,伸左踝关节……,放松……,重复一次。

(11)腹式呼吸,吸气,使腹部鼓起……,呼气,使腹部凹陷……,重复一次。

(12)深呼吸三次,将注意力集中于整个呼吸过程。

(13)正常呼吸,享受你身体和肌肉完全放松的感觉……

渐进性放松训练,按照一定的顺序,即双手、双臂、前额、上下额、双肩、胸部、背部、腹部、臀部、双腿、双足等,通过先紧张后放松的方式,将放松感引入每一组肌肉群,最后达到身体的完全放松。

（三）加上提示语的练习程序

在渐进放松训练过程中,可以使用一些具有启发性的提示语。例如,我很放松、很舒适;有股暖流流过我的手臂,流出手指等。

三、自生放松训练

自生放松训练是德国精神病学家舒尔茨(Schultz)提出,是一种通过暗示语使身体各部位直接放松,最后达到全身放松的方法。自生放松强调的是呼吸调节、放松感、温暖感和沉重感。

（一）准备姿势

可参照渐进性放松训练。

（二）练习程序

自生放松训练要在他人或自我指导语下缓慢进行,常用的指导语如下。
(1)平静而缓慢的呼吸,我的呼吸很慢、很深。
(2)我感到很安静。
(3)我感到很放松。
(4)我的双脚感到沉重和放松。
(5)我的踝关节感到了沉重和放松,我的膝关节感到了沉重和放松,我的双脚、踝关节、膝关节、臀部全部感到了沉重和放松。
(6)我的腹部、我身体的中间部分感到了沉重和放松。
(7)我的双手感到了沉重和放松,我的手臂感到了沉重和放松,我的双肩感到了沉重和放松,我的双手、手臂、双肩全部感到了沉重和放松。
(8)我的脖子感到了沉重和放松,我的下巴感到了沉重和放松,我的额部感到了沉重和放松,我的脖子、下巴和额部全部感到了沉重和放松。
(9)我整个身体都感到安静、沉重、舒适、放松。
(10)我的呼吸越来越深、越来越慢。
(11)我感到很放松。
(12)我的双臂和双手是沉重和温暖的。
(13)我感到十分安静。
(14)我的全身是放松的,我的双手是温暖的、放松的。

（15）轻松的暖流流进了我的双手,我的双手是温暖的、放松的。

（16）轻松的暖流流进了我的双臂,我的双臂是温暖的、放松的。

（17）轻松的暖流流进了我的双腿,我的双腿是温暖的、放松的。

（18）轻松的暖流流进了我的双脚,我的双脚是温暖的、放松的。

（19）我的呼吸越来越深、越来越慢。

（20）我的全身感到安宁、舒适和放松。

（21）我的头脑是安静的,我感觉不到周围的一切。

（22）我的思想已专注到身体的内部,我是安闲的。

（23）我的身体深处、我的头脑深处是放松、舒适和平静的。

（24）我是清醒的,我处于舒适的、安静的状态。

（25）我的头脑安详、平静,我的呼吸更慢、更深。

（26）我感到一种内部的平静。

（27）保持一分钟。

（28）深吸一口气,慢慢地睁开双眼,我感到生命和力量流经我的双腿、臀部、腹部、胸部、双臂、双手、颈部、头部。这力量使我感到轻松和充满活力。

第三节　表象训练

表象训练

Box 5.2

苏翊鸣的制胜秘诀

北京冬奥会单板滑雪男子大跳台冠军苏翊鸣面对比赛有个重要的习惯,就是发挥想象,将比赛具象化(见图5-2)。他说:"在我尝试一个新的技巧动作之前,我会感到胸腔有一种紧张感。我深吸一口气,闭上眼睛。当我爬上巨大的起飞坡道时,我会在想象中伸展我的双腿以最大限度地提高升力。然后,我要在脑海中描绘如何以相反的方向扭转我的上半身,产生扭矩,然后再让它朝另一个方向弹回来。"

闭上眼睛,将场景具象化,一遍遍地演练即将发生的事情,可以使大脑的神经通路和身体同步激活。心理学家麦凯恩解释:"尽管你的肌肉没有动,可大脑

图5-2　北京冬奥会单板滑雪男子大跳台冠军:苏翊鸣

的启动方式和你真正运动时的方式一模一样。大脑的某一部分用得越多,它就越擅长做某件事。"运动员使用这种心理意象来形象化即将完成的事件,将执行某项行动或达到目标所需的步骤进行可视化,能促进他们体会预期的快乐,并提升完成行动的动力和信心。

一、表象训练概述

(一)什么是表象训练

表象训练,又称视觉化训练、想象训练、意象训练或念动训练,是指运动员有意识地在头脑中反复想象某种运动动作或运动情境,从而提高运动技能、增强心理调控能力的过程。表象训练是运动员最常用的一种心理训练方法。

表象是一种不需外部刺激直接参与,在头脑中对人体的一切感觉(视觉、听觉、触觉、本体感觉等)经验进行再现或重构的心理过程。从表象中自己所处的视角,可以把表象分为内部表象和外部表象。内部表象是指用"眼睛的后部"体验表象情境,感受自我的操作活动。外部表象是指表象时从旁观者角度看到表象的内容,看到自己外观上的变化。例如,运动员在表象跳远动作时,不仅要看到自己助跑、起跳、腾空、落地的样子,更要能体验加速跑、起跳有力、蹲踞、挺胸、空中走步等整个跳远动作在时间、空间和力量上的特点。

表象训练有利于建立和巩固正确动作的动力定型,有助于加快运动技能的学习。表象训练还具有调节人的情绪以及生理唤醒水平的作用。表象自己成功地完成动作,能够增强运动员的信心,使注意力更加集中于当前的任务,从而达到最佳的竞技状态。

一项对韩国180名国家队运动员应对策略的调查发现,49.4%的运动员报告运用表象训练,有针对动作、比赛过程、出场等进行表象训练,也有针对失败和成功经历进行表象训练。一位马拉松运动员说:"我经常做大量的再现练习和表象训练。比赛前一天,我要进行心理表象活动,想象自己从比赛一开始到比赛结束的每一步将如何做。这一应对策略让我清楚知道比赛中将发生什么,以及自己该如何应对,这当然也令自己保持了一种更加沉着平静的心态。"

(二)表象训练的原理

心理神经肌肉理论认为,由于在大脑运动中枢和骨骼肌之间存在着双向神经联系,人们在进行动作表象时,会引起有关的运动中枢兴奋,兴奋经传出神经传至相关肌肉,引起相应肌肉的活动。实验证明,请赛跑运动员表象赛跑动作和请小提琴家表象拉琴动作,可以同时记录他们腿上和手臂上的肌肉电流反应。与安静时不同,有表象活动时,肌肉电流明显增强。这种神经－肌肉运动模式与实际做动作时的神经－肌肉运动模式相似,所以通过表象训练可以促进动作技能的改进和完善。

符号学习理论认为,表象训练是在头脑中建立和巩固动作图式,将动作的序列和环节进行符号编码,形成动作程序的过程。反复进行动作表象训练,就是在调试动作的程序,协调序列和环节符号之间的联系,消退无用的图式,发展最佳图式,从而使动作技能的完成准确而流畅。

Box 5.3

心理小实验:线坠摆动

1. 请你拿着一根长 35cm 左右细线的一端,在另一端上系有小重物。

2. 现在开始尽可能清晰地表象小重物开始向前后的方向摆动。稍过一段时间,你发现了什么?

3. 停止表象后使小重物重新静止下来,再表象它开始沿着左右方向摆动。稍过一段时间,你又发现了什么?

你会发现小重物真的沿着你表象的方向摆动起来。出现这样的现象,依据心理神经肌肉理论的解释,是由于表象可以引起意识不到的手部肌肉的微弱用力,从而导致小重物的运动。

二、表象训练的实施

表象训练一般包括测定表象能力、传授表象知识、基础表象训练和针对性表象训练4 个基本程序。

（一）测定表象能力

表象训练的第一步就是通过测验来评价运动员的表象能力,可进行 5 级评分。如测查表象的清晰性和控制性,表象中出现的视觉、听觉、运动觉及相应情绪状态的清晰度或强度等。

（二）传授表象知识

表象训练中,应向运动员介绍有关表象训练的知识,如表象的含义及特征、表象训练的作用、表象的清晰性和控制性的测量与练习、表象训练实施的程序等。

（三）基础表象训练

基础表象训练是最为重要的一个程序,主要包括感觉意识、表象清晰性和表象控制性的训练。

1. 感觉意识训练

表象训练是利用贮存在记忆中的经验,创造出自己能够组织和控制的形象,并对这些形象进行操纵。这就要求练习者首先能够在大脑中存储动作的体验,也就是在完成动作时要主动意识到各种感觉,并将它们加工、储存到动作记忆中。练习者能够看到、听到、触到的刺激越多,在意识中觉察得越细,存储就会越巩固,就越可能在运动表象中清晰地体验到这些感觉。

以光脚走路练习为例。想象你光着脚在操场上慢走,尽可能放慢动作的节奏,将注意力专注在各种感觉上,使每一种感觉细致、清晰,并加深这些感觉的体验。这些体验,是唤起动作表象的基础。

2. 表象清晰性训练

表象的清晰性是评价表象能力优劣的标准之一,它不仅仅是指视觉表象的清晰,而且还包括完成动作所涉及的所有感觉的清晰性。表象清晰性练习的目的是提高运动表象的鲜明生动性和真实性。练习时必须利用所有的感觉经验,尽可能生动地、真实地进行表象演练。表象的内容越逼真,体验越深刻,对实际操作的积极影响也就越大。

以提桶练习为例。想象你正用右手握着水桶的把手,当你完全把水桶拉到与肩处于同一水平位置时,仔细感觉一下水桶的重量。接着想象有一个人往你桶里倒入了 0.5 公斤重的沙子,你的上臂感觉到重量变化了吗? 再倒入 0.5 公斤沙子,集中感觉桶又重了多少? 你的上臂越来越感到疲劳,你的上臂越来越沉重……非常,非常重……,集中于你上臂的沉重感觉。现在想象有人把你上臂的水桶拿开,你的手和上臂又恢复到了原来的感觉,让它们放回到原来的位置,并进行放松。

3. 表象控制性训练

另一个评价表象能力的标准是表象的控制力,也就是变化、操纵、调节表象的能力。清晰但无法控制的表象,会使运动表象无法以正确的动作流畅地进行。

以比率练习为例。在头脑中想象一位熟悉朋友真实、完整的形象;然后,在脑中按比例将其缩小一半,想一想他变成了什么形象;再将他缩小一半,他又变成了什么形象;之后,将他放大,放大到与真人一样;再将他按比例放大一倍,想一想他变成了什么形象;再将他放大一倍,他又变成了什么形象;然后,在头脑中将他恢复至正常的形态。

(四)针对性表象训练

针对性表象训练是结合运动专项进行的表象练习。运动员可以在许多时间和情形下,如训练或比赛前、中、后,在宿舍、训练场等都可以进行表象训练,也建议运动员在运动损伤的康复期,借助表象训练促进康复。

刘淑慧指出,身体任何部位的肌肉紧张都会影响表象的清晰性,因此,表象练习一般从放松练习开始。另外,由于表象不如感知觉那么直观,没有实物的支撑,很难长时间将注意集中在表象上,表象的时间不宜太长。表5-1是一位武术运动员的表象练习。

表5-1 武术专项表象练习法

目的	熟悉自己的成套动作
方法	1. 放松预备:坐在椅子上,闭眼,放松。 2. 表象内容: (1)想象自己的头发今天梳理得格外光洁,红色的表演服领子已扣好,系上黑色的腰带,人显得特别精神、漂亮。袖口、裤脚熨得很平整,穿起来很舒服,比赛鞋也正是最合脚的时候。一切停当,轻轻一抬头,"看见"了场地,周围坐满了注视着自己的观众。 (2)我沉着轻松地走进了场地中间,站在自己起式的位置上,调整一下呼吸,潇洒舒展地做了一个起式。第一段重点组合做得极完美(每个人的套路不一样,按自己的动作编排去表象,并伴有一定的肌肉动作)。第二段力点准确,动作稳健。第三段没感到累就轻松地完成了。第四段速度一点也没减,干净利落。停住!一秒,二秒,规范,沉稳,充分显示了自己的功底。收式非常精神。上步,轻灵地转身,向裁判示意,听到观众的热烈掌声。自豪地退场。
说明	准备工作中,如闭上眼睛后心情平静不下来,可以增加一些放松暗示,或听音乐,或想象自己在沐浴,温暖的水从头上流下来,一直流到脚下……

资料来源:刘淑慧(2005)。

针对性表象训练可根据不同的动作技能、不同的训练阶段、不同的练习目的和不同的运动员设计相应的表象练习方法与程序,以提高表象训练的针对性和运用表象训练的效果。

第四节 自我谈话

自我谈话

一、什么是自我谈话

自我谈话指的是脑海中对自己心理活动的陈述,可以是内部陈述,也可以是外部陈述。广义上说,只要个体在进行思维活动,自我谈话就产生了。在比赛中遇到强劲对手时,一名运动员可能会对自己说:"这是一次锻炼自己的好机会啊!"也可能会说:"我又要输给他了。"运动员想什么和对自己说什么对运动表现至关重要。

根据自我谈话的内容可以把自我谈话分为积极的和消极的。积极的自我谈话可以提高运动动机水平,集中注意力,促进运动表现。例如,运动员在比赛落后情况下对自己说:"我要坚持住,我再果断点"等。消极自我谈话主要表现为批评式的、自贬的,会导致焦虑,同时会使自信心丧失、注意力下降。比赛场上经常听到运动员对自己说:"你真臭,你真蠢,你怎么可以打出那样的球"。积极和消极自我谈话的特征见表5-2。

表5-2 积极和消极自我谈话的特征

积极自我谈话	消极自我谈话
积极和乐观	消极和悲观
逻辑、理性和富有成效	不合逻辑、非理性和没有成效
提升自信心	打击自信心
增强当前任务的专注度	减少专注度和增加干扰
专注于当下	专注于过去或未来
激发最佳唤醒,做到精力充沛	无法激发唤醒或者过度唤醒
激励自我超越	更容易导致自我放弃
将问题评估为挑战或机会	将问题评估为威胁
将成功归因为可复制的内部因素	将成功归因为不可复制的外部因素
将失败归咎为可克服的因素	将失败归咎为不可克服的因素
减少压力	增加压力
过程导向思维	结果导向思维
提高表现	降低表现

资料来源:伯顿和雷德克(2017)。

Box 5.4

马龙的"碎碎念"

2021年7月28日,在东京奥运会乒乓球男子单打1/4决赛中,马龙以4:1战胜埃及选手阿萨尔,成功晋级男单四强;7月29日的半决赛,马龙以4:3战胜德国选手迪米特里·奥恰洛夫,挺进决赛;7月30日,在东京奥运会乒乓球男单决赛上,马龙以4:2战胜樊振东,获得冠军(见图5-3)。马龙成为首位蝉联奥运男单金牌的运动员,同时也成为乒坛第一位成就男单双圈大满贯的球员。

图5-3 马龙:心态调整大师

乒乓球男乒队长马龙其实并不是一个大心脏的选手,但他的情绪调节能力极强,堪称"心态调整大师"。在东京奥运会半决赛对战德国老将奥恰洛夫时,双方从开局到最后一刻都打得十分激烈,但马龙中途在丢分的时刻,一直在自言自语鼓励自己,最终他靠着强大的意志力终于击败奥恰,顺利晋级决赛。在男单决赛中,面对排名世界第一的樊振东,马龙再度展现了强大的心理抗压能力,从开局就取得了巨大的领先优势,尽管小胖在之后多次调整打法,但马龙还是笑到了最后。

后来发现,马龙在场上那些自我鼓励的碎碎念,比如顺畅时,他念"我能赢";挑战时,他念"领先2个呢,没事""勇敢一点,耐心一点""没事,完全是个意外,没事"。也正是这些"碎碎念"的自我谈话,让马龙在比赛中扛住了压力,创造了历史。

二、自我谈话的 ABC 模式

美国心理学家埃利斯(Ellis,1957)提出的 ABC 理论模型,A(activating events)指诱发性事件,B(believes)指个体在遇到诱发性事件后所产生的信念,即他对这件事的看法、解释和评价,C(consequences)指相应的情绪及行为反应。该理论认为,诱发性事件只是引起情绪和行为反应的间接原因,人们对诱发性事件所持的信念才是引起人们情绪和行为反应的更直接的原因。他指出,人的信念有合理和不合理之分。合理的信念会引起人们对事物适当、适度的情绪和行为反应,而不合理的信念则相反,往往会导致不适当的情绪和行为反应。

以某场足球甲级联赛最后的罚点球为例,在自我对话的 ABC 模式中,我们可以清晰地看到不同的信念(B)会产生不同的情绪和行为结果(C),见表5-3。

表5-3　自我谈话的 ABC 模式示例

ABC 模式	示例	
A = 诱发事件	A:足球甲级联赛,罚点球的关键时候	
B = 信念	B1:如果我让对方踢进这个球,那么我就是一名糟糕的守门员,我再也不可能遇到这样一个可以成为英雄的机会,别搞砸了!	B2:我已经为这个时刻做好了准备,我清楚这个家伙在罚球情况下处理球的方式,即使在这样一个充满压力的情境下,我仍然非常自信,我可以防守住这个球。
C = 情绪、行为结果	C1:压力、焦虑。诸如感到有压力、困难和慌张的干扰行为,糟糕的专注力,当球从对手脚下踢过来的时候,接球太慢,对球的反应迟钝等。	C2:挑战、兴奋。诸如专注且自信的有效建设性行为,很快接住球并作出反应等。

资料来源:伯顿和雷德克(2017)。

三、优化自我谈话

体育运动中的积极自我谈话可以矫正不良习惯、改变激活水平、集中注意力、建立和维持自信心、改善心理状态,促进运动员的运动表现。如何优化自我谈话,提高自我谈话的质量?

(一)自我谈话模式的识别

自我谈话很多时候是自动发生的,自我谈话模式已然成为习惯。优化自我谈话的第一步,运动员必须了解自身目前的对话模式。有助于自我谈话模式识别的策略有:回忆出色或糟糕的比赛表现、统计消极思维、训练和比赛后作记录等。表5-4是自我谈话记录表,可以用作日志,也可以用作周记,或者是某一场比赛后记录用。

表 5-4 自我谈话记录

积极情形	主要情绪和行为	积极思维
1.		
2.		
3.		
消极情形	主要情绪和行为	消极思维
1.		
2.		
3.		

运动员可以使用诸如这样的记录表来有意识觉察、跟踪自身的积极或消极思维。运动员常见的具有破坏性的消极思维有:赛场上的成绩体现了我的个人价值;我应该有能力做得十全十美;我在比赛开始发挥不好,意味着后面也会发挥不好;我对自己严格要求会有助于提高比赛成绩;从输掉的比赛中,我学不到任何东西。

(二)中止消极思维

中止消极思维是指运动员通过运用某种刺激或线索等作为启动器来阻断自己头脑中产生的消极思维。这个刺激或线索可以是个词,比如"停止";也可以是个视觉信号,比如"红灯";或者是运动员自己设定的心锚,比如弹一下手指、猛咬手指头,或者用手拍击大腿等。

有一则关于高尔夫运动员阻断消极思维研究的有趣报道。参加研究的高尔夫运动员在打一轮高尔夫之前把100个纸夹放入其前面的口袋中,要求她在头脑中冒出一个消极想法时就把一个纸夹拿到后面的口袋中去。在完成18个球洞之后,她得了84分且已把87个纸夹从一个口袋移到了另一个口袋。纸夹的堆积作为一个有力的提醒物,即在那轮高尔夫球赛中她运用思维阻断应对了多少消极想法。纸夹是这名运动员运用思维阻断的启动器。

中止消极思维的方法听起来简单,要真正有效做到却不容易。当运动员无论什么时候一有消极想法时,就对自己大声喊"停止"(可以是其他的线索),并且重新注意于当前的任务。当运动员掌握了大声说"停止"能有效停止自己的消极思维时,可以将指令转化为内部语言,在脑海中想"停止"这个词。

（三）构建积极思维

通过专注于积极思维和不断重复积极思维,大多数运动员都可以在自我谈话中发生显著的改变。运动员可以通过使用积极肯定的提示语,以及和消极思维辩驳的方式来构建积极思维。

1.提示语

在选择提示语时要注意以下事项:

(1)测验和比赛时的提示语应多考虑过程性问题,少考虑结果性问题。过程性提示语:动手腕,多向前摩擦,上手快点等。结果性提示语:胜利,我准能赢这场球等。

(2)提示语应是有针对性、具体化和可操作的。有针对性的提示语:固定拍型,掌握击球点,要耐心追,咬住,要冷静等。无针对性的提示语:我要解决困难,我要摆脱它等。

(3)提示语应为积极的肯定词句,不应为消极的否定词句。积极的肯定词句:放松,稳住,我有信心踢进去,主动权在我手里等。消极的否定词句:我不紧张,我不会输等。表5-5是一些积极提示语和消极提示语的示例。

表 5-5 积极提示语与消极提示语示例

消极提示语	积极提示语
这些观众真讨厌	他们在为我加油,在期待我打得更好
落后这么久,没戏了	你有领先,我有机会
千万别猛扣扳机	放松,食指单独用力
别紧张,别着急	放松,稳住
千万别投不进(篮球)	我有信心投中

2.辩驳

运动员在训练和比赛中发生的消极自我谈话,其核心是存在着不合理的信念。运动员可以自己,也可以在指导者的帮助下,和自己存在的不合理信念辩驳,使自己的认知发生某种改变,直至逐步放弃不合理信念,并用合理信念替代不合理信念,重构积极思维。

与不合理信念辩驳可以分为质疑式和夸张式两种方式。下面以有指导者为例来说明这两种辩驳方式。

(1)质疑式。指导者直接向运动员的不合理信念发问,如"你有什么证据能证明你自己的这一观点?""是否别人都可以有失败的记录,而你却不能有?""是否别人都应该照你想的那么去做?""你有什么理由要求事物按你所想的那样发生?""请证实你自己的观点"等。运动员一般不会简单地放弃自己的信念,面对指导者的质疑,他们会想方设法为自己的信念辩护。因此,指导者借助这种不断重复和辩论的过程,使对方感到自己的辩解不合理,从而让他们认识到:第一,那些不合理的信念是不现实的、不合逻辑的;第二,那些信念是站不住脚的;第三,什么样的信念是合理的信念;第四,最终以合理的信念取代那些不合理的信念。

(2)夸张式。指导者针对运动员信念的不合理之处故意提出一些夸张的问题。这种提问方式犹如漫画手法,把对方信念的不合逻辑、不现实之处放大给他们自己看。通过夸张式的提问使对方感到自己的想法不可取,从而容易让他放弃自己的不合理想法。以一个有社交恐怖情绪的学生为例:

学生:别人都看着我。

指导者:是否别人不干自己的事情,都围着你看?

学生:没有。

指导者:要不要在身上贴张纸条,写上"不要看我"的字样?

学生:那人家都要来看我了!

指导者:那原来你说别人都看你是否是真的?

学生:……是我头脑中想象的……

在这段对话中,指导者抓住对方的不合理之处发问,前两个问题均可纳入夸张式问题一类。

第五节　正念训练

一、什么是正念训练

正念训练

(一)正念训练的定义

正念(mindfulness)源自禅修思想,从坐禅、冥想和参悟等发展而来。正念创始人美国心理学家乔·卡巴金给正念的定义是:"正念即有意识地觉察(On Purpose)、活在当下

（In the Present Moment）及不做判断（Nonjudgementally）"。

正念训练（Mindfulness training）与传统的心理技能训练有着明显的不同。传统心理技能训练的理论假设是,负面情绪的减轻以及正面认知和自信水平的提升,与运动员的理想竞技状态直接相关,即理想的竞赛心理状态可以导致理想竞技表现,因此,可以采用放松训练、表象训练、注意力训练、自我谈话等方法来改善心理状态,促进运动表现。而正念训练主张将注意力维持在此时此刻,觉察到当下正在发生的事,并采取一种接纳但不做评判的态度。即在面临逆境时,接受并与之共存,允许消极情绪的存在,不去控制和改变它们,不对其加以批判和抗拒,而是回到此时此刻,高度关注当前的目标和任务。

（二）正念训练的作用

1985年,卡巴金博士第一次将正念运用到运动心理学领域。他对赛艇运动员进行了为期两周到七个月的正念训练,结果显示运动员在放松程度、注意力集中度等方面都得到了显著提高,而疲劳程度、消极思维等有了降低。美国职业篮球联赛（NBA）公牛队和湖人队的前主教练菲尔·杰克逊,则因带领运动员和教练组成员进行正念冥想练习而被冠以"禅师"称号,他本人多次在公开场合谈到冥想训练对他取得成功至关重要。

随着近年来国内外正念训练在竞技运动领域的应用与推广,正念训练的价值逐渐展现。正念训练能够对运动员产生以下方面的作用（姒刚彦等,2012,2013）：

（1）能帮助运动员有效地控制注意力,保持对比赛的专注度,并能在注意分散的时候,让其重新回到当前的任务中；

（2）正念可提升身体的觉知能力,运动员能更清楚自己比赛时的压力和情绪反应,以帮助运动员有效应对可能出现的Choking现象；

（3）当比赛受挫或情绪不稳定时,运动员能够不去对这些刺激进行评价,从而能不受或少受固有情绪反应模式所带来的负面影响；

第四,正念能让运动员不以自我为中心,来觉知当下的训练和比赛,从"无我"的角度客观地觉察持续变化的事物,从而帮助运动员从比赛胜负的概念中解脱出来。

Box 5.5

正念训练助力奥运健儿夺金

奥运健儿姜冉馨在2020年东京奥运会射击项目中获得一枚金牌、一枚铜牌。姜冉馨分享了正念训练是如何帮助她练就身体、心理都"稳"如山的："在我们打比赛的时候,不可避免会出现好的和坏的时候。这种情况下,为了防止我们有过多的心理变化,导致成绩的变化,我们会利用正念这个方法来帮助我们自己,就是不去评判当下的情景,不去评价是好是坏,发生了就已经发生了,不要纠结于过往的事情,这点在平时生活中也非常的实用,能够让自己平复心情,去迎接下一阶段的事情。"

图 5-4　国家射击队进行正念训练,左一为姜冉馨

在 2018 年 9 月至 2019 年 8 月期间,北京大学心理与认知科学学院刘兴华老师课题组承担了国家体育总局的心理服务项目,为国家射击射箭队提供正念训练心理服务。课题组为国家射击射箭运动员提供了系统的正念训练团体课程,为运动员安排规律的每日正念练习。姜冉馨的教练黄文红非常重视正念练习,她带领的女子手枪组参与了整个正念训练过程,图 5-4 是国家射击队在进行正念训练。黄教练还邀请正念团队带领手枪组全体队员每天在靶场练习正念,甚至在国内比赛期间包括比赛日当天,都会让队员们进行一刻钟的正念练习。

(北京大学心理与认知科学学院官网,https://www.psy.pku.edu.cn/xwzx/xyxw/356127.htm)

二、正念训练的实施

(一)基本的正念练习

基本的正念练习包括正念呼吸、正念吃葡萄干、正念行走和身体扫描等。

1. 正念呼吸

选择舒服的坐姿,让自己保持背部挺直,肩膀和脸部放松,觉察每一次呼吸时气体进出鼻孔的感觉,觉察每一次呼吸时腹部起伏的感觉。当有想法、情绪、回忆升起时,只是觉察并不加评判地把注意力一次次拉回到你呼气和吸气的感觉上来。无论思绪飘到哪里,呼吸始终都是一个锚点,让注意和觉察安住其中。

2. 正念吃葡萄干

把全部注意力集中在"葡萄干"上,调用你所有的感官来看、触、嗅、品当下的葡萄干。你要带着好奇、开放的态度来观察,以全新的方式与手中这粒常见却又是第一次见的葡萄干打交道,同时细细关注自己的眼、鼻、口、舌与它打交道时的感觉,看看这次会不会带来什么不一样的体验?

3. 正念行走

正念行走被称为运动的冥想,是在运动中培养正念的有效方式。行走时保持目光直视前方,尽量对每时每刻行走的体验保持完全的觉察,包括脚和腿的感觉,双脚与地板或者地面接触的感觉,以及双脚在行走过程中的感觉。当发现思维从行走的觉察中游离的时候,把行走中的某一个步骤作为注意的客体,利用它将思绪拉回到身体以及行走的感觉上来。

4. 身体扫描

首先放松身体,开始几分钟专注于呼吸,感受每一次呼吸时自己腹部的起伏。

接下来,如果你坐在椅子上,请将自己的注意力集中在自己身体和座椅、地面的接触上,感受自己的变化;如果你躺在床上,请将注意力聚焦在自己身体和床的接触上。感觉自己身体在重力作用下被支撑物托住的感受。

当获得自己身体的感觉后,将注意力集中在一只脚的脚趾上,感受来自脚趾的感觉,是紧张还是松弛,是冷还是热?以充满好奇心的态度全身心专注于这一系列短暂的细微感受。如果在此期间发现自己被吸引到其他感受时,请将自己轻轻地拉回到对脚趾的专注上,直到有一种完全的专注状态。接下来以同样的方式将注意力集中在另外一只脚趾上,做同样的练习。在你准备将专注力移至其他部位之前,请将专注力在脚底部位做少许时间停留,认真体会这个部位的各种感受。就这样继续将观想过程进行下去,依次到小腿、膝部、大腿、腹股沟部、腹部、胸部以及颈部等。

在这个练习中,练习者要带着好奇、开放的态度,有意识地觉察身体的每一个部分。从脚趾到头顶,每一个在日常生活中可能被我们忽略的身体部位,我们都要借此机会与它们"单独"相处。这个练习可以帮助我们提高对身体感受的觉知,对自己身体乃至情绪的变化会更加敏锐,同时也提高我们进行清醒觉察的能力。

(二)运动员正念训练方案

国内运动心理学专家(如刚彦等,2014)立足于中国本土文化开展了运动员正念训练的大量实践,提出了运动员正念训练方案,包括七部分内容。

1. 正念训练准备

在准备阶段,向运动员介绍正念训练的基本情况,让运动员对即将进行的心理训练课程有整体了解,并引起对正念训练的参与兴趣,对后面将要进行的训练加以准备。准备阶段,运动员要开始基本的正念练习。

2. 正念

正念训练所要教授的第一个概念和技能就是正念。正念就是运动员如其实际地明了当下的身心状态及其变化,并活在当下,包含如其实际和当下两个核心因素。

如其实际。就是当运动员产生各种内部体验(包括想法、情绪和身体感觉)时,能够觉察到这些体验的产生,并不干预、不评判,只是把这些身心体会当作事实存在,使其保持本来面目,单纯地注意到它们。

当下。就是此时此刻此地,不是过去,也不是未来,把注意力焦点放在此时此刻。正念就是要切断过去与未来对当下的影响,促进当下的自我意识。

正念不仅是一种状态,也是一种技能,通过连续的、有规律的基本正念练习,比如正念呼吸、正念行走、身体扫描等可以提高正念技能水平。

3. 去自我中心

去自我中心是与正念紧密相连的一个概念和技能。去自我中心就是把自我放下,从自己的思想中摆脱出来,忘掉自我,把注意力完全放在行为任务上,是从自我关注转向任务关注,把自己的心完全放在当下行为任务中,自己完全地融入行为过程。

4. 接受

接受是指以开放的态度觉知发生的一切,并与它们和平共处,不判断、不反应、不处理,只是知道,尤其是消极的想法、情绪和身体感觉,把它们作为生活的一部分。

5. 价值观和觉悟

价值观是生活的基本原则,表现的是思维中关于事物重要性的信念,为运动员提供了行为的方向和动力。帮助运动员澄清个体的价值观,通过价值观评估找出当下行动的方向,当下的行为只有与个体的价值观相一致时才是有效的行为。

觉悟是对生活意义与价值观形成的新的觉知,是思维不执着的表现。当一个人能够做到不执着的时候,他对生活中事物重要性的信念或想法也会产生新的理解,不再固执于一成不变的想法,而是能够在不同的时空条件下,对信念或想法表现出思维的灵活性,对价值观起到调节的作用,并有助于追求价值观过程中所遇到问题或困惑的解决与改善。通过提高觉悟来帮助运动员更好为自己的价值观服务,不仅对他们的运动生涯有所帮助,而且对他们整个人生发展也将有所裨益。

6. 投入

投入是一个人有规律、前后一致地表现出能实现个人价值观和目标的行为与活动,

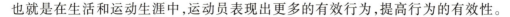

也就是在生活和运动生涯中,运动员表现出更多的有效行为,提高行为的有效性。

7.综合练习

正念训练方案中的正念、去自我中心、接受、价值观和觉悟、投入这些技能和方法并不是孤立的,而是有内在逻辑、彼此相关联的。综合练习就是对以上技能进行回顾与综合,并把所有的技能综合在一起进行练习,并为正念训练结束之后的练习进行计划与安排。

正念训练方案主张如其实际地接受各种逆境的存在,包括消极的情绪、想法、身体感觉,以及其他干扰因素,不判断、不反应,并把注意力的焦点从对抗逆境转移到当下的行为任务上,从而使得更多的心理资源能被分配到当下行为任务上,提高当下行为的质量。

微课堂:课程思政

序号	教学内容	育人目标
1	心理技能训练	了解优秀运动员具备的心理特征,有意识培养自己的心理素质,努力成为一个优秀的运动员。
2	表象训练	引导学生自我探索,挖掘自己运动生涯中的成功经历,提升运动自信心。
3	自我谈话	识别自我谈话中的消极思维,构建积极思维,培养学生正向的视角、积极的心态和乐观的品质,宣扬正能量。
4	正念训练	正念训练是一种与传统心理技能训练不一样的心理训练方法,培养学生乐于学习新知识、新技能,提高学生的学习能力和学以致用的实践能力。

实训项目

1.通过对教练员/运动员等人物访谈、小组讨论等方法,列举运动员应该具备的优秀心理特征。

2.通过对教练员/运动员等人物访谈、结合项目组成员自身运动比赛经历,列举体育运动实践中常用的心理训练方法。

3.找寻在训练比赛中运用表象训练、自我谈话或者正念训练的运动员,采用案例访谈法,详细记录该运动员运用这种心理训练方法的具体场景、过程、效果,以及该运动员对这种心理训练方法的体会。

4.通过小组讨论法,列举项目组成员在日常生活中存在的不合理信念,并通过辩驳等方式用合理的信念取代这些不合理信念。

本讲小结

心理技能训练概述
定义：采用特殊的方法和手段使运动员学会调节和控制自己的心理状态，进而调控自身行为的过程

原则：自愿、长期系统性、与专项运动训练相结合、因材施教

放松训练
定义：以一定的暗示语集中注意，调节呼吸，使肌肉得到充分放松，从而调节中枢神经系统兴奋性的一种训练方法

★ 方法
渐进性放松训练：通过身体不同部位的肌肉紧张与放松训练，最后达到全身放松

自生放松训练：通过暗示语使身体各部位直接放松，最后达到全身放松

表象训练
定义：运动员有意识地在头脑中反复想象某种运动动作或运动情境，从而提高运动技能、增强心理调控能力的过程

原理
心理神经肌肉理论：在大脑运动中枢和骨骼肌之间存在着双向神经联系

符号学习理论：在头脑中建立和巩固动作图式，形成动作程序

★ 实施：测定表象能力、传授表象知识、基础表象训练、针对性表象训练

自我谈话
定义：脑海中对自己心理活动的内部或外部陈述

★ ABC模式：诱发性事件（A）只是引起情绪和行为反应（C）的间接原因，人们对诱发性事件所持的信念（B）才是更直接的原因

★ 优化自我谈话
自我谈话模式的识别：回忆比赛表现，统计消极思维，训练和比赛后作记录等

中止消极思维：运用某种刺激或线索等作为启动器来阻断头脑中产生的消极思维

构建积极思维：积极肯定的提示语，和消极思维辩驳

正念训练
正念：有意识地觉察、活在当下、不做判断

基本的正念练习：正念呼吸、正念吃葡萄干、正念行走、身体扫描等

正念训练七部分：准备、正念、去自我中心、接受、价值观和觉悟、投入、综合练习

心理技能训练方法

即测即评

第六讲　运动中的注意

图 6-1　张山:注意始终是心理学家孜孜钻研的一个重要领域

　　如图 6-1 所示,奥运会冠军、飞碟射击运动员张山说:"一上场,对我来说,世界上只有碟靶、枪和我自己,其他一切全无。"体育运动是一种身体操作活动,虽然项目各式各样,但有一些共同的特点和要求,不是要求快速,就是要求准确,或是要求完美地表现,这些活动特点对人的注意力都有超常的要求。运动员保持高度、持续的集中注意,是比赛获胜的重要保证。

第一节　注意概述

注意概述

一、什么是注意

注意是心理活动对一定对象的指向和集中。在篮球运动中,我们经常听到教练员要求运动员:"注意看球!""注意盯人!"这是要求运动员将心理活动指向和集中于球或人。当然,注意的对象是在变化的,人们大多数时候可以有意识地控制这种变化。

(一)注意的特点

1. 指向性

注意的指向性是指个体在每一瞬间的心理活动只能优先选取需要加工的对象,而忽略了其余的信息。例如,在运动技能学习的初期,学生的注意力范围非常狭窄,他们只能注意到局部动作的基本要领,而往往忽视了动作与动作之间的连接。再如,参加体育比赛的运动员为了在比赛中获胜,就必须对相关信息进行优先选择,对无关信息加以排除。因此,注意的指向性是指心理活动在哪个方向上进行活动,指向性不同,人们从外界接收的信息也不同。

2. 集中性

注意的集中性是指个体的心理活动指向某个对象的时候,心理活动会在这个对象上集中起来,全神贯注起来,不仅会离开一切与活动对象无关的东西,而且还会抑制干扰注意活动的刺激。例如,在足球比赛时,守门员时常保持高度的注意集中,以防对方队员突然射门。又如,下围棋时,注意力长时间高度集中在棋局的排兵布阵中,避免受到外界干扰和自我分心。因此,注意的集中性是指心理活动在一定方向上活动的强度或紧张度。心理活动的强度越大,紧张度越高,注意也就越集中。

注意是一种内部心理状态,可以通过人的外部行为表现出来。例如,当学生听老师讲解某个技术动作时,他们往往会看着老师,专心听老师说话,并不时地点头或摇头,试图能明白动作的要领。人在注意状态时,血液循环和呼吸等系统都可能发生变化,如肢体血管收缩,头部血管舒张,吸气变短,而呼气相对延长等。注意的外部表现可以作为研究注意的客观指标,但有时注意的外部表现和注意的真实状态并不相符合。

(二)注意的功能

注意具有选择、保持、调节和监督的功能。

1. 选择功能

对信息进行选择是注意的基本功能。在体育运动中,周围环境给人们提供了大量的信息,这些信息有的对人很重要,有的对人不那么重要,有的毫无意义,甚至会干扰当前正在进行的活动。为了保证当前活动的顺利进行,就必须选择重要的信息,排除无关刺激的干扰。注意对信息的选择受许多因素的影响,如刺激物的物理特性,人的需要、兴趣、情绪、知识经验等。

2. 保持功能

注意不仅是体育运动中的个体进行信息加工和各种认知活动的重要条件,也是个体完成各种行为的重要条件。注意使个体的心理活动稳定在选择的对象上,使个体的唤醒水平达到并保持一定水平,这将有助于提高活动效能。

3. 调节和监督功能

在注意状态下人们可以有效地监控和调节自己、他人的动作与行为,从而作出调整以达到预期目的。

Box 6.1

注意时的自动化加工:Stroop 效应

你能快速、准确地说出图 6-2 中各汉字的颜色?

你会出现无意识地按汉字而不是按颜色反应的情况吗?这是因为回答汉字本身的意义为优势反应,而回答字体颜色为非优势反应,若字体颜色与字意不同,被测者往往会反应速度下降,出错率上升。Stroop 认为这是一种色词反应竞争的现象,它不仅出现在感知活动中,在记忆和思维活动中也常常出现。

　Stroop 效应是指当人们对某一特定事物作出反应时,由于不能阻断刺激情境中无关特征的影响,从而影响对特定的刺激进行反应。心理学界对 Stroop 效应的研究整整持续了迄今为止的大半个世纪,该效应一直扩充到体育运动领域。在人的注意指向某个对象之前,或者有意识地对某些输入信息加工之前,某些不受意识控制的、自动化的信息加工就已经开始了。

图 6-2　色词测验

二、注意的品质

(一)注意的广度

注意的广度又称注意的范围,是指个体在一瞬间能清楚把握到对象的数量。注意的广度有空间的广度,也有时间的广度。例如,用速视器进行的心理学实验表明,在 0.1 秒时间内,成人一般能注意到 4~6 个彼此不相联系的外文字母,或者 8~9 个黑色圆点,这是注意的空间广度。用计时器连接发声装置,连续呈现短促的声音,发现每秒 12 次的声音,成人的注意广度为 7 次左右,这是注意的时间广度。注意的广度一般为 7±2 组块。

影响注意广度的因素主要有:

(1)注意对象的特点。注意的对象越一致,越集中,排列越有规律,注意的广度越大,反之注意的广度越小。

(2)主体的知识经验。主体的知识经验越丰富,越善于把所感知的对象组成一个整体来感知,注意的范围就越大。例如,在感知英文字母的实验中,懂英文的人就比不懂英文的人注意广度大。

(3)活动任务的性质。活动任务越简单,注意的广度越大,而活动任务越复杂,注意的广度则越小。

不同的运动项目对注意广度的要求是不一样的。篮球、足球等项目对运动员注意的广度要求较高,而射击、射箭等项目对运动员注意的广度则没有太大的要求。

(二)注意的稳定性

注意的稳定性又称注意的持久性,是指注意长时间地保持在某种事物或活动上的特性,注意的稳定性是逐渐发展的。研究表明,高度集中注意的时间随年龄不同而不同:

5～7岁儿童可保持15分钟左右;8～10岁儿童能保持20分钟左右;10～12岁少年可保持25分钟左右;13～15岁少年可保持30分钟左右;16岁以上的青年人可保持35分钟左右。

人的注意是不能长时间保持固定不变的,经常是在间歇地加强或减弱。例如,注视图6-3可以发现,小方形时而凸起,位于大方形之前;时而陷内,大方形凸到前面,在不长的时间内两个方形的相互位置跳跃式地变化着。又如,我们专心倾听压在枕头下手表微弱的滴答声,不管我们多么专注,总是时而听见,时而听不见。这种短时间内注意的不随意波动现象称为注意的起伏。一般情况下,我们主观上是察觉不到注意起伏现象的,这种现象也不影响注意的效率。

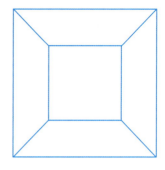

图6-3　注意的起伏

与注意稳定性相反的状态是注意的分散(分心),指注意不由自主地离开了当前应该集中的对象或活动,而被其他的刺激所吸引,这些刺激既可来自环境中的无关刺激,也可来自主体内部的种种干扰。注意的分心状态对人的活动是很不利的,需要努力克服。

主体对活动的目的和任务的理解水平对保持稳定的注意有重要的作用。主体对该事物的兴趣、从事该活动的动机强度、情绪状态、思维的积极程度,以至健康状况等对维持稳定的注意也是相当重要的。注意的稳定性还与注意对象的特点有关,对相对单调、静止的对象难以保持长久的注意,而对复杂、新异和变化大的对象则容易保持稳定的注意。

(三)注意的分配

注意的分配是指人在同一时间内把注意指向和维持在两种或两种以上的对象和活动上。你能一手画圆,另一手同时画方吗?注意能实现有效分配吗?实践表明,注意的分配是可能的。例如,篮球运动员一边运球,一边组织进攻。但是,注意的分配是有条件的,具体表现为:

首先,要有熟练的技能技巧。也就是说,在同时进行的多种活动中,只能有一种活动是生疏的,需要集中注意于该活动上,而其余动作必须达到一定的熟练程度,可以不假思索地稍加留心即能完成。

其次,有赖于同时进行的几种活动之间的关系。如果它们之间没有内在联系,同时进行几种活动要困难些,如果它们可以形成某种反应系统,组织具有合理性,则注意的分配要容易些。

(四)注意的转移

注意的转移是指主体根据当前的任务,有意识地、主动地把注意从一个对象转移到另一个对象,或在同一活动中从一种操作转移到另一种操作。与分心不同,注意的转移是一种有目的、自觉的活动,是一个人注意灵活性的表现。例如,刚上完一节有趣的体育游戏课,紧接着需要到教室上其他理论课,如果我们还沉浸在体育游戏课的欢乐中,则会影响后面的听课,因此需要我们有目的、有意识、自觉地将注意力转移到新的课程、新的目标上来。

注意转移的快慢和难易,既依赖于原来注意的强度,又依赖于新注意对象的特点,还与人的神经过程的灵活性有关。

三、注意方式理论

奈德弗(Nideffer)提出的注意方式理论是有关注意的结构和操作成绩关系的理论。他认为,注意的结构包括两个维度,即注意的范围和注意的方向。

注意的范围是指人在瞬间能清楚地把握的刺激数量,由非常狭窄到非常广阔。广阔的注意可同时获得多种信息,狭窄的注意则过滤掉很多信息。注意的方向是指人的注意是指向外部刺激(如来自环境的信息),还是指向内部刺激(如自己的思维和感觉等)。注意范围的宽窄和注意方向的内外可组合成四种注意类型,如图 6-4 所示,其中左图是最初提出时的示意图,右图是进一步发展后的示意图。

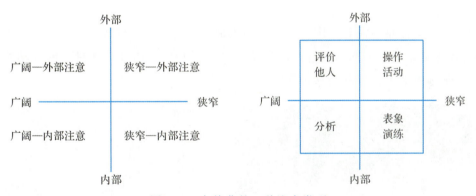

图 6-4 奈德弗的 4 种注意类型

(一)广阔-外部注意

广阔-外部注意指注意范围广阔并指向外部环境的注意,能使个体同时对很多外部刺激信息进行综合和评价。开放性运动项目,如足球、篮球、冰球、手球等运动项目需要这种类型的注意,如图 6-5 所示。

(二)狭窄-外部注意

狭窄-外部注意指注意范围狭窄并指向外部环境的注意。作出反应的短暂时刻要求这种注意,这时注意指向外部且范围很窄,以便击球或对抗对手,如击剑(见图6-6)和足球守门员防守对方点球的短暂时刻所需要的注意。

图6-5　广阔-外部注意常应用于集体球类项目　　图6-6　击剑需要的主要是狭窄-外部注意

(三)广阔-内部注意

广阔-内部注意指注意范围广阔并指向内部信息的注意,能使个体有效地将各个方面的信息和自己的思维综合起来进行分析,是一种分析型的注意。运动员在为改进技术和准备比赛而进行分析、计划活动时,这种注意占主导地位,如图6-7所示。

(四)狭窄-内部注意

狭窄-内部注意指注意范围狭窄并指向内部信息的注意。这种注意对于敏感地把握各种身体感觉是最必要的,如射击、射箭、跳水(见图6-8)、体操等项目中的运动感觉体验,演练某一技能等就要利用这种注意。

图6-7　棋类运动员常常运用广阔-内部注意　　图6-8　跳水是典型的狭窄-内部注意项目

奈德弗认为,每个人、每个集体项目都需要将注意范围和注意方向加以特殊组合,以适应所面临的运动情境和任务,获得最佳操作表现。一般地讲,情境越复杂,变化越快,运动员就越需要利用外部注意方式。奈德弗除了提出注意方式的两个维度外,还提出了一些有关注意的假设:(1)注意具有状态和特质之分,某些注意特征是人格特质的一部分,是相对稳定的,同时也会依不同的情境有不同的表现;(2)在发展四种注意方面,人与人之间具有个体差异;(3)焦虑和唤醒水平的升高,会干扰从一种注意方式到另一种注意方式的转换过程,还会造成注意范围的缩小。

第二节 注意和运动表现

一、选择性注意和运动表现

注意和运动表现

选择性注意是指优先选择需要具体加工的信息,忽略无关信息的过程。在比赛中,选择性注意具有十分重要的作用。比如,在球类比赛中,运动员需要快速、准确地判断来球的飞行线路和速度;拳击运动员总是试图发现对方弱点,先发制人,击中对手;跳高运动员或高尔夫运动员力图躲避观众的噪声,集中注意进行赛前准备。不同运动项目的运动员为了在比赛中获胜,就必须对相关信息进行优先选择,对无关信息加以排除,这便是选择性注意的职能。

选择性注意具有利弊相兼的性质。当运动员需要克服注意分散时,它是必不可少的;但当运动员需要对更多的信息进行同时加工时,它又使人困惑。因此,解释选择性注意对成绩影响的最好方法是将其比作探照灯。

使用探照灯的意图是为了把亮光集中在重要的物体上。从这个意义出发,光束的宽度必须在想要获得的信息范围内进行调整,如果重要信息处于不同的空间位置,那么光束位置也必须不断进行调整。因此,将选择性注意比作探照灯的话,至少以下几点是应该注意的:

第一,不能将探照灯的光束打得太宽,否则不能使注意集中在有限的、主要的线索上。比如,乒乓球初学者若不是将注意集中在对方发球瞬间的动作上,而是注意对方发球时的整个身体动作,那么将会导致不能准确判断来球性质。

第二,不能将探照灯的光束打得太窄。由于探照灯的光束太窄,或不能迅速将光束从一个地方转移到另一个地方,以致不能有效地分配和转移注意,从而影响对多种信息的同时加工。比如,篮球运动员只将注意集中于对方持球运动员,不注意观察其他运动员的跑动,便会贻误战机。

第三,不能将探照灯打在错误的方向上,从而使不相关的信息代替相关信息。比如,足球运动员不是注意对方的脚和躯体的移动线索,而只注意头部或上身的晃动,以致被假动作迷惑。

Box 6.2

心理不应期

中枢神经系统处于疲劳或病症状态,会导致反应的延长,另外,由于刺激的特点也可引起反应延长,后者与注意有密切联系。

对于两个紧密相随刺激中的第二个反应延迟,是人们动作表现中一个重要的现象,叫作"心理不应期"。如图6-9所示,排球中时间差进攻原理就是利用心理不应期。

图6-9　排球中时间差进攻原理就是利用心理不应期

目前比较流行的观点是,在反应阶段产生了一个暂时的瓶颈,在个体组织和开始对第二个刺激有所反应时,必须等到第一个刺激完成反应程序阶段的处理之后。在两个刺激间隔时间很短时(约60毫秒),这种延迟最长。原因是在反应选择阶段刚刚开始对第一个刺激选择了反应,而这个反应必须在对第二个刺激开始作出反应之前完成。随着刺激间隔的增加,当第二个刺激出现时,第一个刺激的反应进入动作程序的完成量越多,所以第二个反应进入动作程序表现出的延迟也越少。另一个现象也很有趣,当刺激间隔时间极其短暂时,比如少于40毫秒,机体就以其他不同寻常的方式作出反应,即对两个刺激同时作出反应,就好像它们是同一刺激一样。这种现象叫作组合,它导致了一个单独、更加复杂动作的组织和开始,如双手同时作出反应。

心理不应期对假动作发生作用的内在过程进行了很好的解释。例如,在篮球比赛中,运动员的投篮动作常常以更加复杂的方式完成,先做一个假动作看起来像要投篮,然后收回动作,再完成投篮。这三个动作步骤紧密相连,就像作出了一个连续动作。而对方防守队员常常把连续动作的第一部分(假动作)误认为是真实的投篮动作,造成防守失败。假动作相当于双刺激范例中的第一个刺激,诱发了对方防守运动员的反应,如封篮动作。正当对方防守队员对假动作作出反应时,第二个刺激又出现了,这时防守队员已经不能收回他对进攻队员假动作的反应性动作了。

在体育运动中使用假动作应注意以下事项:

(1)假动作必须逼真

为了使假动作有效,它看起来必须逼真,要像真动作一样,这样才能引诱防守队员对它作出反应。

(2)假动作和真动作之间有适宜的时间间隔

为了使对方防守队员出现对真实动作的延迟反应,连续动作程序必须保证假动作(刺激1)和真动作(刺激2)之间有适宜的时间间隔。现有的研究结果表明,这个适宜的时间间隔应该在 60~100 毫秒。如果时间间隔太短,防守队员就会忽略假动作,而对真动作作出反应。如果时间间隔太长,防守队员也会以只比正常反应时多一点点的延迟对真动作作出反应,这样一来,进攻队员的假动作就失去了作用。

(3)假动作不宜频繁使用

如果频繁使用假动作,就会被对方防守队员摸到规律,一出现就会马上被识破。因此,对方防守队员能够提早对预料出现的真动作作出准备,进攻队员反而会弄巧成拙。

二、分配性注意和运动表现

分配性注意是指个体在同一时间对两种或两种以上的刺激进行注意,或将注意分配到不同的活动中。在体育运动中,分配性注意对运动表现有着十分重要的意义。例如,篮球运动员在注意队友和对手空间位置的同时能够进攻投篮,此时,注意的分配是如何完成信息加工的呢?

(一)有限注意容量假说

卡尼曼(Kahneman)提出的有限注意容量假说认为,注意对刺激进行识别和加工的认知资源,其容量是有限的。当个体需要同时操作两个以上任务时,只要所需容量不超过总容量,注意就可以在任务之间进行分配,其分配机制是主动而灵活的,个体能根据实际需要调整资源的配置,优先加工认为更为重要的主要任务。这一理论较合理地解释了个体同时操作两个以上任务的现象。但当个体同时操作两个以上任务时,所需容量超过总容量时,将导致其中一个任务的成绩下降或几个任务成绩的同时下降。在完成运动技能时,通常会有许多信息占据运动员的认知资源,对运动员而言,最大的挑战就是如何有效地分配这些认知资源,作出正确的决定。

（二）双加工理论

分配性注意的一个关键现象是,练习常常可以促进运动表现。在低水平的球类比赛中,我们经常看到运动员由于仅注意动作操作,无暇观察周围各种信息的变化,从而导致传球失误。而在高水平的比赛中,优秀运动员在熟练控球的同时,还能洞察场上的各种变化,并打出漂亮的配合。对这一现象最常见的解释是,一些加工由于长期练习而变得自动化了。

双加工理论(Shiffrin)认为,人类的信息加工方式有两种:自动加工和控制加工。自动加工是刺激自动引发的无意识的加工过程,不受认知资源的限制。控制加工是受意识控制的过程,它需要意识的积极参与,要占用系统的加工资源。控制加工经过充分的练习之后,有可能转化为自动加工。

与信息的控制处理相比较,优秀运动员或经过长期训练的人还能够表现出一种完全不同的信息处理方式——自动加工。例如,在向一些奥运会体操冠军问及比赛中他们的思想过程时,得到的回答往往是他们主要对系列动作中的第一个动作多加注意,其他后续动作几乎是"自动完成"。由于后续动作执行中只需要很少的调节,优秀运动员就能够把注意力更多地集中在系列运动中更高层次的要求上,如个人风格和高难度动作表现力。与控制加工相比,自动处理方式更迅速,不需要意志努力,动作任务之间对注意部分产生的干扰很小。

三、警觉警戒和运动表现

（一）警觉、警戒

警觉是指在相对较短的时限内在一定环境中觉察特定的、不能预期出现的事件的准备状态。例如,跳水运动员在起跳的一刹那需要保持警觉。然而在许多运动项目的比赛中,运动员警觉的持续时间不是以秒而是以小时来计算的,这就需要运动员在一段较长的时间内保持高度的警戒或准备状态。

警戒是指在相对较长的时限内在一定环境中觉察特定的、不能预期出现的事件的准备状态。例如,足球守门员应时常保持警戒,以防对方队员突然射门;垒球的外野手需要在较长的时间里保持高度的警戒,才能快速、准确地接球和送球;网球的端线裁判员也需要保持较长的警戒才能准确判断来球是否击中界内。

警觉警戒决定着运动员在一段时间里能否对不频繁而又无规律的刺激作出快速、准确的反应。可以把警觉警戒与心理准备视为同义。心理准备的好坏取决于个体的唤醒水平,因此,警觉警戒与唤醒有着不可分割的联系。

（二）警觉警戒与运动表现的关系

解释警觉警戒与运动成绩关系的理论除了倒 U 形曲线,伊斯特本鲁克（Easterbrook）提出的线索利用理论比较合理地解释了运动情境中唤醒、警觉警戒与成绩的关系。该理论认为,动作操作者总是在一定的环境线索中收集信息,这些线索有的与任务有关（如球类比赛中的同伴位置）,有的与任务无关（如裁判员的衣服颜色,观众的走动等）。在低唤醒状态下,线索在较广的范围里被收集和加工,其中包括一些与任务无关的线索。如果操作者缺乏注意的选择能力,就会被无关线索所迷惑,从而影响操作成绩。随着唤醒上升到中等水平,操作者能够加工的线索范围变小,无关线索或次要线索不被深加工,从而使成绩达到最佳水平。如果唤醒水平继续升高,操作者的线索加工范围便缩小,使一些有关线索被排除,以致成绩下降。线索利用理论关于唤醒水平与运动成绩之间的关系假说是建立在对周围有关或无关信息的注意基础上的。

第三节 比赛中的注意定向

比赛中的注意定向

比赛中,良好的注意定向应坚持过程定向、当前定向和主位定向三大原则。

一、过程定向

过程定向是指运动员在比赛时将注意的方向定位在比赛过程要素而不是比赛最终结果的认识倾向。

比赛过程要素主要指与比赛表现直接联系的且自己可以控制的要素。例如,比赛之前的器材维护、饮食调节、休息、练习等,以及比赛之中的技术战术、体能分配等。比赛最终结果主要指比赛名次、比赛成绩、与他人相比的差距等。

将注意指向比赛最终结果之所以不利于运动员的比赛发挥,是因为:

（1）思考比赛结果及其某种结果可能对自己产生的影响,会使运动员的紧张程度不由自主地升高,甚至升高到难以自控的不适宜程度;

（2）比赛结果是比赛进程的最终环节,主要受先行事件的影响,例如运动员准备活动的充分程度、比赛器材的质量、技术战术的应用情况。将注意集中在比赛最终结果上，会干扰对先行事件的必要准备，进而使比赛最终结果不能达到预定目标，产生越想结果越出现坏结果的情况。

二、当前定向

当前定向是指运动员在比赛时将注意的方向定位在当前任务而不是过去的结局或将来结果的认识倾向。

运动员参赛过程往往是一个分阶段且持续时间较长的过程，前一轮的比赛结果往往会对运动员后一轮的表现产生重要影响。因此，如何在比赛进程中不断进行心理调节，树立正确的心理定势，成为运动员保持优势或反败为胜的重要保证。

当前定向的原则要求运动员在不断进行心理调整的过程中，确立和保持从零开始的心理定向，将注意集中在立刻需要加以完成的具体任务上，既不过多缠绕在已经发生的事件上，不论是积极事件还是消极事件，也不过多缠绕在将要取得的成绩上。也就是说，要做到打一场，甩一场，场场从零开始。这个原则具体化到射击比赛中，可以称为"打一枪，甩一枪，枪枪从零开始"；具体化到体操比赛中，可以成为"比一项，甩一项，项项从零开始"；具体化到跳水比赛中，可以成为"跳一次，甩一次，次次从零开始"；具体化到乒乓球比赛中，就是打好每一个球，如图6-10所示。

图6-10　2007年世乒赛女双冠军王楠/张怡宁：打好每一个球

三、主位定向

主位定向是指运动员在比赛时将注意的方向定位在自己可以控制的因素上。

决定比赛结果的因素很多。例如，裁判、天气、场地、观众，对手的技术、战术、体能水平，对手的比赛发挥情况，以及运动员自己的比赛表现等。这些因素中，有很多是运动员难以控制或根本不可能控制的，如对手、气候和裁判。关注那些不能控制的因素，不但会使运动员因产生无助感而信心下降，而且还干扰了极其必要和重要的技术、战术和体能的准备工作。

主位定向的原则要求运动员将注意集中在可以控制的因素上,而可以控制的因素主要是运动员自身的一些因素,例如,自己正在和将要采取的技术战术手段,体力分配策略,思维和表象的内容,以及与教练员的沟通等。同时,可以采取一些必要的措施,回避和排除与自己无关和与比赛过程无关的信息。例如,在射击比赛的间歇过程中,在人较少且较安静的地方,戴上耳机,闭目听自己预先准备好的轻音乐,以放松、节省体力,回避干扰信息,准备下一轮的比赛。

Box 6.3

运动员比赛中的分心因素

许多运动员承认自己在整个比赛中注意力无法集中。"只觉得头脑里一片空白!"这是很多运动员在高强度的比赛应激情境下能够意识到的反应。这些运动员无法搜索关键线索,而是被内部分心物(自我怀疑、自我评价、焦虑、疲劳和疼痛感等)和外部分心物(如对手、观众、环境条件和教练员的行为等)所左右。影响运动员竞技水平发挥的分心物包括:

一、内部分心物

1.专注于过去事件:例如,射箭运动员如果一心一意在想过去的失误,表现会比能够专注于当下任务的人差(Landers, Boutcher & Wang, 1986)。

2.专注于未来事件:这种未来取向的想法与担忧会对专注有负面的影响,因而更可能造成失误与表现不佳。

3.压力下的失常:在压力失常的情境下,运动员的唤醒水平过高,他的注意力会发生变化,导致表现失常(Landers, 1980)。

4.过度从生物力学角度分析动作:对于高水平运动员来说,运动技能大致已经自动化,将注意全部放在生物力学的分析上,会破坏运动技能的自动化过程。

5.疲劳和疼痛:疲劳和疼痛会消耗运动员为满足情境要求所需的认知资源,缩小他们注意的范围和阻碍注意的转移。

二、外部分心物

1.视觉分心物:例如,注意焦点附近的无关刺激受到自动加工,进而任务活动受到阻碍,即"Stroop"效应(Allport, 1989)。

2.听觉分心物:研究表明,如果个体在95分贝的噪声背景下从事闭锁性活动任务,那么他的反应错误增多,反应时间加长。

3.刺激物的可预测性:当运动员面临几种可能发生的刺激物时,对运动员注意的要求提高,认知资源的消耗量增加。例如,排球比赛中,如果对方的主攻手扣球变幻莫测,那么这时对防守者的注意要求是相当高的。

(季浏,2006)

第四节　注意技能训练

注意技能训练是一个运用多种方法和技术来提高运动员注意的选择、注意的集中、注意的转移和注意的分配等注意技能的训练程序。运动员注意技能训练的步骤一般包括：

第一,向运动员传授关于所参加运动项目中的注意特点及注意要求的知识;

第二,对运动员当前的注意技能进行评价;

第三,根据运动项目的注意要求,比较运动员注意技能的长处和弱点;

第四,制定训练计划,帮助运动员提高注意的选择、转移、集中和分配技能;

第五,通过练习,帮助运动员掌握和运用提高注意技能的各种方法和技术。

一、注意选择的训练

(一)线索判断训练

指导运动员掌握判断线索的方法。比如,告诉运动员要准确判断来球的方向、速度、旋转,应该根据哪些线索进行预测;当实际情况与预测情况出现偏差时,又应该通过观察哪些线索,才能确保对动作进行微调。

(二)知觉训练

通过反复播放实际比赛的场面,要求运动员对具体的情境作出判断。比如,播放排球的进攻场面,要求运动员判断来球线路和落点,直至能准确作出判断。

(三)模拟训练

模拟比赛情境是一种运用图像和言语模拟来帮助运动员适应新环境,集中注意力,减少分心因素干扰的方法。在比赛时,来自观众、裁判员、工作人员以及对手等外界分心物与运动员的自我担忧、不安等内部分心物一起影响着他们的运动表现。采用模拟训练,可以让运动员从身体和心理上形成习惯,增强运动员的心理定向能力,对一些常见情况进行分析并对对手常用的手段进行观察,从而运用心理定向来选择注意。

二、注意集中的训练

短时间的运动项目,运动员集中注意力不是个困难的问题。但在长时间的运动项目中,运动员高度集中的注意力将会显得十分重要。下面介绍一些常用的注意集中训练的方法。

(一)腹式呼吸法

运动员在练习深而完整的呼吸时,可以把肺想象分成上、中、下三个层面。吸气时,在最下层,想象使横膈膜向下推,小腹向外突出,并充满空气;在中间层,想象胸腔扩大,肋骨向上提并充满空气;在最上层,吸气使胸腔及肩膀提升并充满空气。维持数秒后,慢慢地呼气,腹部内收,肩胸下垂,此时注意力放在横膈膜的下沉(吸气)及提升(呼气)上。通过这种练习,运动员会体验到情绪更稳定、注意力更集中,身体也更放松。为了加强呼吸阶段的重要性和觉察能力,吸气时可以从 1 数到 4,呼气时则从 1 数到 8。

在比赛中,使用腹式呼吸法的最佳时机是在暂停或中场休息时。

(二)弹壳叠加法

弹壳叠加法是射击运动员常用的注意集中训练方法,此法还可提高运动员的手动稳定性。

弹壳叠加法的练习步骤:运动员手拿小口径子弹的弹壳,一个叠加在另一个之上,尽量多地摞起来,如图 6-11 所示。开始做时成绩可能一般,随着练习次数的增加,成绩会有所进步,即摞弹壳的总数会增加,或者单位时间内摞弹壳的数量会增加。

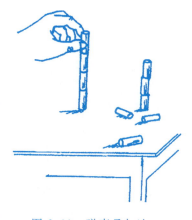

图 6-11 弹壳叠加法

弹壳叠加法训练时可以采用比赛方式进行。比赛时还可以增加一些干扰因素,提高运动员的抗干扰能力。

(三)单腿站立法

单腿站立法是一种以身体练习来帮助运动员发展注意集中能力的方法,简便易行。

单腿站立法的练习步骤:让运动员以一腿站立,逐渐将身体重量移向这只腿,两臂伸展,与肩同高,逐渐抬高离地的腿。当运动员感到舒适后,闭上眼睛,并努力保持平衡。一旦眼睛睁开或离地腿的脚触地,练习就停止下来。记录每次练习保持平衡的时间。

(四)方格练习法

舒尔特方格(Schulte Grid)是在一张方形卡片上画上 1cm×1cm 的 25 个方格,格子内任意填写上阿拉伯数字 1—25 等共 25 个数字,如图 6-12 所示。训练时,要求被测者用手指按 1—25 的顺序依次指出其位置,同时诵读出声,施测者一旁记录所用时间。数完 25 个数字所用时间越短,注意力水平越高。7～12 岁年龄组,能达到 26 秒为优良;12～14 岁年龄组,能达到 16 秒为优良,26 秒属于中等水平;18 岁及以上成年人最好可达到 8 秒,20 秒为中等水平。

舒尔特方格不但可以简单测量注意力水平,而且还可以培养注意力集中、分配和控制能力,提高视觉的稳定性、辨别力和定向搜索能力。运用方格练习法时,可以在别人讲话或是噪声影响的环境下进行,以提高运动员的抗干扰能力。

11	18	24	12	5
23	4	8	22	16
17	6	13	3	9
10	15	25	7	1
21	2	19	14	20

图 6-12　舒尔特方格

(五)设置线索词

设置线索词是指通过设置简单而适宜的线索指导运动员在复杂的环境中选择恰当的刺激,排除其他刺激的干扰作用。线索词可以是用于指导运动技能完成的字词,也可以具有激发动机的性质。例如,在学习排球的垫球动作时,可以使用"插、夹、提"等字眼来帮助运动员集中注意;设置"集中""坚持"或者是"努力"等线索词也可以帮助运动员集中和维持注意。

(六)建立行为程序

行为程序是指运动员在特定的情境中使用的例行系列动作。行为程序的执行可以帮助运动员集中注意,下面是一位网球运动员发球前的例行动作:

(1)决定站位与脚的位置;

(2)决定发球的方式与落点;

（3）调整握拍与球；

（4）做个深呼吸；

（5）反弹球以感受节奏；

（6）表象并感受到完美的发球；

（7）聚集于球并将球发至上述决定的落点。

三、注意转移的训练

在运动实践中,注意与运动技能的类型有着密切的关系。开放性运动技能要求具有较强的注意转移能力,因为它们必须对外部环境的刺激作出反应;而封闭性运动技能要求注意转移的能力稍低一点。运动员首先要学会选择恰当的信息,然后再掌握转移注意的时机。

注意转移训练通常采用录像法。具体步骤是:播放一段练习或比赛的录像,然后停下来,让运动员去想象在这种练习或比赛中他们应该如何保持注意。之后,询问每名运动员选择的注意对象是什么,并让他们说出在什么时候要进行注意的转移。利用录像法进行训练的目的是通过在某种特定运动情境中的练习来提高运动员转移注意的能力。

四、注意分配的训练

在大多数的运动比赛中,运动员经常需要同时加工两个以上的信息,因此,如何减少任务之间的干扰以及提高注意分配的策略是运动训练的一个重要组成部分。

（一）双任务练习法

在运动训练中采用双重任务的练习方法可以加快主任务的自动化程度。通过给运动员增加第二、第三个任务,加大运动中的注意负荷,有助于提高运动员的技能熟练程度,从而提高注意分配的能力。

帕克（Parker）曾做过一个被试在 30 秒内接住一个来球后迅速将球投向一个指定目标（主任务）的同时,再判断一个视觉信息（次任务）的实验。被试根据技能水平的高低分为 A、B、C 三组,结果表明,三个主任务没有显著性差异,但 A 组的次任务明显好于其他两组,这说明,高水平的运动员有更多的剩余容量或资源分配给次任务。

（二）过度学习

过度学习理论是由德国著名心理学家艾宾浩斯提出的。过度学习,又称为过度识记,是指对识记材料达到一次完全正确再现后仍继续的学习。如果把人学习某种知识掌握到当时再现不出错的程度作为 100%，那么要保持住这种知识的掌握程度，还要用一定的时间，用相同的注意水平来不断巩固这一知识，这就是过度学习。艾宾浩斯所说的"过度学习"不是毫无限度的"超度学习"。过度学习是必须的，但超过了一定限度就是不经济的，因为过度学习需要更多的时间和精力。一般说来，学习程度以 150% 为佳，其效应也最大。超过 150% 的学习，会因疲劳而发生"报酬递减"现象，学习的效果就会逐渐下降，甚至出现注意分散、厌倦等消极效应。

运动技能的过度学习是为了提高技能的自动化程度，同时进行的几种活动训练到自动化水平时，不仅能帮助运动员在完成任务中保持专注，而且能够提高运动员注意分配的能力。

微课堂：课程思政

序号	教学内容	育人目标
1	注意的品质	掌握注意的品质特点，了解专注是工匠精神的内涵特征之一，培养运动员的工匠精神。
2	比赛中的注意定向	培养运动员正确的比赛注意定向，稳定发挥运动技能水平，展现运动员的良好心理素质。
3	注意技能训练	通过训练提升运动员注意品质，培养运动员塑造良好心理品质的自觉性和坚持性。

实训项目

1. 通过对运动员访谈、小组成员实际比赛经历分享等，分析运动员比赛中常见的分心因素，以及比赛中提高注意力的有效方法。

2. 结合自己运动专项的注意特点，制定一个科学、可行的注意技能训练计划。

本讲小结

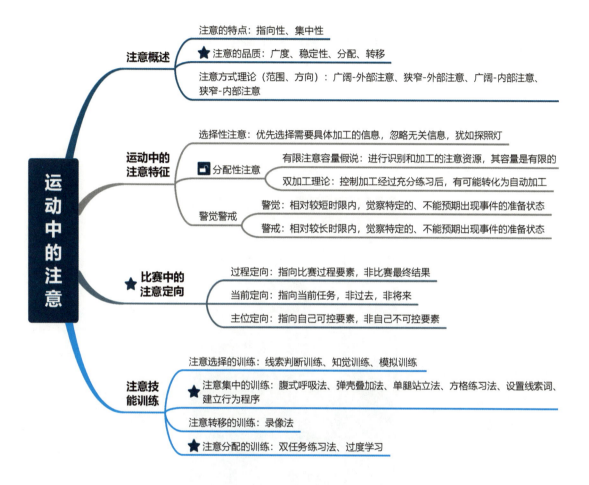

注意概述
　　注意的特点：指向性、集中性
　　★ 注意的品质：广度、稳定性、分配、转移
　　注意方式理论（范围、方向）：广阔-外部注意、狭窄-外部注意、广阔-内部注意、狭窄-内部注意

运动中的注意特征
　　选择性注意：优先选择需要具体加工的信息，忽略无关信息，犹如探照灯
　　分配性注意
　　　　有限注意容量假说：进行识别和加工的注意资源，其容量是有限的
　　　　双加工理论：控制加工经过充分练习后，有可能转化为自动加工
　　警觉警戒
　　　　警觉：相对较短时限内，觉察特定的、不能预期出现事件的准备状态
　　　　警戒：相对较长时限内，觉察特定的、不能预期出现事件的准备状态

★ 比赛中的注意定向
　　过程定向：指向比赛过程要素，非比赛最终结果
　　当前定向：指向当前任务，非过去，非将来
　　主位定向：指向自己可控要素，非自己不可控要素

注意技能训练
　　注意选择的训练：线索判断训练、知觉训练、模拟训练
　　★ 注意集中的训练：腹式呼吸法、弹壳叠加法、单腿站立法、方格练习法、设置线索词、建立行为程序
　　注意转移的训练：录像法
　　★ 注意分配的训练：双任务练习法、过度学习

运动中的注意

即测即评

第七讲　运动中的情绪

图 7-1　徐嘉余：稳定情绪的重要性

　　徐嘉余自入选浙江游泳队以来,斩获无数各级各类比赛金牌。2018 年 12 月在杭州举行的第 14 届世界短池游泳锦标赛,他因巨大压力,情绪没能及时得到调节,获男子 100 米仰泳银牌。赛后他说:主场作战,太紧张了! 而后,他通过不断调整情绪,加强心理素质锻炼,2019 年全国游泳冠军赛决赛中,获得男子 200 米仰泳冠军(见图 7-1),2020 年 1 月在国际泳联冠军游泳系列赛深圳站比赛中获得男子 100 米仰泳冠军,2021 年 1 月中国游泳争霸赛获得男子 100 米仰泳冠军,第十四届全运会男子 4×200 米混合泳接力比赛中,徐嘉余所在的浙江队获得金牌。

第一节 情绪概述

一、什么是情绪

情绪背后的心理需求

情绪是人生不可分割的一部分,它对人们有重要的影响,影响和调节个体的认知、状态、人际交往等。现代社会快节奏生活,使人们面临的压力越来越多,情绪波动及引发不良情绪的频率也越来越高,人们若能合理地掌控情绪,便可更顺利地工作、学习和生活。

情绪是人对客观事物是否满足人的需要而引起的态度体验。例如,当一名运动员顺利完成比赛任务后会有轻松感、愉快感,训练受伤容易使人伤心和难过。情绪是一种主观感受,我们无法直接观测他人的内在感受,但是能够通过其外显的行为或生理变化来进行推断。

Box 7.1

一只苍蝇打败一个世界冠军

1965 年 9 月 7 日,世界台球冠军争夺赛在纽约举行。路易斯福克思的得分遥遥领先,只要再得几分就能稳拿冠军。就在这时他发现一只苍蝇落在主球上,他挥挥手赶走了。可是他伏身击球时苍蝇又飞回来了,他起身驱赶,但苍蝇好像在跟他作对,他一回身,苍蝇就落在主球上,周围的观众发现了这个现象,开始哈哈大笑。

他的情绪恶劣到了极点,终于失去了理智,愤怒地用球杆去击打苍蝇,结果碰到了主球,裁判判他击到了球,于是他失去了一轮机会。他因此方寸大乱,连连失利,而对手约翰迪瑞越战越勇,最后获得了冠军。

二、情绪及情绪状态的分类

(一)情绪的分类

我国古代有"七情六欲"说。《礼记》中将人们的情绪归纳为喜、怒、哀、惧、爱、恶、欲,《吕氏春秋》中的六欲是指由生、死、耳、目、口、鼻所生的欲望,后人将六欲概括为见欲(视觉)、听欲(听觉)、香欲(嗅觉)、味欲(味觉)、触欲(触觉)、意欲。

通常将人的基本情绪分为四种,即快乐、愤怒、悲哀和恐惧。

快乐是指所盼望的目标达到后所产生的情绪体验。愤怒是指愿望不能达到,特别是在外界一再阻碍的情况下产生的情绪体验。悲哀是与失去所热爱的事物或所盼望的东西有关的情绪体验。恐惧是由于缺乏处理和摆脱某种情景或事物所引起的体验。由不同的基本情绪混合而成,可以产生多种多样的情绪。

情绪本身无好坏之分,由情绪引发的行为或行为的后果有好坏之分。因此,一般我们根据情绪所引发的行为或行为的结果,将情绪划分为积极情绪和消极情绪两大类。

Box 7.2

情感之轮

心理学家罗伯特·普拉奇克(Robert Plutchik)在1980年创造了一种情绪分类方法"情感之轮",如图7-2所示。他提出了8个主要的两极情绪:快乐与悲伤,气愤与恐惧,信任与厌恶,惊奇与预期。每种颜色代表一类情绪,颜色越深,情绪越强,比如宁静 - 快乐 - 狂喜,是同一类情绪,但强度不同;这类情绪的另一极情绪是沉思 - 哀伤 - 悲痛。"情感之轮"还展示了不同的情绪是如何融合并创造新的情感,比如,"害怕"和"信任"融合,产生了"顺从";"快乐"和"信任"融合,产生了"爱"。

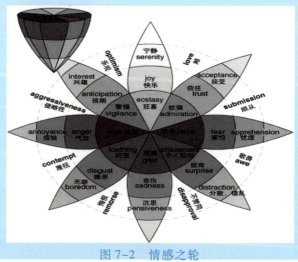

图7-2　情感之轮

（二）情绪状态的分类

情绪状态的分类

情绪状态是指在某种事件或情境的影响下,在一定时间内所产生的某种情绪,其中较典型的情绪状态有心境、激情和应激三种。

1. 心境

心境是指人比较平静而持久的情绪状态。心境具有弥漫性,它不是关于某一事物的特定体验,而是以同样的态度体验对待一切事物。心境是人内心世界的背景,使其他事件都渲染上它的色调,所谓"情哀则景哀,情乐则景乐""忧者见之则忧,喜者见之则喜",说的就是心境。

心境产生的原因是多方面的。生活中的顺境和逆境、工作中的成功与失败等都可能引起某种心境的变化。心境对人的生活、工作、学习、健康有很大的影响。积极向上、乐观的心境,可以提高人的活动效率,增强自信心,使之对未来充满希望,有益于健康;消极悲观的心境,会降低认知活动效率,使人丧失信心和希望,经常处于焦虑状态,有损于健康。

2. 激情

激情是一种强烈、爆发性、为时短促的情绪状态,来得快去得也快,具有明显的生理表现和外显行为表现。这种情绪状态通常是由对个人有重大意义的事件引起的。重大成功之后的狂喜、惨遭失败后的绝望、亲人突然死亡引起的极度悲哀、突如其来的危险所带来的异常恐惧等,都是激情状态。激情状态往往伴随着明显的生理变化和外部行为表现,例如,盛怒时全身肌肉紧张、双目怒视、怒发冲冠、咬牙切齿、紧捏双拳等。

正性的激情可以成为激励人们积极行为的巨大动力,如见义勇为,这时激情成了人们奋勇向前的一种动力。但是,通常人们在激情状态下会意识狭窄,自控能力降低,理智分析能力受到限制,不能正确地评价自己行动的意义和后果,往往会出现不顾一切的不合适行为,但此时人仍然是有自知力的,因此激情不能作为错误行为的借口和托词。

3. 应激

应激是指由出乎意料的紧急情况所引起的高度紧张的情绪状态,是人对某种意外的环境刺激所作出的适应性反应。人们遇到某种意外危险或面临某种突发事件时,必须集中自己的智慧和经验,动员自己的全部力量,迅速作出选择,采取有效行动,此时人的身心处于高度紧张状态,即应激状态。

应激状态的产生与人面临的情景及人对自己能力的估计有关。当情景对一个人提出了要求,而他意识到自己无力应付当前情境的过高要求时,就会体验到紧张而处于应激状态。人在应激状态下,会引起机体的一系列生物性反应,如肌肉紧张、血压、心率、呼吸及腺体活动都会出现明显的变化,这些变化有助于适应急剧变化的环境刺激,维护机体功能的完整性。但如果应激状态过强或持续时间过长,将对个体的身心健康造成不利影响。

三、情绪的机体表现

情绪的机体表现就是表情。我们常用喜怒不形于色来评价城府很深的人,指从他的外表看不出其内心的感受和想法,但大部分人都是感于内、形于外的,从他们的外部表现可以领略其内心的真实感受。我们将人在情绪发生时表现出来的反应分为面部表情、姿态表情和语调表情。

(一)面部表情

面部表情是指主要由人的眼、眉、嘴和颜面肌肉的变化所呈现出来的情绪状态。察言观色是我们成长中发展起来的重要技能。怒目圆睁、眉开眼笑、眉飞色舞、愁眉不展、脸色铁青等,描述的都是面部表情和情绪的密切相关。

达尔文(Darwin)通过大量的观察和调查,在《人类和动物的情绪表情》一书中认为,人类的表情是遗传的,具有共同性。美国的艾克曼(Ekman)等人对不同国家和地区的被试呈现 30 张不同面部情绪的照片,并要求他们对照片上所表现出来的情绪给予命名,结果发现有高度的一致性(见图 7-3)。

愤怒(Anger)   伤心(Sadness)   高兴(Happiness)   害怕(Fear)

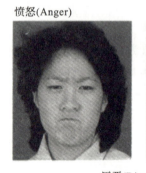 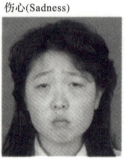  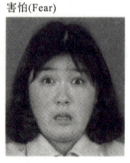

厌恶(Disgust)   吃惊(Surprise)   鄙视(Contempt)

图 7-3 面部表情和情绪表达

面部表情是人们情绪的表露,准确地识别他人的面部表情是我们理解他人并与之沟通的重要前提之一。

(二)姿态表情

姿态表情是指由人的身体状态和肢体动作所表现出来的情绪状态。如人在面临重大时刻到来时会紧握双拳、身体僵硬,在焦虑时会来回徘徊、手足无措,听到特大喜讯时会振臂欢呼等。有研究发现,人在紧张时脚尖会朝里,放松时脚尖则朝外;双手抱于胸前表示拒绝,双手外展表示欢迎;身体后仰表示回避,身体前倾表示亲近等。姿态表情是通过后天的学习获得的,它受个体所在环境的变化、习惯和风俗的影响。

(三)语调表情

语调表情是人们在讲话的速度、节奏、语气等方面表现出来的情绪状态。开心、快乐时语调往往是上升的,而愤怒、急躁时语调常是下降的。语调是口语表达的重要手段,它能很好地辅助语言表情达意。同样一句话,由于语调轻重、高低长短、急缓等的不同变化,在不同的语境里可以表达出种种不同的思想感情。一般来讲,表达坚定、果敢、豪迈、愤怒的感情,语气急骤,声音较重;表达幸福、温暖、体贴、欣慰的感情,语气舒缓,声音较轻;表示优雅、庄重、满足的感情,语调前后皆弱而中间强。

四、情绪调节的方法

情绪调节的方法

现实生活中,我们常常会看到这样一种情况:对同样一件事,不同的人会有不同的情绪反应,这种差异甚至会表现得非常悬殊。比如同样的失败,有的人不以为然,一笑置之;有的人却垂头丧气,一蹶不振;有的人感到羞耻、耻辱;有的人却觉得无所谓。再比如失去某种珍贵的东西或亲人亡故,有的人能很快走出情绪的低谷,振作起来;有的人却沉浸在抑郁、悲哀的泥潭而难以自拔。再如,面对威胁或危险,有的人泰然自若,从容镇定;有的人却紧张不安,焦虑担忧。同样的问题,有的人轻松应对,从容作答;有的人却满头大汗,乱了方寸。最明显的例子是,有些同学,平时学习成绩不错,可一到考场却紧张焦虑以至发挥失常;有的同学平时成绩一般,考试时却能奋笔疾书、超常发挥。对这些差异不能只从表面上进行解释,也不应只冠以个性差异而了之,有必要了解应该如何进行情绪调节。

(一)注重健康

身体与情绪的关系非常紧密,他们互相制约、互相促进。身体可以直接影响情绪,而情绪反过来也可以影响身体。健康的身体不仅可以帮助人们更加有效地管理情绪,而且锻炼身体的过程中,意志力和控制力也会得到很大的改善,而意志力和控制力的强大就为管理情绪提供了更加有利的工具。

(二)学会倾诉

积蓄的烦闷忧郁就像一种势能,若不释放出来,就会像定时炸弹一样,埋伏心间,一旦触发即可酿成大难。若及时用倾诉或自我倾诉的办法取得内心感情和外界刺激的平衡,则可免除灾难。人的各种感情,一定要通过各种形式表现出来,否则将有损身心健康。因此,遇到不愉快的事情时,找朋友谈谈自己心中的不悦之由,朋友的劝慰可以帮助解决情绪上的不愉快和想不通的问题。

(三)改变想法

人的想法会带动行为,牵动感受和情绪。在陷入困境时唯有改变想法,才能突破思考的盲点,看到新希望。人对于事情的着眼点不同,看法也就大相径庭,从而情绪也会很不相同。想法一定要正确,消极和退却是由想法的错误引来,悲观和沮丧是因眼光的编狭所致。所以碰到难题时,要从不同的角度着眼,不同的方面去想,就会找出新的思路,看出新的希望和喜悦。

20 世纪 60 年代初,美国心理学家阿尔伯特·艾里斯(Albert Ellis)提出了情绪 ABC 理论。该理论的宗旨是:以理性的思维方式和观念代替不合理的思维方式,进而改善由非理性观念带来的情绪问题。一般人总习惯于认为把自己的不良情绪归结于环境事件,但 ABC 理论认为,情绪(C)不是由某一诱发性事件(A)直接引起来的,而是由经历这一事件的个体对这一事件的解释和评价(B)引起的。因此,我们可以运用该理论,通过改变对事件的看法,进而调整情绪。

(四)交给时间

在情绪波动比较大时,可以给自己一段安静的时间。这一做法说到底其实是寻找一处安静的场所,找回心中的安静,甚至可以暂时忘掉当前的事情,好好梳理一下自己的思路。暂时的忘我,可以让我们更超脱、更冷静地面对自我,调整好自己的情绪,继续上路。如一首美妙的歌曲、一杯清茶、一本好书,都可以让我们暂忘世间的纷扰,找回心灵的安静。"暂遁空门",忘掉愁绪、忘记伤痛。

Box 7.3

情商是什么?

情商(Emotional Quotient)通常是指情绪商数,简称 EQ,主要是指人在情绪、意志、耐受挫折等方面的品质,它是近年来心理学家们提出的与智商相对应的概念。人与人之间的情商并无明显的先天差别,更多与后天的培养息息相关。戈尔曼和其他研究者认为,情商由五种特征构成:自我意识、控制情绪、自我激励、认知他人情绪和处理相互关系。

让我们设想这样一种情境,老师在班上提问"伊斯坦布尔的原名是什么?"汤姆虽然看到帕梅拉举起了手,可他还是将答案脱口而出:"君士坦丁堡。"你会理解帕梅拉为什么会生气,因为汤姆夺走了她的荣誉。我们可以给汤姆一个高 IQ 分,但不会给他一个高 EQ 分。

心理学家经过长期的研究得出结论:"人生的成就至多只有20%归功于智商,另80%则受情商因素的影响,婚姻、家庭、社会关系,尤其是职业生涯,凡此种种人生大事的成功与否,均取决于情商的高低",这就是为何现在人们特别注意培养情商的原因。

第二节　唤醒与运动表现

一、什么是唤醒

唤醒(arousal)指有机体总的生理性激活的不同状态或不同程度。这种状态是进行脑力活动或体力活动的生理基础,由神经系统的兴奋性水平、腺和激素的水平以及肌肉的准备性所决定。

当内部或外部刺激作用于感受器所产生的神经冲动沿传入神经进入延脑后,将沿着两条通路行进:一条是特异性神经通路,它沿着延髓背侧,经中脑、间脑到达大脑皮层的特定区域,引起特定的感觉,如各种视觉或听觉的产生;另一条是非特异性神经通路,它沿着延髓腹侧,贯穿延髓、中脑、间脑的脑干网状结构,弥散性地投射到大脑皮层广大区域,引起皮层下所经部位及皮层的兴奋状态,称之为唤醒或激活。

每个人总是处于某种唤醒水平,即使处于睡眠状态,大脑和肌肉中仍然存在着生物电的活动。因此,可以说每个人的唤醒水平总是在从深度睡眠到高度兴奋这一连续线上变化,如图 7-4 所示。唤醒水平的变化与刺激的强度有着密切的关系,而与刺激的性质之间的相关性较小。无论是令人高兴的还是痛苦的刺激,都可能在唤醒水平上出现相似的变化。

极低唤醒(深度睡眠)　　中等唤醒　　极高唤醒(高度兴奋)

图 7-4　唤醒水平的连续线

唤醒有三种表现:一是脑电唤醒,指刺激可以使脑电出现去同步化的低压快波;二是行为唤醒,指非麻醉动物唤醒时所伴随的行为变化;三是植物性唤醒,指自主神经系统的活动。三者可以同时存在,也可以单独存在。唤醒对维持与改变大脑皮层的兴奋性,保持觉醒状态有主要作用,它为注意的保持与集中以及意识状态提供能量。表 7-1 是自主神经系统在不同唤醒水平下的活动。

表 7-1　自主神经系统的活动

交感神经系统(提高唤醒)	器官或指标	副交感神经系统(降低唤醒)
瞳孔扩大	眼睛	瞳孔缩小
减少	唾液	增加
出汗	皮肤	干燥
加快	呼吸	减慢
升高	心率	降低
抑制	消化功能	强化
促进荷尔蒙分泌	肾上腺	抑制荷尔蒙分泌

二、唤醒的测量

唤醒的测量通常是通过生理指标或心理自我陈述问卷来进行的。因为唤醒的概念更多是指有机体的生理激活状态,所以这里介绍唤醒的生理测量方法,而心理自我陈述问卷更多用来测量个体的焦虑水平。常用的唤醒生理测量方法有以下六种。

脑电图(EEG):脑电波由 α 波(8~13 Hz)到 β 波(14~30 Hz)的变化,标志着唤醒水平由十分放松状态向兴奋状态的变化。

皮肤电特性:测量皮肤对电流的传导性与电阻。唤醒水平的提高可导致汗液分泌的增加,使皮肤的导电性升高。

心率(HR):心率增加或改变的方式可能意味着唤醒。唤醒水平的提高会伴随心率的上升。

血压:唤醒水平的提高与血压的增高有一定的关系。

肌电图(EMG):局部的肌肉紧张情况可以通过肌电图得到反映,其强度和形式可以反映个体所处的唤醒水平。

肾上腺素、去甲肾上腺素或皮质醇的浓度:当个体处于应激时,这些生化指标的变化可以在尿样或血样中被检测出来。

唤醒的生理测量有许多优点。首先,它不受言语表达能力的影响;其次,它几乎适用于任何人,自我观察能力并不是生理测量的一个先决条件。

唤醒的生理测量也有不足之处。其一,测量手段之间的相关性不高;其二,不能解释为什么甲运动员对应激情境的反应是心率改变,而乙运动员对同样应激情境的反应却是肠胃活动增加;其三,用于生理测量的某些仪器价格昂贵、笨重,使用不方便。

三、唤醒与运动表现的关系

唤醒与运动表现的关系

在体育运动心理研究领域,唤醒水平和运动表现之间的关系是最受关注的一个研究课题。目前已有多种理论从不同的视角来解释唤醒水平与运动表现之间的关系,这里主要介绍倒 U 形假说、内驱力理论和个人最佳功能区理论。

(一)倒 U 形假说

倒 U 形假说是人们在唤醒水平与运动表现之间关系的研究中讨论最多的一种理论,这一理论来自最初的耶克斯-多德森定律(Yerkes & Dodson),如图 7-5 所示。

倒 U 形假说的第一个理论预测涉及不同唤醒水平与运动表现之间的关系。该理论认为,由昏昏欲睡的低唤醒水平到中等唤醒水平的临界点以前,随着唤醒水平的提高运动表现也将向着好的方向改善。当唤醒水平超过中等唤醒

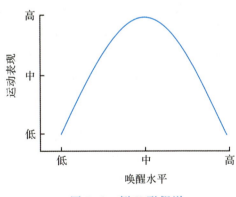

图 7-5 倒 U 形假说

水平的临界点后继续向高度兴奋方向发展,唤醒水平的进一步提高将导致运动表现的逐渐恶化或成绩的下降。一般来说,中等程度的唤醒对运动表现最为有利。

倒 U 形假说的这一理论预测得到了很多研究的支持。马腾斯和兰德斯（Martens & Landers）在一项技能追踪实验研究中，把被试分配到高、中、低三种应激情境，以心率、掌心出汗等生理性指标作为测量应激情境下的唤醒水平。研究发现，与高度或低度的应激情境相比，中度的应激情境更有利于运动水平的发挥，研究结果的总模式非常有利于倒 U 型假说。柯拉沃拉（Klavora）以加拿大的高中男子篮球运动员进行的现场研究中报道了相似的结果，研究测试了 145 名男孩在整个后半赛季的赛前状态焦虑得分（以赛前状态焦虑得分作为测量唤醒水平的指标），在每场比赛结束后，要求教练员把每个篮球运动员的表现评估为差、一般、优秀三个等级，把运动表现评价和唤醒水平联系起来得到的剖面图就是倒 U 型假说的形态：当运动员处于中等唤醒水平时，最有可能得到表现优秀的评价；当运动员处于稍低或稍高唤醒水平时，技术发挥大多被评价为一般；而当运动员处于很高或很低的唤醒水平时，技术发挥的评价为最差。

倒 U 形假说的第二个理论预测涉及工作任务性质在唤醒水平和运动表现关系中的重要作用。早在 1908 年，耶克斯和多德森通过大白鼠完成各种难度工作任务的经典实验中就提出："需要精细知觉辨认和复杂连接的工作技能，在较弱刺激下容易获得。相反，对简单工作的习惯建立，需在强刺激下才易形成"。马霍尼（Mahoney）指出，单一力量性任务（如举重）可以从高水平的唤醒中获益，而对于许多认知性任务（如高尔夫球）来说，高水平唤醒则会造成不利的影响。奥克斯汀（Oxendine）对有关唤醒水平与任务性质关系的研究进行了总结，得出以下三个结论：

第一，高水平唤醒对力量、耐力和速度性运动项目起促进作用。

第二，高水平唤醒对比较复杂、精细且要求协调、稳定的任务起阻碍作用。

第三，稍高于平均水平的唤醒对所有的运动任务都是适宜的。

张力为等（2007）提出，完成体能成分为主的任务时，最佳唤醒水平要求处于较高的位置；完成任务的技能成分越多，最佳唤醒水平要求处于越低的位置。不同的运动项目可能要求有不同的唤醒水平才能发挥出最好的成绩，如图 7-6 所示。短跑属于典型的体能性项目，在赛前和赛中都需要相对较高的唤醒水平，才能创造佳绩。射击属于典型的技能性项目，赛前和赛中需要相对较低的唤醒水平，才能一鸣惊人。

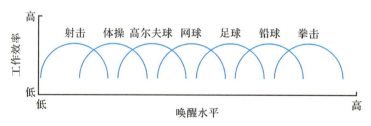

图 7-6　不同运动项目的最佳唤醒水平参考点

随着对唤醒水平和运动表现关系研究的不断深入，人们已越来越注意到了两者之间关系的复杂性。唤醒和运动表现之间的关系不仅和唤醒水平、运动项目的性质有关，还和不同的技能水平、个性差异等有关。

图7-7描绘了步枪射手不同的技能水平与最佳唤醒水平的关系(勒恩斯,2005)。对于一个刚从事运动的运动员来说,其倒U形假说的最适宜范围比同样情况下的中级或高级运动员的最适宜范围要低些。在步枪射击竞赛中,当射手是新手时,较高的兴奋可能会使人分心而干扰成绩,而且使得维持一个恒定目标也变得困难了。但对于一个有经验的射手来说,同样水平的唤醒可能会让注意力更集中,有利于优异成绩的取得。

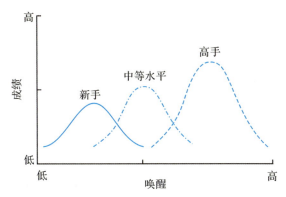

图7-7　步枪射手技能水平与最佳唤醒水平的关系

另外,由于每个人所具有的个性特征不同,对于同一项目运动表现所需的最佳唤醒水平也是不同的。有些人需要在较高的唤醒水平下才能获得良好的运动表现,而另一些人则在较低的唤醒水平时出现良好表现的可能性最大。与最佳唤醒水平密切相关的个性因素有特质焦虑和性格的内、外向性。

(二)内驱力理论

内驱力理论最初是由霍尔(Hull)提出的,后由斯潘斯等人(Spence)加以修正。该理论认为,运动表现(P)是内驱力(D)与习惯(H)的乘积,可用公式表示为:

$$运动表现(P) = 内驱力(D) \times 习惯(H)$$

内驱力(D)指一种所有行为均含有的普遍的和非特定的活动冲动,霍尔将内驱力的概念等同于生理唤醒。习惯(H)指个体在完成运动技能时正确的和错误的反应所占的比例优势。例如,一个篮球初学者在罚球线上的投篮命中率是10投2中,即失误的比例达到80%,此时的习惯表现为错误或不熟练的投篮动作占有优势地位。若一个高水平篮球运动员在同样情况下的投篮命中率是10投8中,即成功的比例达到80%,那么该运动员的习惯表现为正确的或熟练的投篮动作占有优势地位。

公式$P = D \times H$对运动表现和唤醒之间的关系是如此解释的:在D(内驱力或唤醒水平)提高时,P(运动表现或操作成绩)是提高还是下降,取决于H。如果H为正,即习惯是正确的,或优势反应是正确的,则P提高;如果H为负,即习惯是错误的,或优势反应是错误的,则 P 下降。内驱力理论认为,唤醒水平与运动表现之间实质上是一种线性关系,如图 7-8 所示。

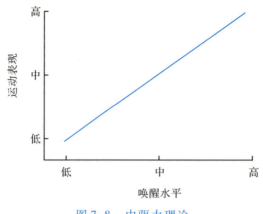

图 7-8　内驱力理论

　　内驱力理论给我们的启示是:在技能学习的初期阶段,当错误的或不熟练的动作反应占优势时,应尽量消除不必要的压力,使运动员在比较低的唤醒水平下进行练习,以降低错误动作的优势反应。而在技能学习的后期,当正确的或熟练的动作反应占优势时,可以通过提高唤醒水平来提高正确动作的优势反应,促进操作成绩的提高。

　　内驱力理论所提出的这种简单线性关系,可用于解释从事简单活动任务时的唤醒与操作表现之间的关系,但不适用于解释复杂的或新的活动任务。因为在很多的运动项目,如足球、篮球、体操和乒乓球等,要对某种个体行为习惯是正确的反应还是错误的反应进行界定是很困难的。

(三)个人最佳功能区理论

　　苏联学者汉宁(Hanin)提出的个人最佳功能区理论认为,每个运动员在技能操作过程中都存在着一个理论上的个人最佳功能区段,当唤醒水平处于这一区段内时,运动员有更多的机会获得最佳运动表现。该理论区别于倒 U 形假说的是,它否定中等唤醒水平较之低或高的唤醒水平更有利于操作的观点,而是强调个体的差异。汉宁认为,不同的运动员存在各自不同的最佳功能区域,即运动员能够最大限度地发挥自己竞技水平的唤醒程度。换言之,对于某一项运动活动,并不存在一个统一的适合于所有人的最佳唤醒水平。

　　个人最佳功能区理论注重个体的差异,对运动实践的指导意义在于要重视每一个运动员赛前的最佳唤醒水平,帮助他们到达各自的最佳功能区。

第三节　焦虑与运动表现

焦虑与运动表现的关系

一、什么是焦虑

（一）焦虑和竞赛焦虑

焦虑是指人由于不能达到目标或不能克服障碍，而体验到身体和心理的平衡状态受到威胁，形成的一种紧张、担忧并带有恐惧的情绪状态。焦虑含有三种主要成分，一是威胁、不确定性和担忧的认知表征，二是情绪体验，三是生理唤醒。例如，面临一场重大的比赛，当运动员觉得对手对自己的胜出构成威胁的时候，就会产生焦虑。可以说，焦虑是在客观环境确实对个体构成威胁，或个体的主观评价确信将构成威胁的基础上产生的消极情绪状态，不正确的认知评价往往是引起焦虑的主要原因。

在运动心理学领域，焦虑、唤醒和应激三个概念的使用存在着严重的混淆。这三个概念既有区别又有联系。唤醒更多时候是指个体的生理激活状态，而焦虑作为一种较为强烈的情绪体验，一定会引起生理唤醒水平的增高。应激是一个过程，应激事件引起的生理反应，会使个体的唤醒水平提高；应激事件引起的情绪反应，会使个体的焦虑水平提高。

竞赛焦虑是指运动员对当前的或预计到的具有潜在威胁的竞赛情境产生的担忧，它包含情绪体验、认知表征和生理唤醒三种成分。运动心理学领域对竞赛焦虑给予了高度的重视，认为它是影响运动员比赛表现的重要因素。

（二）焦虑的分类

1.状态焦虑和特质焦虑

焦虑研究最重要的理论发展之一是将焦虑区分为短暂的情绪状态（状态焦虑）和作为个性特质的焦虑倾向（特质焦虑）。

状态焦虑是一种瞬间情绪状态，特点是由紧张和忧虑所造成的一些可意识到的主观感觉，是高度自主的神经系统的活动。状态焦虑有着不同的强度，随时都在波动。例如，第一次参加正式比赛的运动员，在检录时体验到的紧张、不安就是比赛前的状态焦虑。状态焦虑的高低，取决于运动员对比赛情境的认识、对自己技能水平的评价、比赛经验的多少等因素。

特质焦虑是一种个性特质,指在各种情境中产生焦虑反应的倾向。也就是说,一个人无论在何种情境中都预先具有一种以特殊的情绪反应方式和反应程度来对待事物的倾向,从而显示出跨情境反应的一致性。例如,某个运动员,无论在训练、比赛中,还是在平时生活中,都具有情绪紧张、焦躁不安、忧心忡忡的倾向,那么他的特质焦虑程度是较高的;而另一个运动员,在训练、比赛和日常生活中都显示出不慌不忙、沉着冷静、情绪稳定的特点,那么他的特质焦虑程度是较低的。

2.躯体焦虑和认知焦虑

根据焦虑在内容上的多维性,将焦虑分为躯体焦虑和认知焦虑。

躯体焦虑是焦虑的生理性特征,是由自主神经系统的唤醒所引起的体验,通过心跳加快、呼吸短促、手心冰凉潮湿、胃部不舒服、头脑不清晰,或肌肉紧张感的提高而表现出来。认知焦虑是焦虑的认知性特征,是指个体对主观上认知到有某种危险或威胁情境的担忧,主要以担忧失败、对自己说一些消极的话和不愉快的视觉想象为特征。认知焦虑通常是由个体对自己能力的消极评价或对活动结果的消极期望引起的。

躯体焦虑和认知焦虑虽然在概念上是独立的,但在应激情境中可能存在共变的关系。

二、焦虑的测量

由于只有体验到焦虑的本人才能直接描述这种焦虑的特点和强度,因此,对焦虑的测量采用较多的是自我陈述问卷。

斯皮尔伯格于1984年编制的状态 – 特质焦虑问卷(State and Trait Anxiety Inventory,简称 STAI)用来测量个体的状态焦虑和特质焦虑。STAI 由两张问卷组成,各有20题,要求被试在"从不""有时""经常""总是"4个选项中选择自己对每一个问题的回答。问卷1测量状态焦虑,如"我现在担心运气不好""我感到轻松"等;问卷2测量特质焦虑,如"我因某些事不顺心而一直烦恼""我感到安心踏实"等。低分表示低焦虑,高分表示高焦虑。由于马腾斯(Martens)已经研制出具有体育运动特点的焦虑测量工具,因此,现在的研究较少使用 STAI 问卷。

为了有效测量竞赛特质焦虑,美国伊利诺伊大学的马腾斯(Martens)在特质 – 情境交互作用理论的指导下,编制了专门用于运动情境的竞赛特质焦虑量表——《运动竞赛焦虑测验》(the Sport Competition Anxiety Test,简称 SCAT)。SCAT 分少年版(SCAT – C,用于10 ~ 15岁)和成人版(SCAT – A,用于16岁以上者)两种。这两个版本都是测量竞赛特质焦虑的问卷,共15题,其中10题为测量个人竞赛特质焦虑倾向的有效题,另5题是为减少可能反应倾向而设置的无效题,要求被试在"几乎没有""有时有""经常有"3个选择项中选择回答。低分表示低竞赛特质焦虑,高分表示高竞赛特质焦虑。

随着多维焦虑(认知焦虑和躯体焦虑)研究的发展,马腾斯等人于1990年编制了《竞赛状态焦虑问卷 – 2》(Competitive State Anxiety Inventory – 2,简称 CSAI – 2)。CSAI

－2 问卷包括 3 个分量表,分别测量认知状态焦虑、躯体状态焦虑和状态自信心,每个分量表有 9 个测题,共 27 题。

用自我陈述问卷来测量焦虑的方法,其很大的优点是易于施测、记分和分析。然而,这种方法存在明显的缺点:①被试能否诚实回答,当被试不知道如何对测题作恰当的回答时,很容易倾向于按社会的期望来回答;②研究者有时为了得出某个结论需要进行大样本的施测,可在很多情况下运动队的人数较少,在对人数很少的被试进行测验的基础上是很难得出结论的。

对焦虑的测量和评定,除了以上常用的量表测量方法外,还可以通过测定生理生化指标和评定行为表现等方法来进行。行为表现数据主要从观察中获得,例如,运动员赛前去厕所的次数、饮食情况、睡眠质量、面部表情等都有可能反映出其焦虑的程度。生理生化指标的测定参见本讲第二节唤醒的测量。

Box 7.4

竞赛状态焦虑问卷－2(CSAI-2)

指导语:下面是运动员在赛前对自己的感受通常所描述的内容。仔细阅读每一句话,然后用"√"标出您此时此刻各种感受的程度。回答无对错之分,每一条不必用太多的时间去考虑,但要回答出最符合您此时所感受到的状况。

	一点也不	有点儿	适中	非常强烈
1. 我对此次比赛感到担心	1	2	3	4
2. 我感到神经紧张	1	2	3	4
3. 我是心理稳定的	1	2	3	4
4. 我怀疑自己	1	2	3	4
5. 我感到心神不宁	1	2	3	4
6. 我感到身体舒适	1	2	3	4
7. 我担心此次比赛不能像往常那样比得好	1	2	3	4
8. 我身体感到紧张	1	2	3	4
9. 我感到自己对这场比赛有信心	1	2	3	4
10. 我担心会在比赛中失败	1	2	3	4
11. 我感到胃部紧张	1	2	3	4
12. 我对这场比赛有把握	1	2	3	4
13. 我担心在这种压力下不能成功	1	2	3	4
14. 我感到身体是放松的	1	2	3	4
15. 我有信心面对这场挑战	1	2	3	4

16. 我担心在比赛中发挥不好·············· 1	2	3	4
17. 我心跳得很厉害·············· 1	2	3	4
18. 我相信我会有出色的表现·············· 1	2	3	4
19. 我担心能不能达到我的目标·············· 1	2	3	4
20. 我感到胃部下沉·············· 1	2	3	4
21. 我感到精神是放松的·············· 1	2	3	4
22. 我担心别人会对我的表现感到失望·············· 1	2	3	4
23. 我的手又湿又凉·············· 1	2	3	4
24. 我很有信心,因为在我内心已达到自己的目标 ··· 1	2	3	4
25. 我担心不能集中注意力·············· 1	2	3	4
26. 我感到身体发僵·············· 1	2	3	4
27. 我有信心在这种压力下完成比赛任务·············· 1	2	3	4

评分方法

CSAI-2 量表按 3 个分量表分别记分,分数全距为 9~36 分。分数越高,表明认知状态焦虑、躯体状态焦虑和状态自信心越高。

第 14 题是逆向题,须倒记分,其余各题按 1~4 记分。

认知状态焦虑:1,4,7,10,13,16,19,22,25 题;

躯体状态焦虑:2,5,8,11,14,17,20,23,26 题;

状态自信心:3,6,9,12,15,18,21,24,27 题。

三、焦虑与运动表现的关系

(一)多维焦虑理论

多维焦虑理论认为,状态焦虑由两种成分构成,即认知状态焦虑和躯体状态焦虑,这两种成分对运动表现的影响是不同的。伯顿(Burton)对游泳运动员的研究和古尔德等人(Gould)对射击运动员的研究得出了相同的结论,即认知状态焦虑被评定为与成绩呈负性的线性关系,躯体状态焦虑被评定为与成绩呈倒 U 形曲线关系,如图 7-9 所示。随着认知状态焦虑的增加,运动成绩下滑,这意味着哪怕是轻微的认知状态焦虑都会对成绩产生不利的影响。这个观点挑战了日常

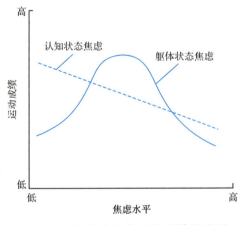

图 7-9 焦虑水平与运动成绩的关系

的训练和比赛经验,因为日常的经验认为轻微的焦虑对运动员的技能表现是有利的。相反,如果是躯体状态焦虑,则支持了日常的经验,即一定程度的焦虑有助于运动技能的表现。古尔德等人认为,在处理焦虑和运动成绩的关系时,教练员和运动员需要区分认知焦虑和躯体焦虑。意识到认知焦虑和躯体焦虑之间存在着差别有助于教练员和运动员正确处理赛前的焦虑状态。赛前的自我怀疑和忧虑,即认知焦虑的表现,会对运动表现产生不利的影响,需要采用一定的干预措施。而适宜水平的躯体状态焦虑却有利于运动成绩的提高,值得提倡。

(二)焦虑方向理论

琼斯和斯万(Jones & Swain)在多维焦虑理论的基础上提出了焦虑方向理论。该理论认为,以往竞赛焦虑的测量只是测量了运动员焦虑体验的强度,这并不能全面反映竞赛焦虑的实际情况。焦虑方向理论的一个重点观点是,应当重视运动员对焦虑体验的方向性解释,若运动员将竞赛焦虑体验解释为积极的,则对运动表现有促进作用,若运动员将竞赛焦虑体验解释为消极的,则对运动表现具有阻碍作用。该理论认为,运动员不但在竞赛焦虑体验的强度上具有差异,而且在方向上也具有差异,而后者更为重要,与运动表现的关系更为密切。

为了验证焦虑方向理论,琼斯和斯万于1995年对板球运动员进行了一项研究。在这项研究中,他们对竞赛状态焦虑量表-2进行了修订,增加了每个题目的焦虑方向评定,即运动员对焦虑的解释是有利的还是不利的,要求运动员在一份7级量表(-3,-2,-1,0,+1,+2,+3)中确认自己体验到的焦虑强度对运动表现是起抑制作用还是有促进作用的。结果表明,优秀板球运动员与一般运动员在认知焦虑和躯体焦虑的强度分数上不存在差异,但在焦虑的方向性解释上存在差异,优秀运动员认为这两种焦虑对运动成绩更具有促进作用。

微课堂：课程思政

序号	教学内容	育人目标
1	情绪概述	掌握情绪的调节方法,提高情绪商数,树立培养稳定情绪成就未来的思想意识。
2	唤醒与运动表现	了解唤醒的生理测量指标,树立严谨的科学研究态度。
3	焦虑与运动表现	积极解读比赛中的焦虑体验,掌握调节比赛焦虑水平的方法,以良好的运动表现展现运动员"为国争光、为省添彩、为己争气"的精神风貌。

实训项目

1.通过访谈或分析自身经历,列举体育比赛中运动员情绪稳定或不稳定的案例。

2.采用某一项生理指标,对自己或同学参加某次比赛前的唤醒水平进行测量,并分析唤醒水平和运动表现的关系。

3.运用竞赛状态焦虑问卷-2(CSAI-2)对某个比赛群体进行问卷调查,并分析该群体的赛前焦虑水平和运动表现的关系。

本讲小结

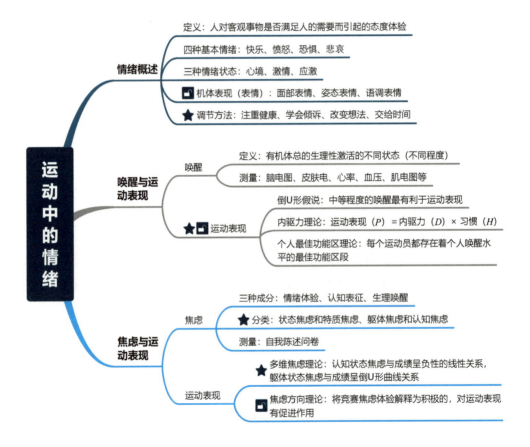

即测即评

第八讲　运动中的行为表现

图 8-1　美国射击运动员埃蒙斯四战奥运会:错失金牌

　　美国射击运动员埃蒙斯奥运会三次倒在最后一枪,错失金牌(见图 8-1)。2004年雅典奥运会,男子 50 米步枪三姿比赛最后一枪意外丢靶,金牌像煮熟的鸭子飞走,中国选手贾占波意外拾金。2008 年北京奥运会,还是 50 米步枪三姿决赛,埃蒙斯在倒数第二轮领先将近 4 环,金牌几乎唾手可得,然而他又失误了,最后一枪 4.4 环,中国选手邱健最终夺冠,埃蒙斯拿到第四名。2012 年伦敦奥运会,埃蒙斯又一次打丢了,依然是 50 米步枪三姿决赛,在决赛第 9 枪还领先对手 1 环多的情况下,埃蒙斯的最后一枪只打出 7.6 环,这一次获得冠军的是韩国选手金钟铉,埃蒙斯只获得了一枚铜牌。2016 年里约奥运会,男子 50 米步枪三姿预赛中,美国选手埃蒙斯排名第 19,无缘决赛。埃蒙斯四战奥运会的故事令人深思,运动员如何在比赛压力下正常发挥自己的水平?

通过本讲的学习,你将能够回答以下问题:

1.什么是 Choking 现象?什么是 Clutch 现象?

2.Choking 现象和 Clutch 现象的表现差异是什么?

3.什么是流畅体验?流畅体验具有哪些特征?

4.什么是攻击性行为?攻击性行为有哪些分类?

5.如何解释运动中的攻击性行为?

6.如何减少运动中的攻击性行为?

第一节　发挥失常和超常

发挥失常和超常

每一个运动员都期待着在赛场上有较好的表现,能发挥自己的运动水平,获得比赛的胜利。然而,事与愿违的事情却经常发生。在比赛压力情境下,运动员通常有发挥失常和发挥超常两种截然相反的行为表现。

一、发挥失常

罗·克拉克是 20 世纪 60 年代世界著名的澳大利亚长跑选手,他曾 19 次打破 5000 米和 10000 米的世界纪录。正是这位出类拔萃的优秀运动员,在他参加的两届奥运会上(1964 年、1968 年)均未登上冠军的宝座,仅获得过一枚铜牌,然而他在两届奥运会当年的最高成绩都大大超过了奥运会冠军的成绩。因此,克拉克被人们称为"伟大的失败者",研究者也借用"克拉克现象"来研究最优秀选手的大赛失利问题。

(一)什么是压力下的 Choking 现象

"Choking"源于医学,其意为生理上突现的窒息现象。在心理学界,1972 年,美国 Memphis 州立大学的 Tippetts 首次在研究中把"Choking"一词定义为成绩下降或执行过程中发生反常的一种消极现象。1981 年,运动心理学家 Daniel 就用"Choking"一词来描述"比赛失常"的现象。

Choking 现象是指运动员在重大比赛中技术发挥失常的现象,即在压力条件下一种习惯的运动过程发生衰变的现象(王进,2008)。在体育比赛尤其是重大赛事的过程中,当运动员处于优势且有希望夺冠的关键期,运动员对胜利的期望值是不断上升的,但随之而来的压力也会不断增大,严重的会导致其心理紊乱,常常表现为发挥失常、技战术衔接错误、动作变形,出现了一些令人想不到的低级失误。比如,美国射击选手埃蒙斯在2004年雅典奥运会上最后一枪脱靶而痛失金牌,高水平篮球运动员在比赛的关键时刻罚球不进,足球运动员射空门射偏等,这些失误最终导致输掉本应取胜的比赛,与冠军失之交臂。这样的案例在各大世界性的大赛中很常见。中国选手王励勤在2003年世界乒乓球锦标赛决赛中,先以总局分3∶1领先对手,后来又拿到比赛4个赛点的情况下,被对手翻盘,痛失比赛。2008年第49届世界乒乓球团体赛,中国名将王楠以1∶3输给世界排名第91位的金仲,王楠频频失误,金仲抓住机会赢得比赛。赛后王楠回忆:"领先最多的就是第四局,当时心里想着做好第五局准备,在一些衔接球上想变化一下,但是几个球处理都不是很好,对手又在平分时连续搏杀,自己也就乱了。"

比赛发挥失常有两种解释原因。第一,可能是由运动员主动中断运动过程引起。如运动员在比赛中因期望值与事实相差较远而主动放弃,或是因赛前过度紧张、焦虑不安而产生不想比赛的想法,消极应赛或放弃比赛。第二,运动员在比赛初期发挥正常或超常,想取胜的动机过高,主观试图努力用最佳的运动过程完成比赛,但结果却与事实相悖,即运动员出现Choking现象是因为运动员太努力(Trying too hard)的结果所致。

(二)产生Choking现象的稳定因素

1. 个体自我意识

个体自我意识水平高的被试在压力下更容易Choking,因为高自我意识的被试在压力下会引起很高的状态焦虑,比赛中太过追求完美,不允许自己有一点点失误,对自己在比赛中的表现非常在意,极容易产生高焦虑导致Choking现象。

2. 特质焦虑

特质焦虑是指习惯性觉得外部环境具有威胁性,在日常生活中常常产生较高焦虑的一种心理倾向,是个体相对稳定的人格特质。有研究显示,高特质焦虑的运动员在比赛中更容易Choking,特质焦虑是压力下Choking现象的一个有效预测变量。

3. 应对方式

应对方式是人们日常生活中对处理问题采用的一种策略。运动员在比赛面对突发事件时的应对方式,可以分为回避应对和积极应对两种。研究发现,当运动员习惯于采用积极应对方式时,不管其运动等级水平,其产生Choking现象的概率都比较高。当运动员在比赛过程中遇到了与比赛无关的信息干扰时,不允许运动员有过多的时间来考虑和进行调节,而运动员若是采用积极的应对方式,则与有限的时间形成矛盾,运动员积极地搜寻解决干扰信息的努力导致运动员无法将正确的信息放在动作的执行上,影响动作执行过程。

（三）产生 Choking 现象的非稳定因素

1. 注意朝向

有研究者将高水平的足球和曲棍球运动员作为被试,考察运动员在压力情境下的注意朝向和运动表现,研究发现运动员在关注具体的动作技能任务中,运动成绩最不理想。

2. 状态焦虑

状态焦虑指个体在某一特定的情境下所持有的一种心理状态,紧张激烈的大赛往往给运动员造成较高的状态焦虑。状态焦虑只是在某一阶段、某一场比赛中产生,并不是在所有的比赛中都会产生状态焦虑,所以,状态焦虑不能完全预测 Choking 现象。状态焦虑取决于运动员的训练水平以及平时对运动焦虑的应对训练,是可以通过后天训练来降低焦虑水平的。

3. 成绩期望

Choking 现象的发生率随着运动员对比赛期望值的增加而增加。一名曾连续在几次重大比赛中失利的优秀射箭运动员回忆说,往往在自己很有把握夺冠的比赛中失误,因为自己就是奔着冠军去的,教练还有队员都觉得这块金牌非我莫属,自己也就对自己提出了要求,尽量不要失误,一心想着金牌,到最后却连连失误,无缘奖牌。

在对 88 名中学生篮球运动员的调查发现,当自己的亲人或者对他很重要的人去观看自己比赛时,79%的被试在运动场上的表现不如平时,这是因为当被试感知到自己的亲人在场为自己加油时,获胜是被试对亲人的最好回报,所以被试就会努力表现,争取用胜利来证明自己。在赛后的访谈中,81%的被试觉得亲人在旁边观看比赛,自己会感觉不自在,导致比赛中很紧张,好多动作变形等。

4. 观众效应

观众等外部环境也是运动员产生 Choking 现象的一个因素。鲍梅斯特(Baumeister)通过对 92 名 NBA 篮球运动员的罚篮录像分析发现,当球员在客场罚篮时,主场的观众会集体发出尖叫声,以干扰对方运动员的罚篮,有 45%的篮球运动员表示受此影响;然而,主场球员在比赛关键时刻准备罚球时,全场保持安静,站在罚球线前罚篮的球员也会频频失误,罚球不进。赛后主场运动员表示,罚球前那种安静让人觉得有些不习惯,自己非常想将球投进,却事与愿违。由此可见,观众效应对运动员的发挥影响极大,主场球员感知到观众希望球队获胜时,对自己表现出较高的期望,使运动员自身产生了认知压力,导致 Choking 现象的发生。

Box 8.1

主场劣势和努力的悖理效应

在主客场制的运动比赛中,主场获胜的比例超过50%的现象,称为主场优势。主场优势已成为当今运动比赛中的一种普遍现象。然而,也有一些研究发现存在着主场劣势的现象。

1984年,鲍梅斯特和斯坦希尔伯(Baumeister & Steinhilber)对1924—1982年的棒球世界系列大赛和1967—1982年的美国篮球协会锦标赛的比赛结果进行了统计。结果发现,在比赛的初期的确存在主场优势,但在决定比赛名次的最后关头,则不存在主场优势。他们特别感兴趣的是造成这种结果的原因究竟是什么?是因为主场队发挥失常?还是客场队表现非同寻常的好?

在棒球比赛中,鲍梅斯特和斯坦希尔伯选择了"防守失误"进行分析,因为这一指标相对比较独立,是测量发挥失常的一个好指标。他们发现,在系列大赛的头两局比赛中,客队的防守失误更多;但在决赛中,主队的防守失误更多,两队失误数量差异很大,达到了显著性水平,见表8-1。

表8-1　1924—1982年世界棒球巡回赛中的防守失误

比赛顺序	每场比赛中的失误率		无失误的比赛	
	主场	客场	主场	客场
第1和2局	0.65	1.04	33	18
第7局	1.31	0.81[*]	6	12[**]

注:[*] $P < 0.01$,[**] $P < 0.02$。

在篮球比赛中,鲍梅斯特和斯坦希尔伯分析了1967—1982年间NBA半决赛和冠军赛。他们发现,在第一场到第四场比赛中,主队在70.1%的比赛中获胜,而在决定性的第七场比赛中,主队仅在38.5%的比赛中获胜。在关键性的比赛场次,主场优势变成了主场劣势。他们还分析罚球命中率的情况,在第一场到第四场比赛中,主队和客队的罚球命中率差不多,但是在最后的第七场比赛中,客队的命中率较主队高,并且达到了统计学上的显著性水平,见表8-2。

表8-2　1967—1982年NBA决赛中的罚球命中率

比赛场次	主队	客队
第1~4场比赛	0.72	0.73
最后一场比赛(第7场)	0.69	0.74[*]

注:[*] $P < 0.01$。

对关键比赛的主场劣势现象,鲍梅斯特等用努力的"悖理效应"来解释其机制。越是到关键的比赛,在给以巨大社会支持的观众面前,运动员进行自我表现的欲望就越强,这种自我意识水平的提高,使他们投入更多的努力来有意识地控制运动过程,而这些增加的努力会破坏已有技术的自动化执行过程,导致习惯的运动过程发生衰变。

二、发挥超常

体育报道中"绝杀""黑马"等词汇常常与"意想不到"的比赛获胜相联系,主要表现为运动员在比赛的关键时刻超常发挥,以出乎预料的运动表现获得了比赛的胜利。例如,1998年NBA总决赛第6场的比赛中,芝加哥公牛队在比赛结束仅剩10s,且以85:86的比分落后于犹他爵士队1分的情况下,Michael Jordon以制胜一投,"绝杀"对方,最后反败为胜,将芝加哥公牛队带上了当年总冠军的宝座。值得关注的是,当我们进一步考察Michael Jordon的竞技运动表现时,发现在他的运动职业生涯中,曾以这样的方式"绝杀"对手共28次,其命中率几乎达到了50%,高于比赛的平均命中率。在竞赛心理学研究领域中,这种与Choking现象相反的运动表现,被称为压力下的Clutch现象(王进等,2013;娄虎等,2014)。

Clutch现象是指运动员在比赛压力下的完美技术发挥。"Clutch"一词的英文原意为"离合器",最初出现在体育新闻媒体中主要描述运动员在比赛中"反败为胜"的运动表现。所谓"离合器效应"指运动员在压力情景下如同获得了"额外"的能量,其运动表现变得非常的完美。

Clutch现象有两个特征。第一,认知的竞赛压力,即运动员能意识到的竞赛情景是有压力的;第二,完美技术发挥,完美技术发挥绝非侥幸获胜。侥幸获胜有两种情况:一是竞争对手在比赛关键时刻的Choking现象导致运动员最终获胜,例如,我国运动员熊倪在2000年悉尼奥运会上摘取男子3m跳板跳水金牌,中国射手贾占波在2004年雅典奥运会上以1264.5环的总成绩获得男子50m步枪3×40项目金牌等;二是运动员借助外在条件获得的胜利。

三、Clutch 与 Choking 现象的特征表现

王进等提出,压力下的Choking现象更倾向于情景决定的运动表现,而Clutch现象则更倾向于特质决定的运动表现。他通过大量研究文献的分析,对这两种现象的特征表现进行了比较,如表8-3所示。

表 8-3 Clutch 现象与 Choking 现象的特征表现比较

特征表现	Clutch 现象	Choking 现象
比赛关键时刻	决定胜负、焦灼状态	决定胜负、焦灼状态
情景的认知	挑战	挑战或焦虑
比赛期望(努力)	高期望	高期望
运动表现意识	意识到自己的表现	认知结果重要性
自信心	高	高或低
注意过程	任务相关	任务相关或无关
注意朝向	朝外(任务有关)	朝内(自我有关)
应对评估	能力评估	事件评估
运动表现结果	成功	失败
运动能力	运动技能、基本素质、品质坚毅、运动经验、应变能力、控制力、运动激情、专注力、情绪控制力、耐受力	

从表 8-3 中可知,有关 Clutch 现象的研究文献较多地提及与运动能力相关的要素,而 Choking 现象的研究则几乎没有涉及。所以,从压力下运动表现的视角观察,有理由认为 Clutch 现象不仅是某种情境下的运动表现,更是运动员能力素质发挥的体现,它并非广泛存在,而应该集中在优秀运动员身上。

第二节 流畅体验

流畅体验

一、什么是流畅体验

米哈里·奇克森特米海伊(Mihaly Csikszentmihalyi)被认为是流畅概念的创造者,他于 1975 年首次使用"Flow"一词来概括人们在活动中获得的最优体验。他在 20 世纪 60 年代做博士论文时发现,一些艺术家在画画时常常可以废寝忘食、不辞辛劳,始终专心致志,表现出极大的兴趣和坚持力,而一旦完成创作后,马上会失去对原来从事活动的兴趣和坚持力,与以前判若两人。他发现,在这一过程中没有任何的外在奖励能促使他们进行这一行为,作品本身也不是促使他们努力工作的动机。他的解释是这些人被绘画本身所激励,也就是绘画过程本身能给绘画者带来一种积极的情绪,这种积极情绪如此强烈,以致能激励他们不断地努力工作。他指出,流畅状态是一种自然发生、完全投入所参与的活动或任务中、自我享受的特殊状态,在各类活动(如艺术创作、学习、工作等)中人们都有可能经历这种愉快体验。他在 1990 年将流畅体验定义为:个体的技能与任务挑战性高水平匹配时产生的一种良好状态,个体能够经历最愉悦的体验。

杰克逊等学者正式将流畅体验引入运动领域,他将运动员在比赛中的流畅状态界定为一种最佳体验状态,并称之为"一种意识状态,此时个体完全沉浸在他所做的事情,排除了所有其他的思想和情绪"(Jackson & Csikszentmihalyi)。在这种状态中,个体注意力集中,全身心投入,忘却自我,对过程的体验本身就是乐趣和享受,并产生控制感。杰克逊在米哈里教授研究基础上,与 Marsh 共同编制了《运动流畅量表》。

二、流畅体验的特征

流畅体验是一种复杂的心理感受。杰克逊通过研究优秀运动员在竞技比赛中的流畅状态,并在米哈里教授研究的基础上,总结出了流畅体验的九个维度特征。

(一)挑战与技能的平衡

挑战与技能的平衡是指一个人的技能达到正好能够挑战所要求的水平。体育运动中,流畅体验的产生不仅要求个体的运动技能与任务要求相互匹配,还要求个体能够知觉自己运动技能和任务难度在一个相对平衡的状态。如果个体的运动技能水平太低而任务要求较高,个体很容易产生焦虑的情绪。如果任务要求低于运动技能水平,个体则会产生厌倦的情绪。个体是否能够达到流畅状态,取决于个体自身与情境的一种相对协调。也就是说,无论个体运动技能水平的高低如何,都有可能产生流畅体验。

(二)行动与意识的融合

行为与意识的融合是指当个体的注意力完全在当下的活动里,对进行的活动非常投入时,个体的行为像是自然发生和自动进行的,自我与正在进行的活动达到了高度的融合,达到了身心合一的积极状态。Jackson 发现顶尖运动员将这个维度用诸如"处于最佳状态"或者"我没有思考任何事情……这只是自然而然地发生了"之类的说法来描述。

(三)清晰的目标

清晰的目标是指个体对活动进行的目标非常清楚。当一个人理解运动目标时,他更有可能变得更加投入。

(四)准确的反馈

准确的反馈提供了行动发出者正在朝目标迈进的线索,在目标和反馈之间建立了强有力的共生关系。

(五)完全的投入

完全的投入是指个体把注意力完全集中在进行的活动中,没有分心之处。一个在流畅感中的人会高度专注,对当下的任务完全投入,所有的干扰都保持在最低值或者不存在。

(六)高度的控制感

当处于流畅感之中,一个人感到完全控制了局面而不担心失控。一个被 Jackson 采访的运动员陈述道:"感觉上我可以在那个(流畅感)状态下做任何事情。"对于这个维度的关键是个体的控制感知。另外一个运动员说,"听起来可能奇怪,我不觉得我控制了任何东西……我的身体直接接管了。但是另一方面,我又觉得我控制了一切。"

(七)自我意识的弱化

自我意识弱化是指当获得流畅体验时,由于动作与意识相融合,个体的注意力不在自己身上,且个体对完成当前的活动有高度的自信。在流畅感中,一个人对于干扰无暇顾及,也不会担心他是怎么被其他人看待的。

(八)时间感的变化

时间感的变化是指个体已经觉知不到时间的变化,活动结束后通常感觉时间过得非常快。之所以有这种错觉,因为个体完全集中注意力在当下的任务,进入忘我的境地,时间的变化与自己好像没有关系。例如,一个流畅感中的长跑选手可能不会想起在比赛中发生了什么,也可能觉得它比实际上结束得更快了。

(九)享受的体验

享受的体验是流畅感的一种结果,是一种内在的奖励。诸如"我当时很爽"和"我真的有很棒的经历"等表述说明了流畅体验的产物。

三、流畅体验的影响因素

流畅体验是一种如此美妙的体验,而且和运动表现高度相关,因此,众多学者研究了影响流畅体验产生的因素。1992年,Jackson & Roberts对200名大学生运动员的问卷调查显示,流畅体验与大学生运动员的高感知能力与高任务定向有关。任务定向的大学生更关注当下进行的活动,而自我定向的大学生运动员更关注运动的结果,对结果过度关注往往产生糟糕的运动表现。Jackson对来自7个运动项目的28名高水平运动员进行访谈,通过归纳分析运动员的361个回答,归纳出以下10个因素促进、阻碍或中断高水平运动员的流畅体验,见表8-4。

表8-4　促进、阻碍和中断流畅体验的因素

促进流畅体验	阻碍流畅体验	中断流畅体验
行动动机	缺乏行动动机	
赛前获得的最佳唤醒水平	非最佳的唤醒水平	
赛前、赛中的方案和准备	赛前准备出现问题	
最佳身体准备	非最佳身体准备	身体准备或身体状况出现问题
最佳的环境条件	非最佳的环境条件	非最佳的环境条件
表现感觉良好	表现糟糕	表现错误或问题
合适的注意	不恰当的注意	不恰当的注意
自信和积极的态度	缺乏自信和消极的态度	怀疑或给自己施加压力
积极的全队配合和交互作用	消极的全队配合和交互作用	团队的成绩或交互作用出现问题
运动经验		

大多数运动员认为促进或阻碍流畅体验的因素是可控的,而中断流畅体验的因素是不可控的,众多因素交互影响流畅体验的获得。

Kimiecik & Stein研究认为,流畅体验的产生是多种因素综合作用的结果,提出了"个体×情境流畅模型",认为影响流畅体验的因素包括个体因素和情境因素,如图8-2所示。

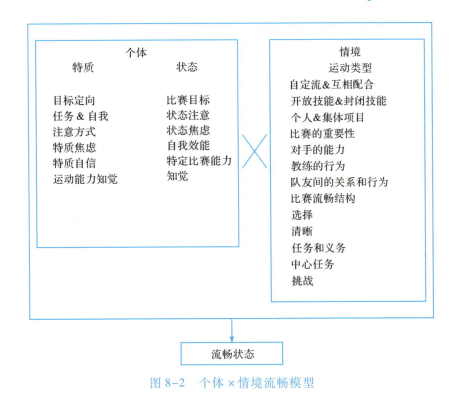

图 8-2 个体 × 情境流畅模型

第三节 攻击性行为

Box 8.2

攻击性行为案例

案例 1：杰卡尔德的愤怒

1990 年 6 月 24 日，国际足联世界杯足球赛荷兰对联邦德国的 1/8 比赛在意大利的圣西罗体育场进行。第 16 分钟，联邦德国前锋沃勒尔（Rudi Voeller）在左路突破中被荷兰前卫里杰卡尔德（Frank Rijkaard）铲倒在地，裁判当即出示黄牌对荷兰人予以警告。爬起身来的沃勒尔趁着裁判低头记录之际，向里杰卡尔德作出了一个极不君子的手势。5 分钟后，沃勒尔又因冲撞对方守门员而与荷兰队员发生争执，这时里杰卡尔德几乎失去了控制，他的全部怒气化作一口唾液，愤怒地喷射在沃勒尔的后脑勺上。于是两人被同时罚出场外。

案例 2：齐达内谢幕赛

2006 年 7 月 9 日世界杯决赛，法国队在决赛中对阵意大利队，这是齐达内足球生涯中的最后一场比赛,双方在 90 分钟内战成 1 比 1 平,齐达内在上半场第 7 分钟利用一记勺子点球为法国队取得领先,但在加时赛第 110 分钟,齐达内在与意大利队后卫马尔科·马特拉齐发生口角,齐达内因未能控制内心的冲动,重重地用头撞向马特拉齐的胸部并撞倒对方,全场愕然,齐达内随即被当值主裁判红牌罚下,黯然离场。齐达内与大力神杯擦肩而过,以充满争议的方式谢幕,就此退役。法国队最终在点球大战中以(点球 3 比 5)4 比 6 的总比分失利,获得亚军。

一、什么是攻击性行为

运动中的攻击性行为经常可见,这种行为既可以出现在运动员之间,也可以出现在运动员与教练、裁判之间,或者教练与教练、裁判之间,还可以出现在观众与观众、运动员、教练、裁判之间。足球运动是较受大众关注的运动项目之一,由于该项目具有身体直接接触、对抗性强的特点,足球场经常出现一些攻击性行为。

运动中的攻击性行为是指有意识地使他人身体和心理受到伤害的行为。极端的、严重的攻击性行为就是暴力。

判断一种行为是否属于攻击性行为,可以参照以下 4 条标准。

第一,攻击性行为指向有生命的对象。例如,有些羽毛球运动员在比赛失利时会狠狠地将球拍摔在地上,这种行为不能算是攻击性行为。攻击性行为必须指向有生命的个体,比如人或动物。

第二,攻击性行为是一种外显行为。这种行为包括言语活动(如谩骂、威胁、恐吓等)和身体行动(如殴打、袭击、踩踏等)。假如一个运动员被对方绊倒,十分恼火,爬起来就要打对方,但因为顾忌裁判,强忍着收回了拳头,那么这位运动员的恼火只是一种攻击的愿望,但不是攻击性行为。

第三,攻击性行为是一种伤害行为。这种伤害可以是身体上的,也可以是心理上的。身体上的伤害是外显的,而心理上的伤害通常不易量化。

第四,攻击性行为是一种故意的行为。这种行为含有明显的伤害意图。例如,某球迷企图冲上去袭击对方球迷,但因人群间有栏杆隔断,虽未造成对方球迷身体的伤害,但仍属于攻击性行为。又如,在足球场上传球时,由于球传得不准而把球踢到了对方队员的背上,这种行为因为没有明显的伤害意图而不属于攻击性行为。

Box 8.3

判断哪些是攻击性行为?

1. 一位美式足球安全卫对对方接球手作出一个符合规则但非常凶猛的撞击动作,并说他要惩罚这位接球手,让他以后不敢随便越过中线。

2．一位美式足球安全卫对对方接球手作出一个符合规则但非常凶猛的撞击动作。

3．一位篮球教练员为抗议一项有争议的判罚而砸破一把椅子。

4．一位曲棍球运动员因被对手用球棍击中小腿而故意用相同的行为报复对方。

5．一位赛车手与失速冲出弯道的另一赛车手相撞,并撞死了他。

6．为了让对方踢球队员感到担忧并想到赢得这场比赛的消极后果,美式足球教练萨利文叫了一个暂停。

7．巴里知道约翰对自己在压力状态下(高尔夫球)推杆的能力十分敏感和害羞,因为他告诉约翰说:霍尔教练说如果你再推不好,就会被换掉。而霍尔教练其实没有这么说。

8．珍妮因失手投出了一记快球击中了弗兰的头。

答案:

1．是(虽然动作合乎规则,但其意图是造成伤害)

2．否(无伤害意图)

3．否(行为对物不对人)

4．是(虽是还击,但意图是伤害对手)

5．否(虽然对方被撞死,但并无伤害的意图)

6．是(虽然是很聪明的战术,但意在引起对方的恐惧与担忧,造成心理伤害)

7．是(意在造成心理伤害)

8．否(虽造成了伤害,但并无伤害的意图)

(张力为和毛志雄,2018)

二、攻击性行为的分类

根据攻击者采取攻击行为时的目的不同,可以将攻击性行为分为工具性攻击和敌意性攻击两大类。

工具性攻击是为了实现某些外在目的而采取的攻击性行为,这是人类特有的一种攻击性行为。工具性攻击虽然有伤害的意图,但其主要目的不是为了伤害他人,而是为了达到某种目的或获得某种利益,如金钱、胜利、荣誉等。工具性攻击把攻击作为达到目的的手段,攻击者一般不伴有愤怒情绪。例如,运动员在比赛中,为了使本方获得胜利而故意侵犯对方队员。

敌意性攻击是以伤害对手为直接目的的攻击性行为。这种行为的主要目的就是伤害他人,使人遭受痛苦,攻击者常伴有愤怒情绪。敌意性攻击的典型例子是报复性攻击,例如,一个人受到侮辱后产生强烈的愤怒而诱发的攻击性行为。

工具性攻击和敌意性攻击的主要区别在于,前者不伴有愤怒情绪,后者伴有愤怒情绪,因此,可以从情绪表现来判别。当然,最准确的判别还是攻击者本人对自己真实意图的说明。例如,如果铲人的目的是希望将球铲掉,从而遏制对方的攻势,则属于工具性攻击;但如果铲球的目的是报复刚才他人的一个粗野动作,则属于敌意性攻击。

攻击性行为容易和果敢行为相混淆。果敢行为是指没有伤害他人的意图,为赢得胜利而不顾受伤或伤人的危险,全力以赴、积极拼抢的行为。在体育运动中,果敢行为应当得到鼓励,而任何的攻击性行为都是违反职业道德的不正当行为,必须加以严厉禁止。

工具性攻击、敌意性攻击和果敢行为之间的关系如图 8-3 所示。在工具性攻击、敌意性攻击和果敢行为之间存在着交叉,即存在着模棱两可的领域,这为裁判员的工作带来了困难。比赛中一些有争议的判罚往往出现在模棱两可的区域内。

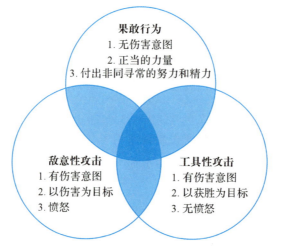

图 8-3　工具性攻击、敌意性攻击和果敢行为之间的交叉

三、攻击性行为产生的原因

攻击性行为产生的原因

对攻击性行为产生的原因,主要有三种理论解释:本能理论、挫折－攻击理论和社会学习理论。

(一)本能理论

用本能理论来解释攻击性行为的代表人物是精神分析学派的创始人弗洛伊德。弗洛伊德(Frued)认为,攻击与饥饿、口渴、性欲等类似,是人类与生俱来的内部驱力。这种内部驱力是天生的、本能的,虽然它不可避免,但可以通过合理释放或需求满足等途径得到控制。人类的暴力、残害等各种攻击性行为,就是这种天生的、内部的攻击本能的宣泄。

本能理论认为,运动员的攻击性行为源于他们的攻击本能,比赛中的攻击性行为使运动员合理地宣泄了被压抑的攻击本能。由于人类具有攻击的本能,所以就促进了体育运动和比赛,体育运动和比赛也为攻击性行为提供了一个可以被社会接受的发泄能量的场所。按照这个观点,如果一个运动员有很强的攻击内驱力,参加了运动就可以降低这种驱力,因为他有机会发泄攻击性冲动。

不少心理学家对本能理论提出了质疑。20世纪70年代以来的许多研究表明,运动员攻击性行为的成功会增强攻击性,而并没有精神发泄的效应;观众观看的运动比赛越富有攻击性,其产生攻击性的可能性越大。因此,用本能理论来解释人的攻击性行为是片面的,该理论只考虑了人的本能因素,而完全忽视了人的社会因素。

(二)挫折–攻击理论

最早的"挫折–攻击"理论是由美国心理学家多拉德等人(Dollard)提出来的。他们认为,攻击性行为始终是挫折的结果,挫折的存在总要导致某种形式的攻击。多拉德等人将挫折视为攻击性行为的前因,即挫折引起攻击性行为。但是,有许多研究发现,挫折并不一定引起攻击性行为,它只是引起攻击性行为的可能因素之一。

贝克威茨(Berkowitz)对早期的"挫折—攻击"理论进行了修改和完善。修正的"挫折–攻击"理论认为,挫折未必直接导致攻击性行为,挫折只是提高了人的唤醒水平或增加了人的愤怒情绪,提供了攻击性行为的准备状态。人是否会表现出攻击性行为,关键要看个体所处的环境是否提供了导致攻击性行为发生的有关线索,这些线索是与攻击性行为相联系的刺激因素,如攻击性言语、电视中的暴力画面等。个体在受到挫折时,这些线索可以成为其产生攻击性行为的触发装置,只有当这些线索显示在该情境下的攻击性行为是适当的,挫折才会诱发攻击性行为,见图8-4。例如,一个篮球运动员在比赛中遭受了挫折,当对手用一些带有攻击性的语词去激怒他时,才会诱发他的攻击性行为。因此,挫折不一定导致攻击性行为,它只是更可能预测到攻击性行为。

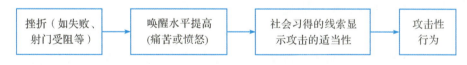

图8-4 挫折诱发攻击性行为过程

修正的"挫折—攻击"理论结合了传统的挫折–攻击理论与社会学习理论的精华,并注意到了人与环境的交互作用。从该理论的观点来看,要减少运动中的攻击性行为,应尽可能减少或避免挫折情境下的刺激因素。教练员应该及时发现导致运动员攻击性行为产生的负性刺激,当运动员遭受挫折产生愤怒情绪时,应将运动员带离赛场,并尽快让他们平静下来。

(三)社会学习理论

以班杜拉(Bandura)为代表的社会学习理论认为,个体包括攻击性行为在内的一切社会行为都是学习的结果。攻击性行为是个体在与环境的相互作用过程中,通过观察、模仿而习得的。

班杜拉用实验证明了攻击性行为是可以通过观察、模仿而获得的。他在实验中先让儿童观看成人玩充气的塑料娃娃,然后让儿童单独玩这些娃娃,以观察他们的行为表现。一组儿童(实验组)观看的是,成人玩娃娃时采取攻击性行为,如拳打、脚踢、口骂等;另一组儿童(控制组)观看的是,成人平静地、毫无攻击性行为地玩同样的充气娃娃。当两组儿童单独玩这些娃娃时,实验组儿童的攻击性行为明显多于控制组,说明攻击性行为是后天习得的,见表 8-5。

表 8-5　儿童目睹攻击性行为后的行为表现

实验条件	攻击性行为总量(得分)	
	有形的(打)	言语的(骂)
暴力模式(实验组)	12.73	8.18
平静模式(控制组)	1.05	0.35

Smith 的研究指出,冰球比赛中的攻击性行为是模仿的结果,年轻运动员通过观看电视或现实中职业运动员的攻击性行为而学会如何进行攻击。考克斯(Cox,2003)认为,冰球比赛中的攻击性行为来自对榜样的学习。

社会学习理论得到了许多研究的支持,它强调榜样对攻击性行为的重要作用。因此,从该理论的观点来看,要减少运动中的攻击性行为,应该加强职业道德教育,强化行业规范,防止不良榜样的负面影响。

四、减少攻击性行为的策略

国际运动心理学会指出,减少运动员的攻击性行为,是运动员、教练员、竞赛管理者和大众媒体的共同责任。有研究表明,通过愤怒意识训练和角色扮演,运动员是能学着控制自己的敌意和愤怒情绪,从而减少运动中的攻击行为。美国学者考克斯(Cox,2003)提出了以下一些减少运动员和观众攻击性行为的建议。

(一)减少运动员的攻击性行为

(1)应该给年轻的运动员树立非攻击性的榜样。

(2)参与攻击的运动员必须受到严厉的惩罚。

(3)参与攻击的运动员所受到的惩罚必须超过他从攻击中获得的好处。

(4)允许甚至鼓励运动员参与攻击的教练员必须受到处罚,审查、暂停甚至取消其执教资格。

（5）应该消除那些在比赛场上可能激起敌意性攻击的外部刺激。

（6）应当鼓励教练员和有关人员参加如何处理和应对运动员攻击性行为的职后培训。

（7）应当鼓励那些在火药味浓重的比赛中表现出克制和耐心的运动员。

（8）教会运动员在实践中使用约束攻击性行为的策略和技巧。

（9）教练员和领队要鼓励运动员在赛前、赛后与对手相互交往，增进友谊。

（二）减少观众的攻击性行为

（1）密切监视潜在的闹事者。有暴力和斗殴前科的观众应拒绝其入场观看比赛。

（2）赛场内应限制含酒精饮料的销售和饮用。

（3）提倡和鼓励将体育赛事当作家庭事务。最好的方法是营造一个家庭式的环境，对友好参与家庭给予经济刺激。

（4）新闻媒体不要过分渲染赛场上的攻击行为，也不应挑起两队运动员和观众之间的摩擦或厌恶感。

（5）与运动员和教练员一样，观众的攻击行为必须从快、从重予以惩罚。

Box 8.4

做一名有涵养的观赛观众

"贫而乐道，富而好礼"乃儒家个人修养之理想境界。观赛观众有娱乐型、求知型和本位型，不管是何种类型，均会受到现场气氛和实地赛况的影响，当赛况不能如己所愿时，由此可能会出现口出狂言、喝倒彩等情况，后续可能会引发扰乱秩序的严重后果。当然，大部分观众均有较好的个人修养，个人修养汇聚在一起，就是民族的修养；个人的"乐道""好礼"汇聚在一起就是社会的和谐、安宁、发展与繁荣；个人修养之境界组合出一条民族振兴之路。从大的意义上说，个人的境界就是国家的境界，就是民族的境界。

微课堂：课程思政

序号	教学内容	育人目标
1	发挥失常	减少运动员在比赛关键时刻的 Choking 现象，提高运动员的抗压能力，提升心理素质。
2	流畅体验	通过对流畅体验影响因素的干预，促进流畅体验的产生，享受体育运动的快乐和美好。
3	攻击性行为	了解减少运动员和观众攻击性行为的策略，努力做一个富有中华体育精神的优秀运动员，以及有涵养的观赛观众。

实训项目

1.通过文献资料查阅、运动员访谈等方法,描述一个运动员在比赛压力下 Choking 现象的案例,并分析产生 Choking 现象的原因。

2.通过运动员访谈或者小组分享,总结体育运动中流畅体验的特征。

3.通过人物访谈、小组讨论等方法,提出减少运动员(或观众)攻击性行为的策略。

本讲小结

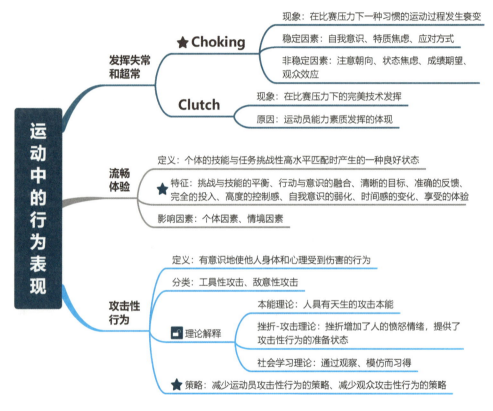

运动中的行为表现

- **发挥失常和超常**
  - ★ **Choking**
    - 现象:在比赛压力下一种习惯的运动过程发生衰变
    - 稳定因素:自我意识、特质焦虑、应对方式
    - 非稳定因素:注意朝向、状态焦虑、成绩期望、观众效应
  - **Clutch**
    - 现象:在比赛压力下的完美技术发挥
    - 原因:运动员能力素质发挥的体现
- **流畅体验**
  - 定义:个体的技能与任务挑战性高水平匹配时产生的一种良好状态
  - ★ 特征:挑战与技能的平衡、行动与意识的融合、清晰的目标、准确的反馈、完全的投入、高度的控制感、自我意识的弱化、时间感的变化、享受的体验
  - 影响因素:个体因素、情境因素
- **攻击性行为**
  - 定义:有意识地使他人身体和心理受到伤害的行为
  - 分类:工具性攻击、敌意性攻击
  - 理论解释
    - 本能理论:人具有天生的攻击本能
    - 挫折-攻击理论:挫折增加了人的愤怒情绪,提供了攻击性行为的准备状态
    - 社会学习理论:通过观察、模仿而习得
  - ★ 策略:减少运动员攻击性行为的策略、减少观众攻击性行为的策略

即测即评

第九讲　比赛的心理准备

图 9-1　2021 年奥运会乒乓球男团决赛场景

　　2021 年 8 月 4 日下午,中国男乒 3：0 击败老对手韩国队,连续第四次挺进奥运会乒乓球男团决赛(见图 9-1)。中国队双打先下一场,随后的单打对决中,樊振东对张禹珍、马龙对李尚洙都有局中大比分落后的情况。赛后马龙说,看似戏剧化的比赛过程其实并不意外,我们赛前做好了充分心理准备,甚至想过输一场、输两场的状况,这就是我们关键时刻能赢下来的原因。体育比赛的魅力之一在于比赛结果的不确定性,名将的落马、新手的突起、反败为胜等现象的发生与运动员比赛的心理状态有着密切的关系。

第一节　比赛心理状态

运动员参加比赛都希望自己能取得优异的成绩,但是因为每个运动员对比赛的认知、态度和准备情况不同,往往会在比赛前出现各种各样的心理状态。而心理状态是影响运动员比赛成绩的重要因素之一。

张力为分析了决定运动员比赛成绩的内部因素,如图 9-2 所示。运动员的比赛成绩取决于比赛表现,而比赛表现取决于赛前的身体、技战术和心理状态,这些赛前状态是运动员通过遗传和学习活动获得的身体能力、技战术能力和心理能力的体现。在图 9-2 所示的自左向右发展的因果链中,心理因素的重要性会随着比赛的临近而提高。

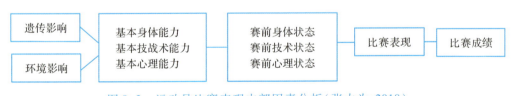

图 9-2　运动员比赛表现内部因素分析(张力为,2018)

比赛常见的心理状态有四种:过分激动状态、过于淡漠状态、盲目自信状态和战斗准备状态。

一、过分激动状态

过分激动状态通常表现为:情绪过早的过度兴奋、焦虑、惊慌,甚至害怕,呼吸短促、心跳加快、手脚发抖、脸色苍白,有时出现口渴现象,注意力不集中、记忆力减退,技术动作失调、失误增多、比赛发挥失常等。

运动员在临近大赛或比赛中,技战术水平和身体状态已不会有太大的变化,但由于运动员过度的兴奋,情绪的变化,引起大脑对神经系统和中枢调节活动的减弱,往往导致竞技状态的大起大落,从而直接影响到比赛的结果。过分激动状态与运动训练水平、比赛经验不足、自控力差、比赛动机过于强烈有关。

二、过于淡漠状态

过于淡漠状态通常表现为:情绪低落、四肢无力、反应迟钝、意志消沉、缺乏信心、想赢怕输,以致不想参加比赛。

过于淡漠状态的原因是由运动员个人的因素造成的,如运动员因为过度紧张而造成抑制,运动员过度疲劳、伤病长期不愈或者思想上对比赛不利的条件想得过多,又缺乏解决办法,意志品质薄弱的运动员容易出现这种状态。

三、盲目自信状态

盲目自信状态通常表现为:浮躁,不愿冷静思考,总相信自己能轻易取胜,低估对手,高估自己,产生麻痹思想,掉以轻心,盲目乐观。这样的运动员如遇对手实力雄厚、技术水平高、战略战术全时,会表现为胆小怯懦、对比赛失去信心,即使在比赛中有机会战胜对手也会畏首畏尾、贻误战机,往往造成比赛的失败。

盲目自信状态一般容易发生在一些思想作风较差、赛前心理准备不足、并缺乏自我评价的运动员身上。运动员对即将来临比赛的困难复杂性估计不足,过高估计自己的力量。

四、战斗准备状态

战斗准备状态也称最佳竞技状态,是最适宜于比赛的心理状态,通常表现为:运动员有正确的比赛动机和良好的比赛态度,对比赛任务有清楚的理解,充满信心,注意力集中在比赛上,情绪饱满而稳定,精力充沛,头脑清醒。

战斗准备状态是长期训练的结果,是以坚强意志、充足信心、对完成比赛任务有高度责任感为基础的。从高级神经活动特点来看,战斗准备状态是由于大脑皮层具有与任务相应的神经兴奋过程,这种神经过程又有适宜的灵活性,并以相应抑制过程加以平衡,从而使运动员表现出精力充沛等心理状态。

一项对 51 名围棋冲段少年的问卷调查研究发现(胡桂英,2018),在重大的围棋比赛中,有 49.0% 的运动员处于良好的战斗准备状态,有 47.1% 的运动员有过分激动状态,41.2% 的运动员有过于淡漠状态,而 17.6% 的运动员会有盲目自信状态,如图 9-3 所示。研究认为,对参加全国围棋定段赛的冲段少年提供比赛心理服务,有助于少年们形成良好的比赛心理状态,促进比赛的稳定发挥。

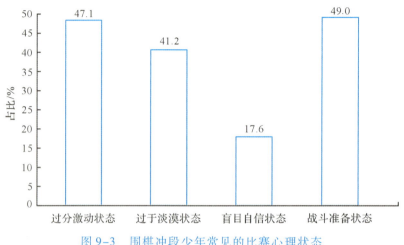

图 9-3 围棋冲段少年常见的比赛心理状态

第二节 比赛心理准备

运动员比赛最佳状态包括身体、技战术和心理三方面,因此,运动员参加比赛的准备也应包括身体准备、技战术准备和心理准备三部分。身体准备的主要目的是达到足够的体能储备和最低的伤病困扰,技战术准备的主要目的是保持清晰的技术感觉、流畅的动作节奏和战术方案的制定,而心理准备的主要目的是达成最佳竞技心理状态。运动员可以从参赛目标、角色定位、程序化参赛方案、比赛心理对策库等方面去进行比赛的心理准备。

一、合理设置参赛目标

运动员比赛前都会为自己设立一个比赛目标,这不仅会影响运动员的赛前准备工作,还会对运动员的赛中表现产生重要影响。合理的目标设置,可以指导运动员的注意,促进运动员寻求实现目标的适宜方法,并有助于运动员加强和保持努力。不合理的目标设置,则会对运动员的参赛动机、自信心、比赛情绪等产生不利的影响。设置目标时要注意以下几点：

（一）对目标的接受和认同

运动员自主设置比赛目标的效果通常比他人代设好。如果比赛目标由教练或管理者代为设置，那么要使所设置的目标起到充分的作用，运动员必须有对目标的完全接受和认同，能全身心地投入实现目标的过程中。投入的程度越高，实现目标的可能性也就越大，从目标设置中的获益也就越大。组织目标也只有为个人所接受并转化成个人的目标时，组织目标才能对个人的行为起激励作用。

（二）及时反馈并了解结果

目标设置是一个动态的调整过程，需要在实施过程中不断地加以调整、修改和补充。经常将现有成绩与既定的目标相比较，将有利于目标的调整和动机的激发。它告诉运动员两个方面的信息：一方面，目标设置得是否合适，是否有必要进行修改；另一方面，对个人努力的程度进行评价，看是否达到了实现目标的要求。

（三）目标的公开化

一个人人皆知的目标，有利于社会监督，促使目标制定者努力，这是从外部对动机的激发。一般来说，凡是公开的目标都不会是个低目标，因为低目标会伤害自己的自尊心。在竞争环境中，大多数人都有维护自己声誉的强烈需要，从而构成了一种强烈的外部动机，促使人们加倍努力。目标的公开化，意味着个体对社会的承诺。

（四）目标的多级化

在一些形势复杂、竞争十分激烈的竞技运动领域中，为减轻心理压力，人们常常设立多级目标。一般可设置三级目标：

理想目标：超水平发挥时应达到的目标。

现实目标：正常发挥时应达到的目标。

低限目标：无论出现什么意外情况，也应奋力达到的目标。

设置三级目标是为了减轻那种"不成功便成仁"的单一目标所造成的强大心理重负，是为了更有利于现实目标的实现。在体育比赛中，对于那些已经处于高度激活状态的运动员，赛前更应制定多级目标，以使其成就动机保持在适宜水平。

二、合理定位参赛角色

运动员参赛的角色定位是指运动员在比赛前和比赛中对自己、队友、与对手之间关系的认识倾向,它直接左右着运动员判断自己的比赛表现正常与否,影响着运动员的自信心和比赛应变能力。俄罗斯体操名将霍尔金娜(见图9-4)在最后一次冲击金牌的比赛,即第37届世界体操锦标赛后是这样回答记者的采访:今晚的比赛,我的心情很平静,非常平静。我不断暗示自己,我只是一个普通的体操运动员,在参加一项普通的比赛。霍尔金娜的回答正说明了参赛角色定位的重要性。

图9-4　俄罗斯体操名将霍尔金娜

(一)"夺"和"保"的角色定位

张忠秋、王智(2000)认为,运动员的参赛角色定位是比赛心理调节的重要指导要素。参赛角色定位中重要的是处理好"夺"和"保"的关系,这两种不同的参赛角色定位往往会导致截然不同的比赛心理和行为表现。

定位"夺"的参赛角色,大多数运动员比赛战绩不占优势或赛中与对手难分高下,是以低姿态向高处冲击,其角色心态相对纯净,更多专注于比赛过程,较少对比赛结果产生过高的期望,只将对手作为目标和己任。定位"保"的参赛角色,大多数运动员比赛战绩占优或赛中比分领先,自认为身在高处,守卫防失,其心态较为复杂、矛盾,注意力更多转向比赛结果,对比赛结果期望过高。

(二)如何合理定位参赛角色

运动员合理的参赛角色定位,也是比赛心理准备的重要内容。那么,如何使运动员的参赛角色达到合理的定位呢?张忠秋、王智(2000)提出了以下四种方法。

第一,无论即将开始的比赛对手是谁,赛前都应对自己或全队的参赛角色进行重新定位。

运动员的竞技状态始终处于动态发展中,影响运动员比赛成绩的因素又是复杂多样的。我们对每一位竞争对手都应以概率观点来对待。在敌弱我强、敌强我弱及势均力敌三类情况下,运动员取胜的概率虽有所不同,但绝不会出现百分之百的概率。所以,赛前角色定位均应以"夺、冲、追"为最佳。被誉为网坛"常青树"的美国网坛女王拉芙娜蒂洛娃称霸网坛20余年,她总结出的成功奥秘就是不论对手是谁,决不轻敌,总是集中精力打好每一球。她说:"我一上场,就把自己看成是第一次上场的新手,而对方是比自己强得多的老手,所以总是竭尽全力,使自己绝处逢生。"

第二,随着比赛进行中双方成绩的变化,运动员应本着必须"冲击"对手的原则及时调整比赛角色。

比赛开始后,运动员会有意或无意地将比赛进程与赛前角色定位相联系,若开赛成绩大大好于赛前角色定位期望,很容易滋生侥幸心理,进而对自己的参赛角色重新定位。如一些球队或队员在比赛成绩领先情况下,不是乘胜"追"击,反而将参赛角色由"追"变"保",变主动为被动。正如一些教练员所批评的:"成绩领先反而不会比赛了。"相反,若开赛成绩差于赛前角色定位期望或出现伤病意外,一些运动员又容易产生自我怀疑,对比赛失去信心,使赛前角色的"冲劲"大为减弱。

第三,明确比赛过程的关键性指标,并对这些过程指标保持必胜信心。

"不去关注比赛结果,而要关注比赛过程。"这是心理学家对运动员比赛心理调节的原则性指导。在此前提下,运动员还应明确比赛过程的技、战术关键性指标,并对这些通过自己的努力可以控制的因素保持坚定的必胜信心。

第四,无论比赛结果如何,赛后均应对自我和全队进行重新定位。

经过比赛应激刺激和赛后对胜或负的精神与物质奖励体验,运动员的参赛角色又要面临调节变位。此时,胜者的自我形象往往会被无意识地夸大,败者则会无意识地感到自我形象降低,运动员与参赛无关的杂念迅速增多。一些球队或运动员在连续比赛中,出现大胜后大败或一蹶不振现象皆属此类。对于实际的参赛角色定位的做法,可根据比赛胜负情况给以不同的要求。例如,胜者必须针对比赛找出几条缺点,负者则应针对比赛找出几条优点,总的目的在于纠正运动员赛后自我形象的偏差,为今后的训练和比赛奠定良好基础。

三、制定程序化参赛方案

程序化参赛方案是运动员对赛前准备的系统化安排。运动员从出发开始,特别是抵达赛区以后,每个时段该做什么、该想什么都有明确的方案。制定程序化参赛方案是为了规范运动员的行为,提高参赛过程的合理性和规范性,有利于运动员形成良好的比赛心理状态。

程序化参赛方案主要包括行为程序和思维程序。

行为程序是指在比赛前的不同时段预先计划好要做的事,以免手忙脚乱、不知所措,这是为了使运动员在比赛前的活动更加有目的、有次序和有效果,以达到最大限度的能量节省化。思维程序是指在比赛前的不同时段预先计划好要想的事,以免胡思乱想或大脑一片空白,甚至让消极思维占据上风而严重影响比赛心理状态。丁雪琴列举了一名举重运动员的参赛程序化方案,如表9-1所示。

表9-1 举重运动员比赛(下午比赛)参赛的行为和思维程序

主要时段	做什么?	想什么?
入住赛区宾馆	熟悉环境条件	这里环境很好
赛前训练	熟悉场地、器材	寻找好的感觉
赛前一天	调整性休息	我在养精蓄锐
赛前晚上	检查比赛用品	表象成功动作
比赛当天早晨	适当活动身体	今天感觉很好
比赛当天上午	散步、聊天、音乐	营造愉快心情
比赛当天中午	休息或睡眠	休息好就行
出发去赛场	带齐比赛用品	想想比赛动作
赛前准备活动	充分活动热身	我很兴奋、清醒
检录点名	检查比赛服装	我是最棒的!

比赛的行为和思维程序因人而异,运动员要根据自己的比赛习惯和个性特点来选定具体的活动内容、思维内容,判断是否适宜的标准就是看是否有利于运动员情绪的积极稳定和最佳比赛心理状态的达成。

Box 9.1

韩国优秀射箭运动员的程序化参赛方案

韩国是射箭强国,韩国射箭队被称为射箭的"梦之队",韩国优秀射箭运动员也有"射箭机器"的美誉,他们比赛的稳定发挥与程序化参赛是分不开的。韩国射箭选手的程序化参赛分为5个部分,如图9-5所示。

准备比赛 → 赛前5分钟 → 赛前1分钟 → 走到起射线前 → 射箭期间

图9-5 韩国射箭选手程序化参赛方案

第一部分是在比赛场地等候的时间里,首先让运动员能够有一种平静的心态,让他们听听音乐;然后有一个短暂练习的时间,让他们在心理进行自我暗示、自我谈话。比如,今天我的射箭感觉是最好的,我相信我的射箭等。重要的就是要在愉快的心情下进入比赛。

第二部分是在比赛前5分钟(有语音提示)。这时主要是使运动员对于自身的提示语和行为有一个确认。具体做法是:通过行动对自己的提示语进一步加深认识;进行身体放松或者深呼吸,选择一种方法进行2~3次,以此消除或降低身体或认知的焦虑。

第三部分是在赛前1分钟做徒手练习,来进一步确认并感觉一下整体情况。一是要确认一下自己的准备,二是在所站的位置上看一看要射的目标,三是在心里进行表象练习。

第四部分是在进入到起射线的过程中,要对自己说"我要平静舒适地呼吸",非常自信地进入到起射线,接下来把箭放到弓上,然后进行深呼吸,从而进行放松。

第五部分是在真正实施射箭技术动作时,首先要把注意力集中在所要完成的这个任务上,表现出来的是非常自信地去做;同时要结合1~2次深呼吸,寻找一种平静的状态;然后在脑子里感觉要完成动作的提示,并在2.5秒的时间里,能够把箭射出去。

(田麦元和熊焰,2011)

四、建立比赛心理对策库

比赛心理对策库是指运动员要把比赛时可能遇到的任何问题进行归纳梳理,并提出相应的应对策略,以备比赛需要时立即调出,提示运动员该如何思考、如何行动。能够把问题想在前面,把对策握在手中,做到在复杂多变的比赛环境下,胸有成竹。

心理对策库一般由运动员、教练员等比赛团队成员结合运动项目特点和比赛条件来共同制定。先把比赛可能遇到或发生的问题一一罗列出来,再针对每一个问题制定解决和应对的办法或策略,要求每一个问题必须找出三个以上的应对策略,让运动员真正体会到"办法总比困难多"。

比赛心理对策库制定的格式一般是"如果……,我会……"。表9-2列举的是中国自由式滑雪空中技巧队冬奥会参赛应对意外事件的对策库。

表 9-2　中国自由式滑雪空中技巧队应对冬奥会意外事件对策库

如果……	我会……
班车晚点	在车上考虑,重新安排到场地的准备活动的顺序和时间。 冷静,做好每一件事情,只是在原基础上加快速度完成,最主要是心理要平静。
下雪	昨天晚上我已经按照天气预报进行打蜡,我已经提前做好了准备。 如果现场雪更大,再喷蜡。 注意保暖,相信自己,判断果断。
风大	风大温度低,保持身体温暖,使身体处于活跃状态,喝运动饮料,保持能量供给。 风大,等待时间长,热身、模仿。 跟教练配合好速度,相信自己,相信教练。
速度慢	打蜡。 相信自己,必须果断、冷静。 如果无法完成比赛动作就急停。
器材出现问题	冷静,迅速修好或者更换,相信自己,也相信器材。然后,如果没有跳次的机会,就再次测速。但是赛前一定要检查好比赛器材的安全性。
比赛轮到你时,出现突发事情,等待时间很长	正好有时间多做调整,听音乐,关注目前我所做的事情,冷静、保持清醒的头脑,适度放松神经。 保持身体的活动,始终保持暖和,穿大衣。时刻准备着,随时出发。 希望教练随时告诉我速度变化和天气变化情况。

资料来源:张力为(2013)。

上场前最重要的心理准备:

(1)暗示语:相信自己！I can do it！果断,冷静！

(2)控制我能控制的！

表 9-3 列举了一名风帆运动员迎接第十三届亚运会的比赛心理对策库。

表 9-3　一名风帆运动员迎接第十三届亚运会比赛心理对策库

如果……	我会……
赛前训练安排过量	1.主动向教练员提出自己的感受; 2.自己及时有效地做放松恢复训练; 3.找大夫或队友做相互恢复性按摩; 4.向有关领导提出合理化建议。
比赛器材准备仓促	1.正确对待,冷静处理; 2.相信自己的技术实力; 3.尽快了解器材的性能、特点; 4.重点考虑受风中心与以往训练用帆的差距;多做转向练习,熟练掌握板体侧阻中心。

如果……	我会……
在赛前训练上与教练员有分歧	1. 合理综合分析自己观点的正确与否； 2. 与教练沟通,理智地提出自己的观点与道理； 3. 注意与教练沟通的场合和方式方法； 4. 切记稳定自己的情绪。
赛前对场地不熟悉	1. 仔细观察风源及地形对风力风向的影响； 2. 仔细观察掌握各风向的风区风摆的变化规律； 3. 注意岸边风向曲线的变化及风力减弱区； 4. 明确每日一潮的规律,面对大海从右向左； 5. 了解最高流速的时间:距岸边 3000 米的流速约为每分钟 10 - 12 米,距岸边 300 米的流速约为每分钟 4 ~ 5 米。

　　比赛心理对策库一定要强调个人特点,运动员之间不能互相套用,只能相互参考。认真、细心、全面、负责和独立思考是制定好比赛心理对策库的必要条件。比赛心理对策库的格式和重点完全是因人而异、因任务而异和因情况而异的,不必拘泥于以上形式。

第三节　比赛心理调节

比赛心理调节

　　运动员面临即将开始的比赛,通常都会产生临场应激反应,在身体上、心理上产生一定的变化。有些应激反应,比如肌肉僵硬、情绪紧张、缺乏信心等会对运动员的比赛发挥产生不良影响,需要通过有效的方法进行调节。张力为(2007)指出,为了使运动员的心理状态保持在最佳水平,运动员、教练员和相关人员可根据具体情境和个人具体情况,从身体、认知和环境三方面进行调节。

一、基于身体的调节方法

　　基于身体的调节方法是指通过改变身体状态来调节比赛心理状态,包括呼吸调节、活动调节和表情调节等。

(一)呼吸调节

　　呼吸调节是指通过调整呼吸的频率、深度和方式以调节心理状态的方法。深沉的腹式呼吸可使运动员的情绪波动稳定下来。

　　情绪紧张时往往会有呼吸短促的现象。特别是过于紧张时,运动员常有气不够喘或者吸不上气来的感觉,这是呼气不完全造成的。此时可以采用缓慢的呼气和吸气练习使情绪的兴奋性下降。这种方法之所以奏效,是因为情绪紧张时,呼吸快而浅,由于快呼吸,使体内吸入大量氧气,呼出大量二氧化碳。二氧化碳呼出过多,会使血液中的二氧化碳失去平衡,时间一长,中枢神经便迅速作出抑制性的保护反应。因此,采用加深或放慢呼吸频率的方法可以得到情绪稳定的效果。

当情绪低沉时,可以采用长吸气与有力的呼气练习来提高情绪的兴奋水平。

Box 9.2

"一分钟呼吸"放松法

"一分钟呼吸"放松法,操作简单、省时。这种放松法的具体操作过程如下:

运动员可以在赛场附近选择一个地方盘腿坐下,双手掌心向下自然地平放于双腿上,收腹,垂肩,下巴略内收,嘴轻闭,双目似闭非闭,目视鼻尖,意守丹田。

先用鼻子缓缓地吸气,意想着吸进的空气经鼻腔、胸腔到腹腔,一直到小腹内。在吸气的同时,小腹慢慢鼓起,鼓到最大限度略作停顿,然后小腹回收,意想着小腹内的空气再经腹腔、胸腔、口腔,最后慢慢地、均匀地从口中呼出。呼气的同时,心中默念次数"1……"。第二次仍然鼻吸、鼓腹、略作停顿,呼气、收腹、气从口中慢慢地、均匀地吐出,与此同时,心中默念"2……"。如此反复10次左右,约为1分钟。

通过深度和缓慢的腹式呼吸,把意识集中到数呼吸的次数上,以此稳定情绪。

(二)活动调节

活动调节是指通过改变身体活动方式以调节心理状态的方法。

大脑与肌肉的信息是双向传导的,神经兴奋可以从大脑传至肌肉,也可以从肌肉传至大脑。肌肉活动积极,从肌肉向大脑传递的冲动就多,大脑的兴奋水平就高;反之,肌肉越放松,从肌肉向大脑传递的冲动就越少,大脑的兴奋性就降低。

活动调节是利用不同速度、强度、幅度、方向和节奏的动作练习,来调节运动员赛前的情绪状态。如,情绪过分紧张时,采用一些强度小、幅度大、速度和节奏慢的动作练习,降低情绪的兴奋性水平;情绪低沉时,可采用幅度小、强度大、速度和节奏快的变向动作练习,提高情绪的兴奋性水平。

(三)表情调节

表情调节就是指通过有意识地改变自己的面部和姿态的表情以调节心理状态的方法。

俗话说:"情动于衷而形于外。"情绪状态与外部表情存在着密切的联系,情绪的产生会伴随一系列面部、姿态和语调等外部表情。例如,高兴时捧腹大笑,紧张时坐立不安,惊慌时手足无措,极度愤怒时身体颤抖等。正是由于情绪状态和表情之间存在着密切而有机的联系,因此,可以通过改变外部表情的方法而相应地改变情绪状态。感到紧张、焦虑时,可以有意识地放松面部表情,用手轻搓面部,使面部肌肉有种放松感,而不要咬紧牙关。感到心情沉重、情绪低落时,可以有意识地作出笑脸,强迫自己微笑。

二、基于认知的调节方法

基于认知的调节是指通过改变认知来调节比赛心理状态,包括宣泄调节、表象调节、暗示调节和转移调节等。

(一)宣泄调节

有幅漫画是这样描绘的:一位总经理训斥一名职员;职员无奈,便转而训斥他的下属;下属挺火,回家后把气撒在妻子身上;妻子气急,便把受到的委屈一股脑儿发泄在儿子身上,打了儿子一个耳光;儿子恼怒之际,居然飞起一脚踢向小狗;小狗疼得乱窜,发疯似的冲出门乱咬,结果正好咬着路过的总经理! 这只是一个漫画而已,但漫画里的职员训斥下属,下属训斥妻子,妻子打了儿子,儿子踢了小狗,其实是一种不良情绪的宣泄,只是这些宣泄的方式不一定合适。

宣泄调节是以适当的方式及时、充分地宣泄内心消极情绪从而达到调节心理状态的方法。宣泄的方式主要有倾诉、痛哭和写日记等。运动队的管理工作者和教练员应当尽量给运动员提供情绪宣泄的渠道,尤其是在他们遇到困难和挫折时,以满足他们情绪宣泄的需要。在有些情况下,只要善意地、耐心地倾听运动员的倾诉,让他们把心中的苦衷和烦恼如竹筒倒豆子一样倾诉出来,就可以起到明显的情绪调节作用。

(二)表象调节

表象调节是指通过表象调节情绪和行为的方法。

表象是一种不需外部刺激直接参与,在头脑中对人体的一切感觉(视觉、听觉、触觉、本体感觉等)经验进行再现或重构的心理过程。表象具有直观性,但不如知觉映象鲜明、完整和稳定;表象具有一定的概括性,是从感知过渡到思维的中间环节。

运动员在比赛上场前,在脑中清晰地重现自己过去成功的比赛,再现当时的情景,回味当时自信、愉快的体验,会使运动员从中受到鼓舞,得到力量,变得自信和从容。表象重现是一种积极的意念,它可以间接地使植物性神经系统活跃起来,进而促进心跳加快,呼吸加强,使新陈代谢过程的血流量加大,糖分解加速,热能供应充足,使运动员感觉全身有力,情绪振奋。

运动员若在脑中呈现自己最完善的技术动作,反复表象整个比赛程序和自己正在进行的比赛,可以提高注意集中能力,免除杂念干扰。

运动员也可以在脑中呈现自己处在一个非常舒适的环境,让自己身临其境,得到放松。例如,运动员可以表象自己躺在沙滩上,沐浴着温暖的阳光,略带咸味的海风不时拂面而过,海浪有节奏地像脉搏般起伏;也可以表象坐在一个僻静的小屋里,静静地欣赏着喜爱的轻音乐。

(三)暗示调节

暗示调节是用语言、表情或其他符号对心理活动施加影响的方法。暗示不仅对人的心理和行为产生重要影响,还能影响到人的生理变化,因此,暗示调节是比赛心理调节的重要方法。

我国蛙泳女王罗雪娟在雅典奥运会上,100米蛙泳决赛时抽到了第一泳道。在这样一个世界最顶端的比赛中,泳道不好就意味着失利,当时教练和队员都为她担心。罗雪娟平静地说了句"第一泳道,就是第一"。结果,凭借扎实的基础和在赛场中的良好心理素质,她获得了2004年雅典奥运会女子100米蛙泳金牌(见图9-6)。通过这个事例,可以看出运动员简单、精练、富有睿智的自我暗示可以提高比赛成功率。

图9-6　我国蛙泳女王罗雪娟

暗示既可以通过自我暗示,也可以通过他人暗示。暗示的作用可以是积极的,也可以是消极的。如何暗示才能为运动员创造良好的比赛心理状态?

教练员和运动员都应尽量使用肯定的语言,而不是否定的语言进行暗示,例如,用"我很镇定"而不是"我不紧张",用"我充满力量"而不是"我还没有疲劳",用"这场球我能赢"而不是"这场球千万别输在我手上"。表9-4列举了运动员可能使用的一些自我肯定语言。另外,教练员还要特别注意自己的手势、眼神等姿态和面部表情,这些传递暗示信息的媒介可能会对运动员的心理带来很大影响。

表 9-4　运动员的一些自我肯定语言

运动员身份	自我肯定语言
足球守门员	什么球我都能守住
网球发球方	我能击出一个有力而准确的一发
投篮者	我的面前只有篮筐
排球接球手	我是一个始终如一的准确的传球手
橄榄球四分卫	我的胳膊可以像大炮一样投掷
摔跤运动员	我像牛一样健壮
高尔夫选手	我一定能击出一个好球

　　苏联足球教练拉西莫夫曾长时间帮助中国的四川足球队进行训练。他带的每次训练课之前,总有这样几句话:"今天大家的精神很好""我看大家今天都很愉快""今天大家的脸就像刚出来的太阳""大家的脸像今天的天气一样好""今天的训练很轻松"等,这是用语言暗示调节法激励运动员训练的热情。他带的训练课,运动员的情绪都十分高涨,训练质量和训练效果也很好。

Box 9.3

"60 秒 PR 法"自我暗示

　　美国的一位心理学家设计了"60 秒 PR 法(pride)"的自我暗示训练,通过每天 60 秒讲演的形式简洁地描述自己的天赋和能力以及自己应该达到的成功目标,以增强自信。根据行为科学的理论,一个人对自己失去信心,垂头丧气,沮丧忧郁,必然产生一种厌恶和否定自己的自卑情绪。要克服这种不良情绪,就要时常赞美自己的优点和长处,鼓励自己在人生道路上勇敢奋进,对未来充满信心和希望,以塑造出全新的自我形象。

　　60 秒 PR 法训练的具体操作步骤如下:

　　(1)设计一些积极、肯定、正向、且最能够激励自己的语言,背诵并把它固定下来。例如:

　　我正在进行自信训练,我一定会越来越有自信的;

　　我是有能力的;

　　我在各方面都会越来越好;

　　我是我生命的主人;

活着,我感到充实与快乐;

重要的是不断行动;

自信、勇敢、乐观、实践是我人生的宗旨。

（2）每天清晨和晚上休息时分别用 60 秒的时间进行即兴讲演。讲演的前半部分是已经设计好并背诵下来的语言,后半部分可以即兴发挥。例如,在讲演过程中,可以提到自己过去成功的例子,也可以提到富于想象、激发性的长期目标和具体明确、切实可行的短期目标等。讲演时可以这样做:

①深呼吸两次,然后开始即兴讲演;

②说这些句子时,尽可能做到全神贯注;

③每次说 2～3 句,每句话重复说 2～3 遍;

④讲演结束,深呼吸两次,面带微笑离开。

（四）转移调节

转移调节是指通过转移注意的方式来调节心理状态的方法。情绪不快或过度紧张时,运动员要有意识地把注意从当前关注的事物上转移到其他事物上。比赛前,运动员可以去从事一些感兴趣的娱乐活动,如看电影、逛公园、爬山等,队里还可以举行一些联欢活动,让运动员自编自导一些小节目,然后用 DV 拍下来放给自己看,会发现好笑、轻松和快乐。

三、基于环境的调节方法

基于环境的调节是指通过改变环境来调节比赛心理状态,包括音乐调节、颜色调节、气味调节和饮食调节等。

（一）音乐调节

在奥运赛场上,很多网友发现了一个有趣的现象,很多游泳运动员都喜欢戴着耳麦、听着音乐入场。大家在观看足球或篮球比赛时,也总是能够看到比赛开始前球员戴着耳机在全神贯注听音乐。莫非音乐有神奇的力量?

运动员赛前听音乐,一方面是音乐能够缓解紧张的心情,让运动员保持情绪稳定;另一方面是听音乐能够给运动员一个比较安静的环境,减少外界信息的干扰。

人类最早享受的音乐是自然界优美动听的自然声响。淅淅沥沥的雨声、风吹树林发出的沙沙声、叮咚缠绵的泉水声、千回百转的鸟鸣声……因而古人有"以自然之声养自然之道"的名言。音乐的曲调、节奏、旋律不同,对人体可产生不同程度的兴奋、镇静和平衡作用。一首首感动我们心灵的曲子,如凯利金的萨克斯曲《归家》、贝多芬的《月光奏鸣曲》、舒伯特的《小夜曲》、门德尔松的《春之歌》、格什文的《蓝色狂想曲》等一些意境深远的曲子,让人从感伤中解脱出来,变得心情畅然,充满自信。听音乐,无论现代的还是古典的,只要融于音乐的海洋之中,我们就可以调心、调息,入静、放松。

(二)颜色调节

颜色是视觉刺激物,但可以同时引起其他的感觉,使人感到冷暖、重量、味道等的不同,一种感觉引起另一种感觉的现象被称为"联觉"。例如,国外有一家装有空调设备的工厂,车间温度一直保持在 22° 不变,工人们都觉得冷,后来把青绿色的墙壁改成珊瑚色,就再也没有人觉得冷了,视觉引起了温度觉的变化。再如,国外有一家工厂装载货物的木箱是黑色的,搬运工人都说很累,工效很低,后来把木箱改漆成淡绿色,搬运工人不觉得很累了,工效有了很大提高,视觉引起了重量觉的变化。又如,有则实验把黄色的西瓜汁分成两份,一份是原来的黄色,另一份染成食用红色,让几位味觉正常的人来品尝,结果大部分人都说红色的西瓜汁好喝,其实色素并没有改变西瓜的味道,这是因为视觉引起了味觉的变化。

在比赛中可以利用各种颜色的"联觉"现象来调节运动员的心理状态。例如,运动员过分紧张时,绿、蓝等冷色调会具有镇静作用,可以用绿色毛巾擦汗,饮用淡蓝色的饮料等。若运动员临场精神状态不振,则应多给以红色或黄色等暖色调刺激。

中国足球队教练李松海曾对颜色的镇静作用做了如下的评述:在对抗性的比赛中,红色容易激发对手的好斗情绪,所以我队以往在大型比赛中,队员都爱穿白色赛服。穿着它总能赢球,也能增强自信心。我队在伊尔比德的四场比赛全是穿白色赛服,中场休息时和比赛后喝的水是矿泉水,擦汗的毛巾是白浴巾。利用"联觉"现象调节我方运动员的心理状态,使过度的兴奋得到缓解。

陕西女子足球队教练王方正则用"暖色"使运动员兴奋起来:我队在对抗练习中为了提高对抗的激烈程度,采用了颜色刺激法来增加队员的兴奋性。要求对抗的两队穿红、黄两种背心参加练习,结果在 1/2 场 6 对 6 抢截中兴奋性很高,对抗程度激烈,达到了预定的训练效果。

(三)气味调节

气味和情绪也存在着联系。美国的气味疗法专家采用某些香味的油剂按摩,或者让病人闻装在瓶子里的香料,来治疗精神紧张所引起的疾病。耶鲁大学心理生理学研究中心的科学家说,嗅一嗅或者只要简单想象一下食物的香味就能引起脑电波的改变。

英国的科学家发现,在模拟海滨实验室里的病人,若在实验室内加入海洋特有的气味时,病人精神更为松弛。

气味调节就是通过改变气味来调节心理状态的方法。运动员在训练和比赛中,应注意保持宿舍清洁、空气清新,还应注意保持运动服和擦汗巾的清洁。比赛前,可在干净的擦汗巾上洒一点自己喜欢的香水,这样在比赛间歇使用汗巾时,能通过淡淡的香味让自己心情愉快。

（四）饮食调节

食物会影响人的情绪和行为方式。食用碳水化合物能起到镇静作用;酒精可使人很快放松,但如果饮入过量会使人的抗应激能力下降;摄入过多的咖啡因会产生抑郁、烦躁等,引起情绪波动。因此,运动员在比赛前和比赛中应当根据营养师和医生的指导进食。

微课堂：课程思政

序号	教学内容	育人目标
1	比赛心理状态	重视比赛心理状态对比赛表现的影响,增强运动员提升心理素质和形成良好比赛心理状态的意识。
2	程序化参赛方案	提高运动员科学设计程序化参赛方案的能力,培养缜密的思维习惯,提高科学参赛的意识。
3	比赛心理调节方法	提高运动员的心理调节能力,培养自觉练习多种心理调节方法的自主学习能力,以及同伴之间相互分享比赛经验的人际交流能力。

实训项目

1. 调查或访谈至少10名运动员,统计分析比赛中常见的心理状态有哪些?

2. 以自己参加某次比赛为例,制定一份程序化参赛方案。

3. 通过访谈或小组讨论等方法,总结比较有效的比赛心理调节方法。

本讲小结

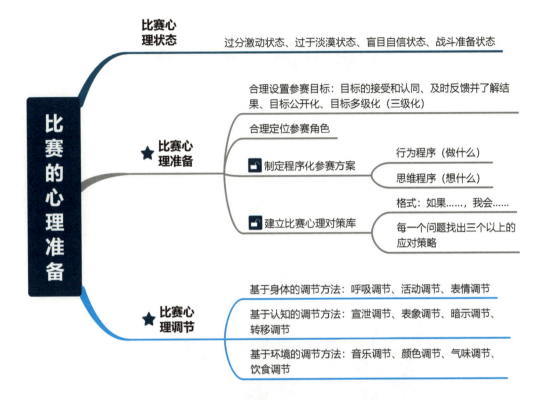

比赛心理状态 —— 过分激动状态、过于淡漠状态、盲目自信状态、战斗准备状态

比赛的心理准备

★ 比赛心理准备
- 合理设置参赛目标：目标的接受和认同、及时反馈并了解结果、目标公开化、目标多级化（三级化）
- 合理定位参赛角色
- 制定程序化参赛方案
  - 行为程序（做什么）
  - 思维程序（想什么）
- 建立比赛心理对策库
  - 格式：如果……，我会……
  - 每一个问题找出三个以上的应对策略

★ 比赛心理调节
- 基于身体的调节方法：呼吸调节、活动调节、表情调节
- 基于认知的调节方法：宣泄调节、表象调节、暗示调节、转移调节
- 基于环境的调节方法：音乐调节、颜色调节、气味调节、饮食调节

即测即评

第十讲　运动中的人际交往

图 10-1　2016 年里约奥运会,中国女排夺冠瞬间

2016 年北京时间 8 月 21 日上午,中国女排迎来了重要的历史时刻,在里约奥运会女排决赛中以 3∶1 战胜塞尔维亚队夺得冠军,继 1984 年洛杉矶奥运会、2004 年雅典奥运会夺冠之后再圆奥运冠军梦(见图 10-1)。每个人都是某个团体中的一员,和谐的人际关系、良好的团队氛围不仅有利于运动员的心理健康,也有助于团队力量的发挥。

问题导读

通过本讲的学习,你将能够回答以下问题:

1. 人际交往应遵循哪些原则?

2. 人际交往中存在哪些效应?

3. 什么是团体凝聚力?

4. 影响团体凝聚力的因素有哪些?

5. 教练员的领导有什么功能?

6. 影响教练员领导行为的因素有哪些?

7. 教练员的影响力是如何形成的?

第一节　人际交往

人际交往的原则

一、什么是人际交往

人际交往是指人与人之间沟通信息、交流思想、表达感情与需要,从而在心理和行为上产生相互影响的动态过程。

人际交往是一个多维系统,从不同的角度可以划分为不同的类型,如直接交往和间接交往、单向交往和双向交往、语言交往和非语言交往、横向交往和纵向交往、血缘交往和地缘交往、良性交往和非良性交往、正式交往和非正式交往等。这些形形色色的交往发生在人群之中,使人们每时每刻都在进行着丰富多彩的人际互动。心理学家的研究表明,在正常情况下,一个人除了几个小时的睡眠外,其余70%以上的时间花在了人与人之间的直接或间接交往上。由此可见,人际交往活动在社会生活中占据着多么重要的地位。

人们在交往的过程中形成了各种各样的人际关系。人际关系是指人和人之间由于沟通而产生的一种心理关系,它主要表现为沟通过程中人与人之间的心理距离,反映着人们寻求爱和归属等需要满足的心理状态。

从心理素质培养的角度讲,运动员积极开展人际交往,处理好人际关系,有着十分重要的现实意义。在社会转型时期,在紧张激烈的社会竞争中,与他人的合作能力、协调能力都被提到前所未有的高度。开放的社会,要求人们以开放的心态面对人际关系。为此,学习人际交往,提高交往中的心理素质,已成为人生的必修课。

二、人际交往的原则

(一)平等原则

平等是建立良好人际关系的前提,也是人与人之间建立感情的基础,是人际交往的第一原则。日常生活中,希望他人能够认可自己、接纳自己是一种共同的倾向,正如我们希望被接纳一样,别人同样也希望被接纳。我们对别人的友好行为表示接纳以后,也会要求一种要求别人作出相应回答的预期。如果他人的行为偏离了我们的预期,我们会认为对方不通情理,不报以友好,从而产生一种不愉快的情绪体验。对于拒绝我们的人,我们的反应也是相应的,对他们也会采取拒绝的行为。因此,人际交往中,首先要遵循平等原则,只有一方真诚地付出,通常不会获得真正的友情,一个总是表现出趾高气扬、傲视一切的人也是不会受欢迎的,与我们发生交往的人,我们应首先接纳、肯定、支持。

(二)尊重原则

尊重包括自尊和尊重他人两方面。古人说:"敬人者,人恒敬之"。自尊就是在各种场合自重自爱,维护自己的人格,同时尊重他人的人格、习惯与价值。人与人之间尽管在气质、性格、能力、知识等方面存在差异,但在人格上是平等的,想要得到他人的尊重,首先应该学会尊重他人。马斯洛的需要层次理论系统地阐述了尊重的重要性,尊重作为人的高级情感需求,是在社会交往的需求基础上发展起来的。学生来自祖国各地,年龄、知识结构和文化水平相似,而家庭出身、经济状况、个人能力等都有所不同,但并无高低贵贱之分。如果盛气凌人,把自己的意愿强加于人,缺乏对他人应有的尊重,最终将导致别人对自己避而远之。大学生在人际交往中,不仅要在各种场合表现出自尊自爱,维护自己的人格;同时,要承认他人的社会价值,尊重他人的人格。

(三)真诚原则

真诚待人是人际交往中最有价值、最重要的原则。以诚待人是人际交往得以延续和深化的保证。美国一位心理学家曾列出 555 个描写人品的形容词,让大学生说出最喜欢和最不喜欢的词,结果学生评价最高的品质是:真诚。在 8 个评价最高的形容词中,有 6 个和真诚有关,即真诚、诚实、忠诚、真实、信赖和可靠。而在评价最低的品质中,虚伪居首位。古人说:"以诚感人者,人亦诚而应。"在交往中,只有彼此抱着心诚意善的动机和态度,才能相互理解、接纳、信任,感情上出现共鸣,使交往关系巩固和发展。那种"逢人且说三分,未可全施一片"的交往信条,会影响健康的交往关系。

（四）宽容原则

宽容表现在对非原则问题不斤斤计较，能够以德报怨。在人际交往中难免会遇到一些不愉快的人和事，要学会宽容，学会克制和忍耐。世界上最广阔的是海洋，比海洋更广阔的是天空，比天空更广阔的是人的心灵。学生在人际交往中气度要大，要有宽阔的胸怀和坚强的意志，需要有正视自己心灵创伤的勇气和自控能力，遇事要权衡利弊，切不可事事斤斤计较、苛求他人、固执己见，要尽量团结那些与自己有不同见解的人，营造宽松的交往环境。学会原谅别人是美德，学会宽容别人是高尚。有了这样的心境，就会有良好的人际关系，就会使每一天都快乐。宽容是维系友谊的一个重要原则，没有人愿意与心胸狭隘、多疑善变的人交往，能够对人宽容的人才能得到别人对他的宽容，才能使人际交往中的感情纽带更牢固。

（五）诚信原则

人际交往要讲究一个"信"字，无信不立，"言而无信非君子"。要取信于人，首先，要守信，即言行一致，说到做到；其次，要信任别人，而且要争取赢得别人的信任；第三，不要轻易许诺，即不说大话，不作毫无把握的许诺；第四，要诚实，即自己能办到的事要答应别人一定去办，办不到的事要讲清楚，以赢得对方的理解；第五，要自信，相信自己能行，给人以信赖感和安全感。

现代社会，信用显得尤为重要，关系到一个人的社会声誉和事业成败。而对学生来说，信用是学生立足校园和社会的第二张"身份证"。在与同学交往的过程中，只有守信才能取得他人的信任和认可，一个不讲信用的人很难使别人产生愉悦感，更难建立良好的关系。

（六）互利原则

互利是人际交往中不可或缺的一个重要原则，对于促进人际交往、建立良好人际关系有着重要的作用。人际交往的本质是社会交换，但与买卖关系中发生的物质等价交换不完全一样，人际交往中不仅有物质的交换，更包含了情感、信息、服务等方面的交换。在友谊中，关怀是双向的，每个人都关怀别人，关怀的行为就会越来越多，这个现象在心理学中叫增值交往。俗话说得好，"孤掌难鸣""独树不成林"，没有人能离开他人而生存发展下去。在我们生存发展的过程中，彼此合作、互相帮助，才能共同进步、开拓未来。

人际交往的效应

三、人际交往的效应

人际交往过程中会受到多种因素的影响，如自身的人格特点、兴趣、动机和当下的情绪状态,交往对象的个性、外貌以及与自身的相似度等,这些因素导致交往过程中存在一些认知偏差。如何避免认知偏差给人际交往带来的不必要阻碍,又如何巧用利用这些认知偏差给自己的人际交往加分呢?

(一)光环效应

光环效应又称晕轮效应,指的是在人际交往中,人们常常依靠局部的信息对某人形成了一个整体或好或坏的印象,是个人主观推断泛化的结果。之所以把其称之为光环或晕轮效应,是借用了大自然中的一个现象,即刮风前夜的月亮周围会出现大圆环,从而让原来不发光的地方也变得"亮堂堂"的。这一偏差主要指的是放大了对方的优点或缺点,"情人眼里出西施"便是这一效应的例子。

(二)首因效应

首因效应又称第一印象效应,是指一定条件下最先映入认知者视野中的信息在形成印象时占优势。换言之,人在交往过程中,往往对首次接触时注意到的信息印象深刻,对之后的信息很少注意或印象不深刻。最初的人际信息常常在人际交往中具有决定性的作用,而且还会起到某种"筛子"的作用,从而影响到我们对后来人际信息的知觉和记忆。"一见钟情"和"一见如故"说的就是第一印象的强大力量。

(三)近因效应

近因效应指的是最近的印象对人们的认知产生影响。最近留下的印象,往往是最深刻的印象。近因效应和首因效应是一枚硬币的两面,即在人际交往中,最初的印象和最近的印象都比较容易在记忆中浮现。对于陌生人来说,首因效应可能更为重要,而对于熟人或很久不见再次重逢的人来说,近因效应的影响力可能更大。根据近因效应,我们可以及时地表现自己以改变他人对我们原有的印象。

(四)投射效应

投射效应是指在人际交往中把自己的某些特性或心理状态加在别人身上的倾向。"以小人之心,度君子之腹"就是一种投射效应。自己对别人心怀不满,便觉得对方处处针对自己;自己对别人有好感,便觉得别人也希望和自己发展亲密关系等。

(五)刻板效应

刻板效应是指人们倾向于对特定的某个社会群体的人持有一种概括且固定的看法。人们常常会自觉不自觉地基于自己的经验或从别人那里间接得到的经验,按照一定的标准对遇到的人进行归类,然后再基于这种归类来认识评价他人,地域、职业、年龄、性别等都是经常用来往别人身上贴的标签。例如，男生认为女生细心、胆小、娇气，女生则认为男生粗心、胆大、傲气；东北人爽朗大方，上海人精明等。在缺乏直接信息来源的情况下，刻板印象的确能帮助人们较快地对他人作出评价和判断，但也容易产生偏差，造成先入为主的成见，阻碍人与人之间深入细致的认知。

Box 10.1

美丽的小错误

一般来说，一个人的才能出众或有某方面的专长对他人有很好的吸引力。大学生比较喜欢有真才实学的人。是不是个人的能力越强，就越受大家欢迎呢？

社会心理学家阿龙森（E. Aronson）通过实验证明了什么样的人更受欢迎。他设计了这样的实验：在一个竞争激烈的演讲会上，有四位选手，两位才能出众，几乎不相上下，另两位才能平庸。才能出众的选手中有一位不小心打翻了桌上的饮料，而才能平庸的选手中也有一位打翻了饮料。如果是你，你会喜欢哪个人呢？实验结果表明，才能出众而犯小错误的人最受欢迎，才能平庸而犯同样错误的人最缺乏吸引力。这一研究表明，一个很有才能的人，如果表现出一点小小的过错，或者暴露出一些个人的缺点，反而让人觉得可爱，有吸引力，而更喜欢接近他。为什么会这样呢？

俗话说，"高处不胜寒"。一个人如果能力超群，会使人感到一种压力，因为这可能提醒自己的无能或低劣，产生不平衡或嫉妒心理，或者产生屈尊感。他人会认为自身条件太差而不敢与之交往，觉得高不可攀，可望而不可即，因此敬而远之。聪明能干的人不经意中犯点小错误，反而让人觉得他和别人一样会犯错，也具有平凡的一面而使自己感到安全。

总之，聪明能干的人比平凡庸碌的人招人喜欢，能力超群的人略带有差错会更招人喜欢。因此，在交往中，我们需要表现自己的才能，但无须让自己完美无缺或十全十美。

第二节　运动团体凝聚力

一、什么是团体凝聚力

（一）团体凝聚力的概念

人们总是生活在这样或那样的社会群体中，但这些群体未必就是团体。在心理学中,团体是指人们彼此之间为了一定的共同目的,以一定的方式结合在一起进行活动的集合体。体育运动中的团体是指由体育教师、学生或运动员、教练员等人在同一规范与目标的指引下,协同工作的组织形式。在体育教学、运动训练或比赛中,团体成员团结在一起,为了实现共同的目的,遵守一定的规范,各司其职。

现代体育运动集体项目中,技术水平日渐完美,战术也层层翻新、日新月异。但是,要取得比赛的胜利仅仅靠技战术的完美还不够。因为,集体项目仅仅靠个人的单打独斗是不会取得成功的。例如,NBA中,乔丹加盟公牛队后,连续拿了三个全联盟得分王,然而,公牛队在全联盟中的名次却不好。主教练杰克逊和队员一起讨论、商量怎样发挥集体的作用,个人和集体的关系等一系列问题。后来,在球场上乔丹的个人表现少了,他更多是把球分给队友,为队友多创造机会,加强与队员的默契配合,充分发挥集体的作用和团体凝聚力,从而使公牛队获得了6次NBA冠军。同样的事例在体育运动集体项目中不胜枚举,这充分表现出团体凝聚力的重要性。一定的凝聚力是一个社会团体存在和发展的基本要求,体育团体作为一个特定的社会团体也不例外。

凝聚力,也即内聚力、向心力,是指团体成员之间心理的结合力。凝聚力表现在两个方面:一方面是团体成员对团体所感受到的吸引力,从而自愿参与团体的活动;另一方面是团体对其成员所具有的吸引力,从而把团体成员积极地组织到团体活动中去。也就是说,团体凝聚力既是表现团体团结力量的概念,也是表现个人心理感受的概念。个人的心理感受具体表现为对团体的认同感、归属感和力量感。

（二）团体凝聚力的分类

任务凝聚力和社交凝聚力是团体凝聚力的两个独立组成部分。

任务凝聚力是指团体中的成员团结一致,为实现某一特殊的和可识别的目标作出努力的程度。例如,排球比赛中后排队员补位掩护前排队员"背飞",NBA比赛中最后几秒钟防守球队突然发动"紧逼",某主力队员接受教练安排放弃个人单项全力参加团体比赛等,这些队员间的携手合作都体现了高度的任务凝聚力。

社交凝聚力是指团体中的成员相互欣赏,并喜欢成为团体中的一员。例如,马拉多纳领军的阿根廷足球队,队内成员始终如铁板一块,团结一心,一致对外,在随后的几届世界杯赛上,无论外界怎么议论猜测、捕风捉影,内部从来都风平浪静。1990年的意大利世界杯,尽管没有多少人喜欢他们,他们却匪夷所思地苦战到决赛。有人曾形容阿根廷有股"匪气",其实他们靠的是内部同舟共济的凝聚力。反观人才济济、球星云集的荷兰队,队内白人球员与黑人球员之间素来不睦,阿贾克斯出身的球员与其他球会出身的球员又向来互不服气,队内内讧不断,人际关系复杂,即便在"三剑客"鼎盛时期也未能染指世界杯,到了2002年的世界杯连进军决赛的资格也没有了。因此,建立和谐的人际关系,对于增强体育团体凝聚力,稳定其发展和充分发挥其训练效益和比赛潜能,都具有重要意义。

（三）团体凝聚力的测量

1. 社会测量法

20 世纪 30 年代美国社会心理学家雅各布·莫雷诺（Jacob Moreno）首创的社会测量法是研究群体互动的分析工具，它可以揭示群体成员之间的情感及吸引力程度。这种方法主要通过面谈等方式向团体成员提出问题，让他们回答。例如，"请你提出你所在团体里 3 个你最喜欢同他们在一起工作的人，并按喜欢的程度顺次排列"等。对于所得结果，可以采取两种方法进行处理。一种是人际关系矩阵表，这是根据群体内总人数 n 而制成的 $n \times n$ 的行列表，表内记入各成员的选择结果，用分数表示喜欢或不喜欢的程度。另一种是人际关系图，用图示的形式表示团体成员间的社交偏好，图中每一小圆圈表示一个人，圆圈间的实线箭头表示一方对另一方的肯定关系，虚线箭头表示否定关系，如图 10-2 所示。人际关系图可以分析团体特点、团体结构、团体分化、团体凝聚力和稳定性等，这种方法在社会心理学研究中得到了很广泛的应用。

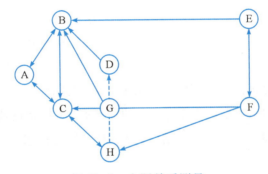

图 10-2　人际关系测量

2. 问卷法

运动心理学家研制出了一些专用于运动团体凝聚力的测验。这些测验问卷有：体育运动凝聚力问卷、团体凝聚力问卷、体育运动凝聚力测试、团体环境问卷、团体心理问卷。在这 5 个用于测量团体凝聚力的问卷中，团体环境问卷是体育运动领域中测量团体凝聚力最常用的测试工具。

二、影响团体凝聚力的因素

影响团体凝聚力的因素

凝聚力是团体生活中最为重要的方面之一，影响团体凝聚力的因素有很多。

（一）团体成员需要的满足

一个团体越能满足成员的需要，它对成员的吸引力就越大，它的凝聚力也越大。团体成员参加运动团体的动机、各自的需求不完全一致,因此,教练及领队应该了解队员的实际需求,并在可能的情况下充分考虑队员的需求,通过各种方式满足队员的各种需要,让队员体验与团体共同成长的乐趣。如果队员的需求总是无法得到满足,则可能影响他们对团体的信任,影响团体凝聚力。

(二)团体成员的能力、地位和作用

运动员参加运动团体时的能力对他们在运动团体中的自信心有很大的影响,同时他们也会通过对同伴队员的观察和分析,判断自己在团体中的地位和作用,并且比较自己的能力是否在团体中获得相应的地位,发挥相应的作用。如果他们认为自己及队友的能力与获得的地位和作用都很匹配,那么,团体就可能形成一种良性竞争的机制,激发队员们刻苦锻炼的动力。如果队员觉得自己在团体中没有得到公平的机会,那么队员对团体的归属感和信任感就会受到很大的伤害,削弱团体的凝聚力。

(三)团体内人际关系

体育团体的人际关系是影响与制约团体竞技水平的主要因素。体育团体要取得好的成绩,只靠队员个人技术水平的提高是远远不够的,要想赢得比赛,除了个人的技术和能力外,还有赖于对同伴的信心和信赖。队员之间关系融洽才能产生运动团体的社交凝聚力。团体成员之间建立良好的人际关系,必然使团体的凝聚力提高,有助于团体目标的顺利实现,同时也满足了成员情感上的需要,产生愉快的心理体验,即使在挫折与困难面前,他们能互相安慰、互相激励,可增强对群体的依恋,以便在以后的比赛中取得好的成绩。

(四)领导者因素

运动队中的教练对团体凝聚力起着重要的影响作用。教练的道德品质、行为方式和管理方式对队员起着重要影响,同时也影响团体凝聚力。

(五)团体规模与稳定性

团体规模的大小对团体凝聚力的影响是显而易见的。规模大、人数多的团体,一方面成员间相互接触的机会相对减少,另一方面管理和训练的时候难以协调一致,容易造成意见的分歧,降低凝聚力。规模小、人数少的团体,在团体目标、活动策略等方面容易取得一致,易于产生感情,增强凝聚力,但是可能由于人力资源不足而影响比赛成绩,影响任务的完成。所以,团体的规模应该适当,既能工作又能维持团体凝聚力。学校在考虑运动队规模的时候,除了要考虑比赛要求、师资、场地、经费等因素外,还得考虑运动队人数对团体凝聚力的影响。

保持运动队队员在一定时间里的相对稳定,能使队伍成员彼此更了解,共同经历更多的训练和比赛,队员之间的默契感、认同感更强,因而队伍会更有凝聚力。

(六)团体目标和任务

团体目标和任务是把团体成员凝聚在一起的重要基础。明确团体目标能够使队员对团体有共同的责任感和使命感,同时也明白自己在团体中所起的作用和个人进一步努力的方向。因此,领导者(教练员或者领队)给予团体制定的目标和任务就显得尤为重要,他们应该对比赛、对自己的队伍和其他队伍都有很正确的判断,传输给运动员基本正确的信息,帮助制定一个通过努力可以达到的团体目标,也明确每个队员短期、长期应该达到的目标,让每个队员知道自己在哪些方面应该提高,该如何提高。

(七)激励机制

运动团体中队员受到的激励和奖励是否恰当直接影响到他们的满意度,而一定水平的满意度又与其以后的运动动机密切相关。适当的、公正的激励和奖励可以提高队员的满意度,从而不断提高他们的动机水平,提高团体凝聚力。

不同的激励方式具有不同的作用。西方心理学的研究一般认为,集体奖励方式可能增强团体的凝聚力,而个人奖励方式可能增强团体成员之间的竞争力。

(八)团体的外部压力

外来压力和威胁可增强团体成员相互间的价值观念,迫使所有的成员自觉地团结起来,减少内部分歧,维护团体利益,一致对外,以避免自己的团体受挫、受损。通常外来威胁越高、压力越大,团体所表现出的凝聚力也会越强。当然如果团体成员感到团体根本没有办法应对外来威胁和压力时,就不愿意再去努力了。

另外,运动项目、人员素质和团体成员特征的相似性等也会影响凝聚力。不能否认和回避的是,体育团体注入了大量的年轻人,他们充满活力,富有激情,也难免心高气傲,个性张扬。因此,想找到凝聚团体的大门,团体成员还必须学会以和待人,善待周围的人和事。

三、提升运动团体凝聚力的策略

运动团体凝聚力的提升,可以采用以下的策略。

设置确切可行的团体目标、个人目标,在团体内发展自豪感和集体感。比如,在赛季前制定好有挑战性的、确切可行的目标,实现这些目标后,团体成员都得到鼓励,并为团体取得的成绩感到骄傲。

明确团体成员的角色和责任。强调每个队员在取得团体成绩中的重要性。使每位运动员熟悉对其他运动员应承担的责任。比如,比赛时努力让替补队员保持心情愉快并相信他们对球队也很重要。在练习中通过让队员担当不同的角色,增强相互之间的了解。

适宜的奖励。体育团体要进行适宜的奖励,满足团体成员不同的需要。即使团体输了比赛,也要突出团体取得的成绩。当比赛输了的时候,教练员要善于找出比赛中的闪光点,及时地进行表扬。个人奖励与团体奖励结合的形式,可能效果较好。

利用定期队会解决团体内的矛盾冲突。教练员或领队定期召开队会,鼓励大家公开交换意见,平等对待每一个人,创造一个公平竞争的队内环境,使队员能够正确地面对挑战。

培养队员的主人翁意识。让运动员参与队内关系到运动队发展和自身利益方面的决策,满足运动员的自尊心,提高他们的责任心。

鼓励运动员进行合作练习。教练员可以利用集体项目的特点或者创造团体协作的情境,使运动员在练习运动技能的同时提高相互合作的能力。

Box 10.2

团体活动设计案例

设计一:汪洋中的小船

目的:增强团体合作意识,营造团结和谐的团体气氛。

时间:约30分钟

准备:报纸或牛皮纸

操作:团体成员以小组为单位,每组人数均等,6人左右为宜。将报纸看作本小组在落水时唯一的一艘小船,请小组一起想办法让每个人都站到报纸上获救,每个人都必须踩到报纸作为支点,集体站立至少5秒钟为成功。挑战难度:整张报纸,1/2张报纸,1/4张报纸。

分享感受。

设计二:解开千千结

目的:团队合作,靠集体的力量完成任务,体会团体支持对个人的意义和重要性。

时间:约30分钟。

操作一:小组成员手拉手围圈站立,每个成员记住自己左右手各握的是哪位伙伴的手。确认后松手,小组成员分散自由走动,打乱秩序后,指导者喊"停",成员定格,位置不动,并重新找到松手前相握的手握在一起,从而形成许多结扣。在不分离手的情况下,想办法解开这个"千千结"。小组人数不限。

操作二:小组成员设置为10人或12人,紧密围成一圈站立。每个人伸出自己的右手握住正对面人的右手,左手握住非相邻、非正对面人的左手,从而形成许多结扣。在不分离手的情况下,想办法解开这个"千千结"。

集体分享感受。

四、团体凝聚力与运动成绩的关系

在高水平运动队,凝聚力是教练高度关注的问题之一。一般来说,一个团体的凝聚力越高,这个团体的活动效率也就越高。然而,有些队伍虽然明显不团结但还是会获得成功。凝聚力与运动成绩的关系是非常复杂的。

一种观点认为,团体凝聚力影响运动成绩。成员之间互相吸引,感情投入,共同协作,才能为全队目标的实现努力奋斗。同时,凝聚力高还会提高队员的士气,明确活动的动机,自觉努力地训练,不断提高技能与成绩水平。如果队内有许多内部冲突,队员彼此间缺乏合作,精神受压抑,不仅不能激发队员的训练热情,甚至还会有意制造障碍,这样自然就会影响训练质量和比赛成绩。来自体育运动现场的一些研究表明,团体凝聚力高,其成功的可能性就大,这是由于每个成员把团体的目标当成自己的任务,把团体的行为规范当成自己的行为准则,因而参加团体的动机就强。

另一种观点认为运动成绩影响团体凝聚力。很多运动员都曾经历过获得比赛成功后的光环效应。例如,当球队赢得比赛时,队员更容易觉得自己属于球队,会更加遵守行为规范,队伍的凝聚力更强。而当球队失利时,队伍的凝聚力就降低很多。

运动团体因项目特点、成员组成、角色行为、目标任务等不同,在对凝聚力的需求上各有差异。有些项目需个人的自主性强,单独作战,而有些项目则需与他人密切合作,又有一些则是高度配合和个人技巧的结合,这些对凝聚力的要求都是有所不同的。表 10-1 列举了不同运动项目对任务凝聚力的不同要求。

表 10-1 运动项目的性质与任务凝聚力

共动项目 (相互依赖的任务少)	共动-互动项目 (相互依赖的任务中等)	互动项目 (项目依赖的任务多)
射箭	美式橄榄球	篮球
保龄球	棒球、垒球	曲棍球
田赛	冰花样滑冰	冰球
高尔夫球	划船	英式橄榄球
射击	径赛	足球
滑雪	拔河	手球
高台滑雪	游泳	排球
摔跤		

低——要求任务凝聚力的程度——高

资料来源:季浏,2006。

Box 10.3

传承女排精神

女排精神是中国女子排球队顽强战斗、勇敢拼搏精神的总概括。其具体表现为：扎扎实实，勤学苦练，无所畏惧，顽强拼搏，同甘共苦，团结战斗，刻苦钻研，勇攀高峰。女排精神始终代代相传，极大地激发了中国人的自豪、自尊和自信，为我们在新征程上奋进提供了强大的精神力量。2021年9月，女排精神纳入中国共产党人的精神谱系。

2016年8月17日，里约奥运会女排1/4决赛，中国队逆袭巴西。中国女排以小组赛2胜3负名列B组第四的成绩进入1/4决赛，迎战5战全胜的A组第一巴西队。中国女排在首局完败后及时变阵，敢打敢拼成功实现逆转，苦战五局以3：2胜东道主、卫冕冠军巴西队，晋级四强。五局比分分别为15：25、25：23、25：22、22：25、15：13。

赛后采访：

郎平：我们今天位置摆得非常低，一个球一个球地打，甚至没有追求结果，但我们要做好过程，要我们自己满意。我觉得也是没路可走了，我们一直鼓励队员要坚强、要把自己的水平打出来。我们也知道，巴西主场作战应该是压力非常大的，我们没有什么可以输的，我们尊重他们，两届奥运冠军，所以我们要挑战，必须把中国运动员的精神表现出来。我告诉队员，今天不管打得怎么样，我们都为你们骄傲。

魏秋月：我觉得今天这场比赛我们是完全抛开了包袱，从第一分、每一分去拼巴西队，我们全场每一个人都做到了摆正自己位置，把我们自己应有的东西打出来，今天场上无论比分是怎么样，大家从来没放弃过，都想去拼每一分，打死每一分都是赚的。

惠若琪：让心定下来，更专注于比赛，这点整个队伍做得非常好。不管场上场下，队伍拧成一股绳的劲儿最重要。

2016年8月19日，里约奥运会女排半决赛，中国队复仇荷兰。比赛一开局，荷兰人率先发威，一度一波12：5，打得中国女排有些喘不过气。这个时候，郎平指导及时的阵容调整，让场上起到了翻天覆地的变化，中国连续进攻得手追近比分，双方你来我往打到25平，中国才连得2分惊险拿下首局。第三局上来，荷兰刚刚赢下一局势头正盛，连得6分！中国一度0：6、2：8落后。可即便这样，女排姑娘们再次迸发战斗精神，咬着牙一球一球地往回追，最终29：27拿下这局。面对荷兰的强势进攻和出色防守，中国12名选手轮番登场，凭借顽强的意志品质和更胜一筹的把握战机能力3：1力克对手晋级决赛，四局比分为27：25、23：25、29：27和25：23。以下为赛后采访片段。

丁霞：恍然大悟，原来我们进决赛了。与小组赛时相比，第二次面对荷兰队，中国队的最大变化就是将自己的位置放得更低，全力去拼对手，大家豁得出来，拼得出去，信心和士气带动了技术的发挥。

小将袁心玥:比赛中我们每个人都告诉自己"我能行",比赛不到最后一刻就绝不许放弃!

郎平:第二局被对手最后关头反超,第三局开局0∶6又遭遇当头一击,我头脑里一直在飞快地想着如何换人,如何调整战术,但此时除了小将龚翔宇,已经无人可换。虽然这场比赛非常重要,龚翔宇也有一定失误,但在这种关头,我还是选择信任她。今天的比赛是杀出血路,你死我活!

龚翔宇:正是有了教练和队友的信任和鼓励,我才能从困境走出来,重新赢得自信。

第三节　运动中的领导行为

一、什么是领导行为

什么是领导行为

(一)什么是领导

领导是指引和影响个人或组织,在一定条件下实现目标的行动过程。这个动态过程由领导者、被领导者及其所处环境三种因素组成。在本质上,领导属于一种基于人际交互影响而产生的行为。

领导者是在团体中发挥领导作用的人。每个团体都有一个领导者,领导者是团体的首领、核心,对团体的活动成效起着举足轻重的作用。正是由于有领导者的存在,才可以对内主持和领导整个团体,对外代表整个团体同外界进行协调活动。领导者有的是自然产生的,有的是由团体成员推举出来的,还有的是由上级组织委派的。

体育运动中的团体是指由体育教师、学生或运动员、教练员等人在同一规范与目标的指引下协同工作的组织形式。教练员就是这个组织中最具影响力的权威人物,是指引和影响运动团体实现奋斗目标的领导者,多数教练员是为上级委派的领导者。一位能干、负责、勇敢、上进、有重要影响力的教练员,是运动队健康和谐发展的基础和"领头羊"。运动团体的领导过程包括教练员、运动员和情境三种要素,三者之间彼此影响,如图10-3所示。

图10-3　运动团体领导的三要素

(二)领导方式

领导方式是领导者在领导行为的动态变化过程中表现出来的影响被领导者的风格。下面介绍较有代表性的关于领导方式的研究。

1. 勒温的分类

团体动力学创始人德国心理学家勒温(Lewin)根据行使权力和发挥影响力的方式不同,将领导方式分为专制式领导、民主式领导和放任式领导三种。

专制式领导主要依靠领导者个人的能力、经验、知识和胆略来指导团体或组织的活动。

民主式领导以平等主义思想为指导,尊重下属成员的不同能力与资历,领导者以人格感召为主,使下属由衷地愿意追随和接受其领导。例如,教练尽量允许运动员参与确定运动队的目标、训练计划和比赛战术的制定等。

放任式领导采取无为而治的态度,一切活动都由下属成员自我摸索,团体或组织的方针和决策也由下属自行决定,领导者不参与。

在运动团体中,教练员专制型和民主型领导方式的比较见表10-2。

表10-2　教练员专制型和民主型领导方式的比较

领导方式	专制型	民主型
领导行为特征	以取胜为中心的 命令主义的 定向于任务的	以运动员为中心的 合作态度的 定向于运动员的

2. 三隅的分类

日本心理学家三隅对领导者的两种取向行为进行了大量研究,把关心生产的工作取向(P, p)和关心人的人情取向(M, m)各分为高低两种水平,构成了2×2维度的四种领导方式:

PM:工作取向与人情取向均高

Pm:工作取向高而人情取向低

pM:工作取向低而人情取向高

pm:工作取向与人情取向均低

通过对日本的一些厂矿企业进行的多次现场调查发现,领导行为处于PM时,下属成员的生产效率和劳动积极性最高,领导行为处于pm时,下属成员的生产效率和劳动积极性最低。

在运动团体中,根据领导方式的这两种取向可以把教练员的领导方式分为任务型和关系型两种。

任务型领导方式的教练员把注意力放在训练、比赛任务的完成上,其特征就是把任务明确化,提出训练、比赛的具体目标与要求,并以完成情况作为评价与奖惩的依据。

关系型领导方式的教练员特别注重强化和维持团体内部和谐的人际关系上,其突出的特点就是尊重成员的意见,加强交流沟通、增强理解、化解纠纷、心理相融,促进队员自主性发展,提高团体的凝聚力。

(三)领导功能

教练员的领导功能表现为决策、组织、沟通和激励等方面。

1.决策功能

决策功能是教练员领导行为的基本功能。由于教练员在运动队中占据显要的位置,他要审时度势,知己善任,确定目标,制定政策,采取措施,作出最终的决断。

2.组织功能

组织功能是指为了实现团体的目标,领导者必须采取的一系列组织活动。教练员要在作出决策的基础上,进行一系列的组织策划和管理工作,要尽可能科学有效地安排计划,使用人才,调动一切积极的因素,在实施训练计划和完成比赛任务的过程中,使全队上下团结一致,协同作战,逐渐接近并最终达到预定的目标。

3.沟通功能

作为一个团体的主教练,要领导好其他教练员和全体运动员,内部团结是非常重要的,是教练员开展工作的基础。全队上下能否求同存异,相互理解,相互支持,心理相融,往往是决定团体有无凝聚力和战斗力的关键因素。而身处中心地位的教练,协调运动队中的人际关系,与其他成员之间进行交流和沟通是其职责之一。良好的人际关系、及时的沟通与交流是教练员了解情况、掌握信息、协调关系、提高工作效率的可靠保证。

4.激励功能

激励功能是指领导者调动、激发被领导者完成团体目标工作积极性的过程。管理心理学认为,激励功能是领导的主要功能,其内涵主要有以下三个方面:(1)提高被领导者接受和执行目标的自觉程度;(2)激发被领导者实现团体目标的热情;(3)提高被领导者的行为效率。

教练员要通过自己的影响力和所制定的各种制度、奖惩方法,提高运动员的动机水平,充分发挥他们的积极性与创造性。在运动团体中建立激励机制,强化运动员的成就动机,使运动员产生成功感和满足感,进一步激励他向新的目标努力,最终实现理想的目标。

影响领导行为的因素

二、影响领导行为的因素

领导者实现领导功能的过程叫领导行为。实践证明,教练员是运动团体中最有影响力的人物,在团体中起着决策性、关键性的作用。他们的领导行为是否有力,不仅影响成员间的人际关系、队伍的凝聚力与士气,而且影响队员的表现、成绩的提高和团体目标的实现,对运动员个人或团体的成功具有决定性的作用。教练员的领导行为是否有效受多种因素的影响。

(一)教练员的基本素质

"一头绵羊带领一群狮子,敌不过一头狮子带领一群绵羊"。作为运动队的领导者,教练员的地位举足轻重。随着竞技体育的国际化、职业化、专业化、科学化程度的提高,运动成绩对人类极限的逼近,以及竞技运动竞争的日益加剧,现代训练对教练员的素质提出了更高的要求。

1.教练员应具备的知识结构

(1)专业知识:教练员指挥运动员专项训练和比赛的专门知识,如排球教练员所掌握的排球理论知识等。

(2)专业基础知识:教练员应掌握运动员竞技能力发展的规律、运动训练的生物学规律,能恰当地选择运动负荷量,运用适宜的训练方法与手段,具备心理学、社会学、地域学、遗传学等方面的相关专业基础知识。

(3)一般基础知识:教练员除了所执教项目的专业知识和专项理论知识外,还应具备广博的文化科学知识,如数理统计学、计算机科学、运筹学、谋略学、军事学、哲学、教育学等,能更好地适应现代训练的要求。

2.教练员应具备的能力结构

(1)组织训练能力:组织训练能力包括教练员的语言表达能力,动作示范能力,观察了解运动员的能力,组织管理和调控训练活动的能力,科研能力等。

(2)临场指挥能力:临场指挥能力包括教练员把握全局的能力,激发队员身心潜能和斗志的能力,随机应变的能力,发现问题、分析问题、解决问题的能力,承受比赛巨大压力的能力,自我情绪控制能力等。

(3)创新能力:创造性是教练员执教工作的基本特征,教练员有效发展运动员的竞技能力,并使这种能力在重大比赛中转化为优异运动成绩的过程是一个打造精品、塑造尖端的过程。运动员训练水平越高,教练员组织训练和指导比赛的创造性成分越多,因此,创新能力的高低可以作为衡量教练员执教水平的评判标准。

3. 教练员素养的非认知因素

非认知因素是认知因素以外的影响认知过程的一切心理因素,包括意志、动机、态度、情感、兴趣、性格等。构成教练员素养的非认知因素由以下三大要素组成:

(1)内驱力:它是教练员不断面对困难、解决问题的内在精神力量,具体表现为需要、动机、兴趣等。

(2)情动力:对事业的热情和激情是训练活动主体动力机制不可缺少的因素,教练员需要有不断追求、不断超越的情动力作为精神后盾。

(3)意志力:顽强的意志品质和坚韧不拔的精神是教练员不畏挫折、克服困难、不断超越的关键所在。

综上所述,知识、能力、非认知因素是教练员素质结构的基本构件,若要带领成功的运动团体,成为一名成功的领导者,教练员就应提升这三方面的素质。

(二)教练员的领导方式

前文曾介绍了勒温和三隅的领导方式分类,关于教练员领导方式的研究很多。有的学者把教练员的领导方式分为独裁型、权威型、参与型、个体协商型和集体协商型(Chelladurai & Haggerty),有的学者将教练员的领导方式分为权威型、民主型、社会支持型和积极反馈型(Chelladurai & Saleh),有的学者把教练员的领导方式分为放任型、综合型、工作型、关系型和中间型(王新华)。这里介绍王新华的五种领导方式。

放任型。不抓运动训练计划、组织和控制,工作没有目标,盲目性大,多采用放羊式,不注意抓运动员的思想教育、管理和人际关系的调节,相互间缺乏理解和沟通,忽视对运动员要求的满足。

工作型。责任感强,工作有目标,计划周密,有一套严格的运动训练规章制度,对运动训练和细节有严格的要求,为了达到目标或完成任务,会忽视运动员心理、情感上的承受力。

综合型。事业心强,有预测决策能力,制定目标、计划科学周密,手段方法控制适当,了解运动员个性特征,视不同情况区别对待,能激发运动员良好的动机。

关系型。关心运动员,了解运动员的特点,但训练上严格不起来,训练质量不高,缺乏强硬的实力。

中间型。不敢冒尖,也不甘心落后,只讲求眼前利益,没有过高标准和要求,一切成功与失败全凭机会和运气。

现在大部分教练员可能在这五种领导方式之间有效地完全使用一种或混合使用几种方式。五种领导方式的教练员中,属综合型教练员最为优秀。当然,根据不同情境、不同运动项目和不同运动员的特点灵活采用相应的领导方式,会收到更好的领导效果。

（三）情境的特点

影响教练员领导行为有效性的因素,除了教练员自身的素质和领导方式外,情境的特点也是一个很重要的因素。情境因素体现在以下几个方面:

当前任务。最重要的情境变量是当前任务。运动场上的现场指挥要求迅速果断地采取行动,不容许有任何的犹豫与拖拉,在这种情况下,民主型的领导方式效率不会高。

团体传统。一个集体如果长期经历一种领导方式,就不可能对这种领导方式的改变产生迅速而积极的响应,不管改变这种方式的领导者是谁。

时间。在完成任务时间十分有限或情况非常紧迫时,专制型的领导方式比民主型的领导方式更有效。

助手。领导者的助手越多,联合他们向着领导者指引的方向共同努力就显得愈加重要。

紧张情境。研究表明,在紧张的条件下,专制型领导方式下完成任务的效果较好,而在一般情况下,民主型领导方式下完成任务的效果好一些。因此,在比赛高度紧张的情况下,运动员更有可能寻求专制型的领导方式。

（四）运动员的特点

教练员要实现有效的领导还需要考虑运动员自身的特点。

不同项目的运动员喜欢不同的领导方式。集体项目的运动员比个人项目的运动员更喜欢任务定向型的领导方式。例如,变化较多、活动型较强的篮球项目运动员更喜欢任务定向型的领导,因为任务定向型的领导传授技术、战术的效率较高。

不同水平的运动员喜欢不同的领导方式。技能水平高的运动员更加喜欢运动员定向型的教练员,因为他们能够提供情感方面的支持。

不同年龄的运动员喜欢不同的领导方式。低年龄运动员喜欢关系行为高、任务行为低的领导方式,而高年龄运动员喜欢关系行为低、任务行为高的领导方式,因此,应当根据运动员的成熟程度采取不同的领导方式。

不同性别的运动员喜欢不同的领导方式。与女运动员相比,男运动员更倾向于喜欢专制型和社会支持型的领导方式。

不同动机水平的运动员喜欢不同的领导方式。任务动机高的运动员喜欢训练和指导的领导行为,亲和动机和外部动机高的运动员喜欢社会支持型的领导行为。

三、教练员的影响力

任何一个团体的领导人要实现有效的领导,都必须具有影响力。教练员的影响力是指教练员为实现团体目标,在同运动员的接触与指导过程中,对运动员的心理、行为、运动技能以及成绩水平产生影响的程度。教练员的影响力可以分为强制性影响力和自然性影响力两种,如图 10-4 所示。

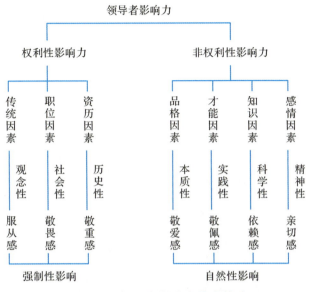

图 10-4 领导者影响力维度构成

强制性影响力也被称为权利性影响力,是通过行政组织任命并使其因此获得团体地位和权力而形成的影响力,是教练员对运动员实行的一种带有强迫性的影响力。在运动团体的日常训练中,强制性影响力表现为教练员提出训练、比赛计划和其他各种要求等,以指令性任务的形式下达给运动员,运动员要按照教练员的指令去执行,被动地接受、服从教练员的指挥与领导。在这一过程中,最基本的管理手段就是奖励与惩罚。

自然性影响力也被称为非权利性影响力,是通过教练员自身具备的能力特点、人格魅力、业务水平和道德修养等形成的影响力。教练员和运动员都有这种影响力,只是因为各自本身的特征与条件的差异,而在影响力度和范围上有所不同。

教练员作为运动队的领导者,除了社会组织赋予他的强制性影响力外,更需要的是具有自然性影响力。自然性影响力与强制性影响力差异很大,自然性影响力是经常性、潜移默化地表现出来,对运动员心理上、行为上的影响是深刻的。因此,自然性影响力的作用要比强制性影响力更大、更深、更持久。

Box 10.4

徐国义:中国游泳功勋教练

徐国义,1970 年 1 月出生于浙江宁波,1982 年入选浙江省游泳队,1994 年起担任浙江省游泳队教练员,2005 年起担任中国国家游泳队教练员,是浙江体育职业技术学院游泳系首席教练,也是中国游泳功勋教练。执教26年来先后培养出叶诗文、徐嘉余、陈慧佳、吕志武、白安琪、李朱濠、朱梦惠、柳雅欣等众多泳坛名将。2020年7月19日,徐国义同志不幸因病逝世,年仅50岁。

徐国义同志以爱国奉献的赤子情怀、脚踏实地的奋斗拼搏、鞠躬尽瘁的执着坚守,为中国游泳事业发展作出了重大贡献。国家体育总局于2021年7月发出了向徐国义同志学习的通知(体人字〔2021〕387号):一是学习徐国义同志祖国至上、为国争光的爱国情怀;二是学习徐国义同志执着探索、一生一事的敬业精神;三是学习徐国义同志坚毅刚强、乐观奋进的顽强作风;四是学习徐国义同志以队为家、爱生如子的高尚品格。

图10-5　徐国义:中国游泳功勋教练

"一个人就是一个能源,人的一生就是燃烧,就是能量的充分释放。能量应该发挥出来,燃烧愈充分愈好。"在《朗读者》的舞台上,徐国义朗读了王蒙的《人生即燃烧》,献给热爱游泳事业的运动员们,字字句句,也都诠释着他自己的信条(见图10-5)。

微课堂:课程思政

序号	教学内容	育人目标
1	人际交往	提高人际沟通能力,建立良好人际关系。
2	运动团体凝聚力	培养团体成员的责任感,增强运动员所属团体的凝聚力,弘扬体育精神。
3	运动中的领导行为	提高教练员的领导能力,明确成为一名优秀教练员的努力途径。

实训项目

1. 通过反思自己的人际关系和小组分享讨论等方式,分析建立良好人际关系的策略。
2. 用人际关系图测量某个团体的凝聚力,并给出提升该团体凝聚力的策略。
3. 通过人物访谈、小组讨论、自我成长设计等方法,分析如何成为一名优秀的教练员。

本讲小结

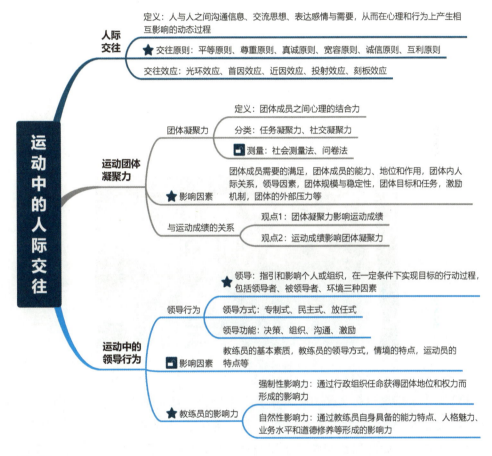

即测即评

第十一讲　运动员的智力

图 11-1　百米飞人：苏炳添

苏炳添在东京奥运会男子 100 米半决赛中跑出 9 秒 83，以半决赛第一的成绩闯入决赛并打破亚洲纪录，成为中国首位闯入奥运男子百米决赛的运动员（见图 11-1）。现为北京体育大学体能训练学院博士研究生、暨南大学体育学院副教授，2022 年 3 月被评为"感动中国 2021 年度人物"。他在《体育科学》发表《新时代中国男子 100m 短跑：回顾与展望》一文，分析了如今中国男子百米跑能跻身世界前列的原因。

在体育运动中，智力意味着什么？它对运动成绩具有举足轻重的作用吗？天才运动员的智力发展水平也很高吗？体育运动能够促进人的智力发展吗？

问题导读

通过本讲的学习,你将能够回答以下问题:

1. 什么是智力?

2. 具有代表性的智力理论有哪些?

3. 经典的智力测验有哪些?

4. 运动和智力有什么关系?

5. 运动员的一般智力有什么特点?

6. 运动员的特殊智力表现在哪里?

第一节　智力概述

什么是智力

一、什么是智力

在心理学界,智力的定义存在颇多争议,对于这一问题心理学家们有着不同的见解。20 世纪初,心理学家普遍认为,智力是由思维、推理和问题解决能力构成,这些与传统智力测验所测量的内容基本一致。自 20 世纪 70 年代以来,越来越多的研究者发现,智力测验的结果不能决定一个人事业是否成功、生活是否幸福,传统的智力概念只涉及了智力的部分内容。美国心理学家斯腾伯格(Sternberg)认为,智力是分析性能力、创造性能力和实践性能力之间所达成的一种平衡。美国心理学家加德纳(Gardner)则认为,智力是解决问题或制造产品的能力。我国的代表人物朱智贤教授认为,智力包含三个方面的能力:感知能力和记忆能力是智力的来源,逻辑思维能力是智力的核心,创造力是智力的最高表现。

我国心理学界普遍认为,智力是指顺利完成智慧活动的能力,即人的各种认识能力的综合,包括观察力、记忆力、注意力、想象力和思维力等,其中思维能力是智力的核心要素。智力水平的高低通常用智商(IQ)来评定。

人的智力发展水平存在着个体差异。一般来说,智力发展水平的高低被分为超常(IQ 超过 130)、正常(IQ 在 70 和 130 之间)和低常(IQ 低于 70)三类。对于智力正常者又可再分为三种:智力偏低(IQ 在 70 和 89 之间)、智力中常(IQ 在 90 和 109 之间)和智力偏高(IQ 在 110 和 129 之间)。智力的发展水平呈中间比例大、两头比例小的正态分布,如图 11-2 所示。

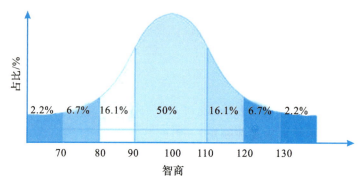

图 11-2　智力的正态分布

由于研究者使用不同的智力量表,因而对智力发展水平的分类也不尽相同,美国心理学家韦克斯勒将智力的发展水平分为七类,见表 11-1。

表 11-1　韦克斯勒的智力分类

智力发展水平的类别	智商(IQ)	理论正态曲线百分比/%
智力落后	70 以下	2.2
临界	70 ~ 79	6.7
中下	80 ~ 89	16.1
中等	90 ~ 109	50.0
中上	110 ~ 119	16.1
优异	120 ~ 129	6.7
极优异	130 以上	2.2

Box 11.1

智力的性别差异

1. 感知觉方面

男性的视知觉能力较强,尤其是空间知觉能力明显优于女性,所以,男性方向感比较好,认路能力比较强;女性的听觉能力则优于男性,特别是对声音的辨别和定位上,女性明显优于男性;在嗅觉能力方面,女性也优于男性,所以对房间及衣物上的异味,女性会比较敏感,男性鼻子没那么灵。

2. 记忆方面

男性的理解记忆、抽象记忆和逻辑记忆较强,女性则更擅长形象记忆、机械记忆、情感记忆和运动记忆。女性的感知觉能力较强,对感知过事物的形象也较为清晰、准确,所以形象记忆较为突出。另外,女性的情感体验也比男性深刻得多,对体验过的情绪能保持相当长的时间。

3. 思维方面

女性形象思维占优,善于从具体的、典型的事物展开思考,其思考路线是从具体到一般,这与女性心理感受性高、叙事常带有浓厚的感情色彩、形象记忆力强有密切关系;而男性的抽象思维占优,思考是从一般到具体,是基于抽象的概念来思考的,这与男性喜欢摆弄物件并进行思索探究、逻辑记忆力强有关。就思维的品质而言,男性在思维活动中的深刻性、灵活性、独创性及敏捷性都具有明显的优势。

二、智力的理论

心理学家关于智力的构成有许多主张,下面介绍几种具有代表性的智力理论。

(一)智力二因素论

1927年,英国心理学家斯皮尔曼(C. Spearman)根据人们完成智力作业时成绩的相关程度,提出了智力的二因素论。他认为,人的智力由两种因素组成,一般因素(G因素)和特殊因素(S因素)。一般因素是指人们在任何情境或从事任何活动都能表现出来的与思维和适应有关的能力,而特殊因素则是在某种特定情境或从事某类活动所表现出来的与思维和适应有关的能力。由许多特殊因素与一般因素结合在一起,就构成了人的智力。现有的标准化智力测验所测量的就是智力的一般因素。

人们在完成任何一种作业时,都有 G 和 S 两种因素参加。例如:完成田径作业需要 $G+S_1$,完成足球作业需要 $G+S_2$,完成射箭作业则需要 $G+S_3+\cdots$,其中一般因素 G 是能力构成的首要因素,存在于各种作业之中,S 因素只在某一专项作业中发挥作用。活动中包含 G 因素越多,各种作业成绩的正相关就越高;相反,包含 S 因素越多,各种作业成绩的正相关就越低。

斯皮尔曼的智力二因素论对我们理解智力的结构有重要的启发。如果把智力理解为聪明的话,那么脱离情境来讨论智力是不合适的,因为很少有人在各种情境中都表现得很聪明。这一理论与当时流行的遗传决定论相比,无疑是对智力落后教育的一种鼓舞。智力落后儿童的一般智力低于正常儿童,但是也有些儿童拥有一些特殊的能力,因此对智力落后儿童教育的可能性在理论上给予了支持。

Box 11.2

智商越高，赛马预测越准吗？

根据大多数智力的定义，能否完成任务取决于高水平的智力（也称一般能力）。但是，塞西和赖克尔（Ceci & Liker）认为，这样的假设可能是错误的（见图11-3）。在他们的研究中，被试是一些在美国北威尔明顿市长期从事赛马活动的人。通过初期的调查，他们确定了14名赛马专家以及16名非专家。专家的智商范围为81～128，而非专家的智商范围为80～130，两个群体的平均智商都是100。更为重要的是，其中4个专家的智商特别低，低智商的专家为个案研究提供了可能。

图11-3　智商越高，赛马预测越准吗？

研究者给专家和非专家提供了50匹不知名的马以及1匹知名的对照马的14项信息（包括马的速度、比赛能力、血统等），让所有人对50匹马中每一匹马与对照马比赛的胜数加以推测。塞西和赖克尔认为，完成这样的任务要求高水平的认知加工活动。研究结果与预期的相一致，即专家组的平均成绩远远高于非专家组，但专家在这一任务中的表现几乎与智商的高低完全没有关系。尽管所有的专家和非专家每天都在看赛马，但低智商的专家甚至比高智商的非专家使用了更为复杂的认知加工模式。

塞西和赖克尔认为，智商与认知复杂性的现实表现没有关系。他们证明了在特殊技能发展方面，持久而良好的动机的确可以弥补智商上的缺陷。当然，与低智商的人相比，高智商的个体能够更快地发挥其能力。

（张力为和毛志雄，2007）

（二）多元智力理论

1983年，美国心理学家加德纳出版了《智能的结构》一书，向传统偏向认知的智力理论提出了挑战。他认为，智力是在特定的文化背景下或社会中解决问题或制造产品的能力，人的智力结构中存在着7种相对独立的智力，每种智力都有其独特的解决问题的方法，都有其自身的符号系统。这7种智力在每个人身上的组合方式是多种多样的，有人可能在某一个或两个方面是天才，而其余方面却是蠢材，有人可能各种智力都很一般,但如果他所拥有的各种智力被巧妙地组合在一起,则可能在解决某些问题时会显得很出色。1999 年,加德纳又提出了第 8 种智力,即认识自然的智力,它是认识自然,并对我们周围环境中的各种事物进行分类的能力。加德纳的多元智能结构如图 11-4 所示。

图 11-4　多元智能结构

加德纳对 8 种智力的解读见表 11-2。

表 11-2　加德纳的 8 种智力

终端站	智力	中心成分
科学家、数学家	逻辑智力	洞悉能力和灵敏性,逻辑和数字模式,把握较为复杂的推理。
诗人、新闻记者	语言智力	处理词和语言的能力,包括口头语言和书面语言。
作曲家、小提琴家	音乐智力	产生和欣赏节奏、音高和颤音的能力,对不同音乐表达形式的欣赏。
舞蹈家、运动员	运动智力	控制身体运动和有技巧地运用物体的能力。
航海家、雕刻家、建筑师	空间智力	准确知觉视觉 - 空间世界的能力,对人的最初知觉进行操作转换的能力。
心理治疗师、推销员	人际智力	对其他人的情绪、气质、动机、期望的辨别和恰当的反应能力。
详细的、准确的自我知识	内省智力	对自己情绪的感知、区分,并以此指导行为的能力,对自己的力量、弱点、期望和智力的了解。
生物学家、环保主义者	认识自然智力	对种属不同灵敏性,与生物敏锐交往的能力。

加德纳的多元智力理论一经提出,就对教育实践产生了重大影响。传统的智力理论强调数理－逻辑智力和语言智力,而加德纳认为智力是多元化的。加德纳还指出,每个人在不同领域的智力发展水平是不同步的,而现实生活中人们可根据自己智力的结构将各种智力有机地结合在一起从事工作。加德纳认为,学校教育的宗旨应该是开发多种智能,并帮助学生发现适合其智能特点的职业和业余爱好。

对教育工作者来说,有多少种智力类型并不重要,重要的是要树立起这样一种观念,即在某个领域中的表现并不能说明在其他领域中也会有类似的表现。遗憾的是,传统的学校教育只关注极少的一部分行为表现,主要依据加德纳所说的语言智力和逻辑/数学智力(仅仅是八种智力中的两种)来认定学生是否聪明。如果学校想让所有学生都成为聪明的学生,就必须采用更为广泛的行为评价标准,并且对更为广泛的行为表现进行奖励,而不只是奖励非常有限的几种智力表现。

(三)三元智力理论

在多元智力理论中,各种不同形式的智力是相对独立的,而美国耶鲁大学心理学家斯腾伯格1985年提出的三元智力理论却关注将各种智力成分组合起来。斯腾伯格认为,一个完备的智力理论必须说明智力的三个方面,即智力的内在成分,这些智力成分与经验的关系,以及智力成分的外部作用。由此,斯腾伯格提出人的智力是由三部分构成:成分智力、情境智力和经验智力。

成分智力包括三种成分及相应的三种过程,即元认知成分、操作成分和知识获得成分。元认知成分是用于计划、控制和决策的高级执行过程,例如确定问题的性质、选择解决问题的策略以及资源分配等。操作成分表现在任务的执行过程。知识获得成分是指筛选相关信息并对知识加以整合从而获得新知识的过程。

通过将许多任务分解为不同的成分,研究者就可以找出区分不同 IQ 个体的操作过程。例如,研究者发现,与低 IQ 学生相比,高 IQ 学生的元认知成分使得他们可以选择不同的策略来解决特定的问题。这种在策略选择上的不同,可以说明为什么高 IQ 学生有较高的问题解决能力。

情境智力主要是指和个体生活背景相关的能力,它反映出智力是一个相对的概念。因为在不同的文化背景中,人们看重的内容是不一样的。比如,语言技能在很多地方是很重要的,但在有些地方,其他能力(如航海能力)可能更加重要。情境智力实际上反映了个体适应环境、选择环境以及改造环境的能力。一般来说,个体总是努力适应他所处的环境,力图在个体与环境之间达到和谐。

经验智力是个体运用已有的知识和经验的能力。一个有经验智力的人,能够很快地适应环境,因为他善于运用以往的知识和经验来解决面临的问题。

斯滕伯格的理论得到了对大脑前额叶受损病人的研究结果的支持。例如,有一位以前很成功的物理学家,因为偶然的事故前额叶受损,痊愈后他虽然仍有很高的智商分数却不能继续他的工作。他能按指示程序进行诸如开车之类的活动,但缺乏适应环境的能力。显然,这种人缺少了智力中的一些重要成分,而这些成分却没有被大多数智力测验测量出来。

三元智力理论与当代认知心理学的发展相契合,对传统智力理论中的智力概念提出了新的解释。它从主体、外部环境和内部心理过程三方面来讨论智力,充分考虑情境和经验水平对智力的影响,并系统地探讨了内部心理过程如何与文化因素及外部环境的相互作用,为编制较为理想的智力测验提供了一个良好的理论框架,并在一定程度上弥补了传统测验在真实性和功能性这两个方面的缺陷。

(四)智力三维结构模型

智力三维结构模型是由美国心理学家吉尔福特(J. P. Guilford)于1967年提出。他认为,智力可以区分为三个维度:内容、操作和产品。

智力的第一维度是内容,即智力活动的对象或材料。内容包括图形、符号、语义和行为。智力的第二维度是操作,即智力活动的过程,包括认知、记忆、发散思维、集中思维(聚合思维)和评价。智力的第三维度是产品,即运用上述智力操作所得到的结果,包括单元(指字母、音节、单词、熟悉事物的图案和概念等)、类别(指一类单元,如名词等)、关系(指单元与单元之间的联系)、系统(指用逻辑方法组成的概念)、转换(指改变,包括对安排、组织和意义的修改)和应用(指从已知信息中观察某些结果)。吉尔福特的智力三维结构模型可用图11-5来表示。

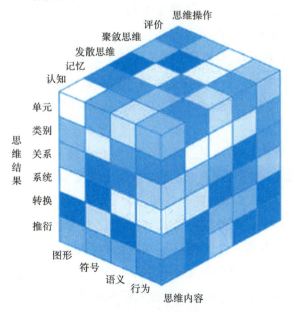

图11-5 智力三维结构模型

这一理论模型与化学元素周期表有些相似。根据这一系统框架,智力因素就像化学元素一样,在它们被发现之前就被假定,现在研究者已经发现了超过100种智力因素。吉尔福特的智力三维结构模型同时考虑到智力信息加工的内容、操作和产品,这不仅有助于智力测验研究工作的深入,也有助于发现优势能力和非优势能力,在教育实践中使教师能够有效区分学生智力的优势与欠缺,为因材施教提供了理论依据。

三、智力测验

智力测验

智力测验是在一定智力理论和测量理论指导下,通过测验的方法来衡量人的智力发展水平高低的一种科学方法。需要说明的是,现行的智力测验所依据的理论基础主要还是传统的智力因素理论,它偏重个体的语言能力、数理逻辑能力和空间关系能力等,其结果一般反映的是人的分析能力。

(一)常用的智力测验

1.斯坦福－比纳量表

世界上第一个智力测验量表是比纳(A. Binet)和西蒙(T. Simon)于1905年编制的,包括30个项目,其最初目的是鉴别低能儿,该量表被称为比纳－西蒙量表。1916年美国斯坦福大学推孟(L. M. Terman)发表了经过修订的比纳－西蒙量表,并将其称为斯坦福－比纳量表。

智力测验的结果最初是用智力年龄来表示的,即儿童最高能通过几岁组的测验项目就表示他的智力年龄有几岁。为了便于不同年龄儿童智力的比较,推孟提出了智商(Intelligence Quotient,简称IQ)的概念。斯坦福－比纳智力测验中的智商是智力年龄与实足年龄之比,也称比率智商,计算公式为:

$$IQ(智商) = MA(智力年龄)/CA(实足年龄) \times 100$$

IQ作为智力年龄与实足年龄的比值,当其值为100时,就表示一个人的智力处于中等水平。

采用智商来表示智力发展水平,简便明了,具有很强的可比性,它不仅能鉴定每个具体个人当前智力水平的绝对高低,而且能通过比较鉴别同龄儿童和不同年龄儿童智力的相对高低。例如:三个5岁的同年龄儿童,一个完成了6岁组的题目,一个完成了5岁组的题目,一个只能完成4岁组的题目,其IQ分别为:$6/5 \times 100 = 120$,$5/5 \times 100 = 100$,$4/5 \times 100 = 80$。智商还可以比较不同年龄儿童的智力,例如:一个10岁儿童能完成12岁儿童组的题目,其$IQ = 12/10 \times 100 = 120$;一个5岁儿童能完成7岁儿童组的题目,$IQ = 7/5 \times 100 = 140$。这两个儿童的智龄比实际年龄都大两岁,但IQ却不相同,5岁儿童比10岁儿童的智力水平高。

斯坦福－比纳量表在 1937 年、1960 年、1986 年和 2003 年进行过多次修订,同时也被英、德、日、意等国的心理学家翻译成本国文字,并结合自己的国情加以修订,成为目前世界上广泛流传的标准测验之一。我国学者也曾对该量表进行过多次修订,使之适合中国人的使用,1982 年由吴天敏修订的《中国比纳测验》共 51 题,适用于 2 ~ 18 岁的儿童。

2. 韦克斯勒量表

比纳以后在智力测验编制方面做得最成功和最富于成果的是美国心理学家韦克斯勒(D. Wechsler),他把智力定义为有目的的行动、理性的思维和有效应对环境的整体能力,并据此编制了智力测验。

韦克斯勒智力量表有三种:韦氏成人智力量表,评定 16 岁以上成人的智力;韦氏儿童智力量表,评定 6 ~ 16 岁儿童的智力;韦氏学前儿童智力量表,评定 4 ~ 6 岁半儿童的智力。他把智力分成言语和操作两大部分,每一部分分别有 6 个测验,这样的结构既可以测到一个人的总智商,又可以了解言语和操作两种智商,还可以更细致地测量到 12 种能力,有助于完整地了解一个人的智力水平,如图 11-6 所示。

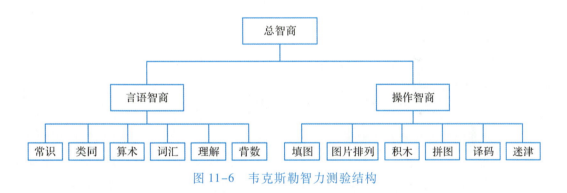

图 11-6　韦克斯勒智力测验结构

韦氏智力量表的重要特点是,它废除了智力年龄的概念,保留了智商的概念。但韦氏量表中的智商已经不是传统意义上的比率智商了,而是离差智商。离差智商是以智力的正态分布曲线为基础,将人们的智商看作是平均数为 100、标准差为 15 的正态分布,它反映了个人在同年龄组人群中的相对地位。其计算公式为:

$$IQ = 100 + (X - M)/S \times 15$$

其中,X 代表被试测验得分,M 代表团体的平均分数,S 代表团体分数的标准差。离差智商克服了比率智商的不足,即不会由于一个人的智力年龄和实足年龄的不同步增长,而出现年龄越大智商越低的现象。韦克斯勒智力测验不仅可以反映出被试的总体智商,而且还可以反映出被试在不同部分,甚至是不同方面的智力水平及差异,这样既有利于更好地了解一个人的智力结构,也有利于对不同年龄的被试进行具体比较。

3.瑞文推理测验

瑞文标准智力测验是英国心理学家瑞文于1938年设计的非文字的图形智力测验。题目由两种形式组成:一种题目形式是从一个完整图形中挖掉一块,另一种是在一个图形矩阵中缺少一个图形,要求被试从提供的几个备选答案中,选择出一个能够完成图形或符合一定结构排列规律的图案,如图11-7所示。该测验旨在测试人的一般智力水平,尤其可以测量人的解决问题的能力、观察力、思维能力、发现和利用自己所需的信息及适应社会生活的能力。

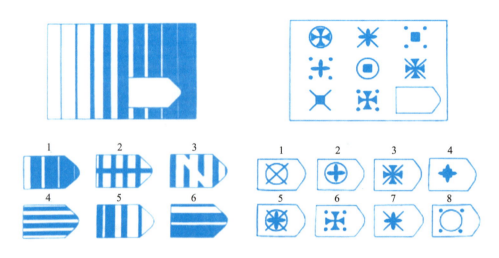

图 11-7　瑞文标准推理测验题示例

瑞文推理测验的优点在于测验对象不受文化、种族与语言等条件的限制,适用的年龄范围也很宽,从5岁半直到老年,而且不排除一些生理缺陷者,如听障儿童、文盲等。测验既可单独进行,又可团体实施,使用方便,省时省力,结果以百分等级常模解释,直观易懂,测验具有较高的信度和效度,因而该测验在世界各国广泛使用。

(二)科学使用智力测验

智力测验被广泛用于教育、医学等领域,为发现人才、选拔人才和因材施教等提供了一定的指导。如何正确地使用智力测验?

(1)智力测验是一种科学的测量方法,需要有专业人士来操作。测验涉及许多方法上的程序,如果没有经过相关的训练,既不懂测验的理论,又不懂测验操作的方法,更不懂测验结果如何解释,那如何能给出一个科学的测验结论? 所以非专业人士的测验结果是不可信的,智力测验一定要有专业人士来实施。

(2)智力测验还要考虑采用合适的测验工具。每一种工具都只能在一定的范围内使用才是有效的,比如有年龄、地域、文化等限定,如果超出了测验所规定的范围那就不能使用。

（3）智力测验一定要在其规定的条件下才能施行。心理测验有标准化的程序，每一种测验都有实施的严格要求，比如在什么场合才能做、如何做等，不符合其要求的都不是科学的测验做法。

（4）智力测验是为了更好地对个人实施教育，即进行更有针对性的教育，它不是为了给人贴标签，所以测验后要提出一些合理的建议，以便人们通过测验不仅可以了解自己或孩子，更知道该怎么做更好。

（5）国外的智力测验一定要经过修订后才能使用。因为不同的文化对智力有不同的观念，所以所选用的测验项目也只是适合于本民族使用，其他国家或民族要使用该测验，一定要先检验是否适合，不适合的内容、形式及评价标准都要进行修订。

迄今的智力测验尚有许多不足之处，所以在使用时需要注意：

第一，至今还没有一种完整的智力定义，因而也不可能有一个全面的智力测验，每一种智力测验都可能只测到了人的一部分智力，因而不可笼统地说哪个人聪明、哪个人笨。我们只能根据该智力测验所测得的能力来评价人的智力，而不能笼统地说聪明或不聪明。

第二，智商是稳定的，所以我们常常会用一次智力测验的结果作为预测的依据，但我们要考虑到，有些人的智商是会发生变化的，我们做预测时一定要非常谨慎。

第三，目前大多数智力测验仅仅给出一个智商的分数，这对全面了解一个人的智力是有欠缺的。

第四，智力测验是对人的智力水平进行间接的测量，它做不到像物理测量那么准确，各种干扰因素会影响测验的结果，所以在对测验结果进行解释时一定要慎重，最好能收集其他评价指标来相互印证。

综上所述，智力测验作为一个了解人的部分智力以及预测学业成就的工具还是非常有效的，但不能把它看成是对一个人智力的结论性意见。现在很多人主张把智力测验和其他方法结合起来，从多方面来评定个体的能力水平。这些方法包括：自我评价、父母评价、教师评定、创造性测验结果、学业成绩等。只有通过多种途径、运用多种方法，把所得的各种数据相互参照，进行综合分析，才能有效地对智力给予鉴定。

Box 11.3

高智力预示着高成就吗？

从 20 世纪 20 年代初开始，推孟在美国对超常儿童启动了一项规模较大、时间最长的（至今仍在继续）追踪研究。1921—1922 年，他运用智力测验等方法，从学前儿童和中小学儿童中鉴别出 1528 名天才儿童，他们的平均年龄 11 岁，平均智商 151，其中智商在 170 以上的有 80 名。30 年之后（这时研究对象的平均年龄为 40 岁）推孟发现，智力与成就并不是完全相关的。一方面，这些人在总体上取得了较多的成就，他们出版了 67 种著作，发表了 1400 多篇科学技术和专业论文，发表了 200 多篇短篇故事、中篇小说和剧本，还有 236 篇其他的文章，共获得专利 150 多种。另一方面，一些高智商者却没有取得什么成就。

同样是高智商，为什么一些人能够取得较大的成就，另一些人却一无所成呢？推孟从中挑选出成就最大者与成就最小者各 150 人，对他们进行了比较。结果表明，成就较大者在自信、谨慎、进取心、坚持性等方面显著优于成就较小者，正是这些非智力因素让他们取得了更大的成就。换言之，这两组人的主要差异不在于智力，而在于非智力因素。

（谷传华,2010）

第二节　运动员的智力特征

运动员的一般智力

一、运动员的一般智力

以差异理论为依据对竞技运动领域运动员智力的研究，大都采用一些传统智力测验来探讨运动与智力的关系，研究结果呈现了两种观点：低相关和具有相关性。

（一）运动与智力低相关

持这一观点的人认为，运动能力的高低不受智力因素的影响，运动训练也不能促进智力的发展。

Leith-wood 和 Fowler 分别发表研究报告说，通过运动训练未能发现对运动员的一般智力产生影响。

Weifeld 让 200 名被试对 50 名运动员的智力或其他可能决定运动能力的优势因素做了评价。因素分析结果表明，运动能力同智力显示出低相关。

刘淑慧等人用瑞文标准推理测验对北京体育师范学院 104 名体育专业学生、北京师范大学数学系 59 名理科学生和中国政法大学法律系 60 名文科学生进行了测量。将三组被试测验的 5 项系列分和总分的原始分进行比较，没有显著差异（$P > 0.05$），说明体育专业学生和文、理科学生在知觉辨别力、想象力、类同、比较、图形组合和套合能力以及系列关系、互换等抽象推理能力等方面没有差别。研究者认为,体育专业学生并没有因为参加大量的体育活动而影响了他们智力的发展,恰恰相反,体育学习活动与文理科的学习活动同样都在促进大学生智力的发展,运动场与安静课堂的作用等价。

张力为等人用韦氏量表对 95 名中国乒乓球运动员进行了测验。结果发现,中国乒乓球运动员的智力发展水平从总体上看处于中等。他认为,韦氏智力测验可能不能有效地测定出通过乒乓球训练所促进的那种特殊智力,或者说乒乓球训练对于发展韦氏智力测验所测定的一般智力可能没有特殊的、异于其他活动的促进作用。另外,他还发现,在世界比赛中获前三名的乒乓球运动员无一人韦氏全量表智商超过 120。

潘其乐采用《瑞文联合型测验》对上海业余、高校和专业队游泳运动员进行了测试,结果发现游泳运动员的智力特征具有明显的年龄特征,但运动等级对智力水平无显著影响。

(二)运动和智力具有相关性

持此种观点的人强调,运动水平的好坏受智力水平的制约,智力低下不可能达到很高的运动水平,运动训练有助于促进一般智力水平发展。

松井三雄曾将智商在 75 分以下的儿童与普通儿童的运动能力进行了比较研究,结果表明,前者的运动能力明显低劣。

上田和小杉对大学体育系学生进行了智力测验,发现体育系学生的平均智商在 116 分以上。他们认为,从事体育运动必须具备较高的智力水平,一定的智力水平是体育运动的基础,体育运动也能促进智力的增强。

阿·维·罗季奥昂诺夫认为,只有那些天资聪颖,各个项目特点所要求的心理素质和特征高度发展的运动员才能取得优异成绩。

周家骧等人曾对上海师范大学体育系和中文系学生进行了韦克斯勒成人智力测验。结果发现,体育系学生智力中上者($IQ \geq 110$)占 68.1%,其中智力优秀者($120 \leq IQ \leq 129$)的比例(23.4%)大大高于常态理论分布水平(6.7%)。从总体来看,他们的平均智商有 113.4,远远高于常态理论分布的平均智商 100。

周成林等人以李绍衣修订的《儿童智力团体量表》为测试工具,对获得全国少年儿童游泳锦标赛前八名的 90 名 10-13 岁少年运动员和 104 名普通中小学生进行了智力测验。结果发现,我国 10-13 岁优秀游泳运动员总智商的平均值为 120.4,普通学生总智商的平均值为 110.4,差异非常显著($P < 0.01$),运动员组与学生组操作智商的差值又大于言语智商的差值。作者认为这一结果说明游泳运动对少年儿童的智力及智力结构的发展起着积极的促进作用。

张明通过实验研究得出,健美操练习促进了幼儿注意力集中、身体协调能力及平衡能力、交流能力等的发展,尤其是注意力提高了 20.8%。

刘瑾彦研究认为,体育游戏对3~6岁学龄前儿童的观察力提高具有积极影响,对3~4岁学龄前儿童记忆力有积极的促进作用,但对4~6岁年龄段的学龄前儿童记忆力影响不明显。

(三)运动员的一般智力特征

综合国内外关于运动员一般智力的研究结果,我们归纳出运动员的一般智力具有以下特征:

(1)高水平运动员具有中等或中等以上水平的智商。

(2)运动技能的类型不同、水平不同,智力因素对技能获得的影响也不相同。

(3)运动专项不同,取得优异成绩所要求的智力特征也不相同。

(4)运动技能学习的阶段不同,智力因素对技能获得的影响也不同。

(5)在所完成的操作任务难度和智商分数之间有中等程度到高的相关。

(6)智力缺陷儿童的智商分数越低,技能操作成绩也越差,掌握运动技能也越困难。

(7)体育专业学生的智力发展水平与文理科学生的智力发展水平无显著差异。

运动员要具有中等程度的智力发展水平,这是成为高水平运动员的一个必要条件。上述观点是运动员选材时大家一致认可的观点。值得注意的是,成为高水平运动员不一定非要具备高水平的一般智力。

二、运动员的特殊智力

持这种观点的人不但充分肯定一般智力对运动训练和比赛具有良好作用,而且还强调与普通人相比,或在不同运动项目间,运动员还具有专门的特殊智力或特殊的智力结构。

在探讨智力的结构时,尽管不是所有的,但至少是许多心理学家都为运动活动体现的智力留下了一个特殊位置,这个特殊位置也许可以用空间能力或身体运动能力来代表。空间能力指个体知觉空间关系和表象物体位置变化的能力;身体运动能力指控制自己身体运动和精确操作物体的能力。显然,根据一般常识,运动员此类能力明显高于常人。

在认知理论的影响和推动下,研究者们提出运动员的智力是以强调运动情境特殊性和运动任务的特殊性为出发点,以运动员应对特殊环境要求的能力为基础。可以说,很少能脱离具体运动环境条件去谈运动员智力,因此,用传统的智力观,用测量普通人的智力测验工具去揭示运动员的智力本质特征显然是难以办到的。

柳立红用瑞文标准推理测验对北京体育学院90级278名学生的智力发展水平进行了研究。相关分析表明,健将级、一级、二级运动员的测验成绩与他们的训练年限呈低度负相关($r = -0.1973$)。研究者认为,运动训练年限长、水平高的运动员由于科学文化知识掌握得不够,知识面不宽,因而影响了智力的发展。另外,研究者还指出,瑞文标准推理测验测量的是智力"G"因素,可能反映不出高水平运动员的某些特殊智力。

张力为等人在相关的研究中也提到,韦氏智力测验可能不能有效地测定出通过乒乓球训练所促进的那种特殊智力。

葛春林认为,运动员的智能包括一般智力和专项智力,以操作思维为主的一般智力是基础,专项智力指运动员在参加训练和比赛过程中表现出的专项信息加工速度、认知策略和反应认知方式的特征。

当代认知理论的研究进展有助于运动心理学领域对运动员专项智力结构的认识和把握。运动员专项智力结构包括感觉、知觉和记忆等基本的认知过程,思维、表象、问题解决和决策等高级认知过程,以及自我监控。由于智力因素和非智力因素都是自我监控的重要对象,自我监控也就是运动员智力因素和非智力因素相互作用的核心系统。自我监控作为运动智力结构的重要组成部分,使运动智力结构更为完整,运动智力结构不再是一种静态的结构,而是一种静态与动态相统一、多层次、多侧面、多水平和多联系的结构。

微课堂：课程思政

序号	教学内容	育人目标
1	智力概述	引导学生重视非智力因素的培养,提升自身综合素养。
2	运动和智力的关系	培养运动员辩证的思维能力。
3	运动员的智力特征	提高运动员的自信心,激发学生对体育专业的认同感和自豪感。

实训项目

1. 运用思维导图工具,小组讨论运动员的聪明表现在哪里?
2. 用实例说明比率智商和离差智商的区别。
3. 通过文献检索、人物访谈、小组讨论等方法,讨论运动和智力是否具有相关性?

本讲小结

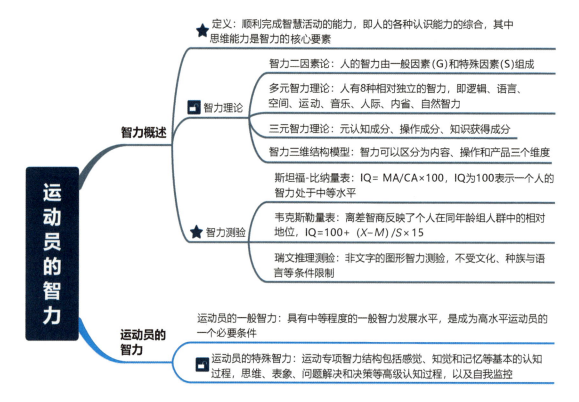

定义：顺利完成智慧活动的能力，即人的各种认识能力的综合，其中思维能力是智力的核心要素

智力二因素论：人的智力由一般因素(G)和特殊因素(S)组成

多元智力理论：人有8种相对独立的智力，即逻辑、语言、空间、运动、音乐、人际、内省、自然智力

三元智力理论：元认知成分、操作成分、知识获得成分

智力三维结构模型：智力可以区分为内容、操作和产品三个维度

斯坦福-比纳量表：IQ= MA/CA×100，IQ为100表示一个人的智力处于中等水平

韦克斯勒量表：离差智商反映了个人在同年龄组人群中的相对地位，IQ=100+ $(X-M)$ /S×15

瑞文推理测验：非文字的图形智力测验，不受文化、种族与语言等条件限制

运动员的一般智力：具有中等程度的一般智力发展水平，是成为高水平运动员的一个必要条件

运动员的特殊智力：运动专项智力结构包括感觉、知觉和记忆等基本的认知过程，思维、表象、问题解决和决策等高级认知过程，以及自我监控

运动员的智力 · 智力概述 · 智力理论 · 智力测验 · 运动员的智力

即测即评

第十二讲 运动员的人格

图 12-1   王濛：乐观、自信是一个优秀运动员的品质

著名哲学家莱布尼茨曾经说过："世界上没有两片完全相同的树叶。"仔细观察会发现，每片树叶大小不等、厚薄不一、色调不一、形态各异。世界上更没有两个完全相同的人，即便是同卵双生子也存在很大差异。有的人勤奋认真，有的人懒惰粗心，有的人急躁冲动，有的人沉着冷静，有的人活泼开朗，有的人内敛沉静，有的人诚实守信，有的人见利忘义……这些差异都是人格差异的表现。一个优秀的运动员该具备哪些人格特征？短道速滑运动员王濛认为乐观、自信是一个优秀运动员的品质（见图 12-1）。而运动员人格特征的评定是进行心理选材、心理训练和心理咨询工作的基础。

问题导读

通过本讲的学习,你将能够回答以下问题:

1. 什么是人格?
2. 经典的人格理论主要有哪些?
3. 影响人格形成的因素有哪些?
4. 运动员的人格差异主要表现在哪些方面?
5. 人格与运动表现之间有什么关系?
6. 优秀运动员的人格特征有哪些?

第一节　人格概述

一、什么是人格

心理学中的人格(personality)一词来源于古希腊语 persona,原意是指演员在舞台上扮演角色所戴的面具,面具随人物角色和身份的不同而变换,体现了角色的特点和人物的性格。将面具引申为人格,实际上包含两层意思:一是个体在生活舞台上演出的种种行为,即公开的自我;二是指被遮蔽起来的真实的自我。

在日常生活中,当人们赞扬某人"人格高尚"时,是将人格视为道德的主体,与人品、品格同义。法律上讲"保护人格尊严",是将人格视为权利义务主体的资格。而心理学中讲的人格,却远远不只是人的权利、责任和道德品质这些方面。心理学中的人格概念更接近日常话语中的"性格"一词,如内外向、情绪稳定性、处事和待人的方式等。

我国学者彭聃龄认为,人格是构成一个人的思想、情感及行为的特有统合模式,这个独特模式包含一个人区别于他人的稳定而统一的心理品质。人格既是个体的一种内在品质,也是个体的外在表现,而且二者之间是一致的。人格的组成特征因人而异,因此每个人都有其独特性。罗伯特和丹尼尔将人格定义为:"从本质上来讲,人格是令一个人与众不同的特性或特性组合。"

心理学家基本认同人格是由比较稳定的认知模式、情绪模式和行为模式构成的具有个体独特性的心理品质。其中认知模式是指人们获得并加工信息的思维特点,如有的人积极面对困难,而有的人消极面对困难;情绪模式是指个体情绪表达的方式方法,如有的人情感含蓄,而有的人情绪外露;行为模式则是指个体对刺激作出反应的独特行为方式,如有的人行动快速、敏捷,有的人行动缓慢、迟钝。三种模式互相影响,共同体现个体独特的人格特征。

二、人格的理论

心理学家从不同的角度对人格的结构进行描述和研究,从而形成了不同的人格理论。这里简单介绍四种人格理论。

(一)弗洛伊德的冰山人格理论

精神分析学派的代表人物弗洛伊德(Freud Sigmund,1856–1939)把人格分为三个层次:本我(Id)、自我(Ego)和超我(Superego),如图 12-2 所示。

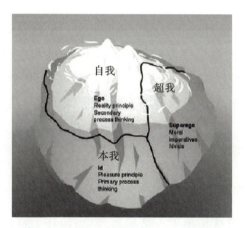

图 12-2　弗洛伊德的冰山人格理论

1. 本我

本我是一种原始的力量源泉,是生来就具有的本能,如温饱、睡眠、性需要等。本我位于人格结构的最底层,是人格中最原始、最模糊和最不易把握的部分,由一切与生俱来的本能冲动所组成。弗洛伊德把本我看作是一口本能和欲望沸腾的大锅。本我是无意识的,无理性的,要求无条件的满足。本我遵循快乐原则。

2. 自我

自我是从本我中逐渐分化出来的,位于人格结构的中间层。自我是现实化了的本能,是在现实的反复教训下从本我分化出来的一部分,受现实原则支配,力争避免痛苦,又能获得满足。自我在人格结构中代表着理性和审慎,在本我需要和现实可能之间加以调节。

3.超我

超我位于人格结构的最高层次,是道德化了的自我,由社会规范、伦理道德、价值观内化而来,是社会化的结果。超我遵循道德原则,具有三个作用:一是抑制本我的冲动,二是对自我进行监控,三是追求完善的境界。

弗洛伊德认为人格的这三种构成之间不是静止的,而是不断在交互作用。本我是求生存的必要原动力;超我监督、控制主体按社会道德标准行事;自我对上按超我的要求去做,对下吸取本我的动力,调整其冲动欲望,对外适应现实环境,对内调节心理平衡。当三者处于协调状态时,人格表现出一种健康状况,当三者的力量不能保持动态平衡时,则将导致心理疾病。

基于这种划分他提出了人格的"三我"结构。他认为一个人的人格就像海面上的冰山一样,露出来的仅仅只是一部分,绝大部分是处于无意识的,而这绝大部分在某种程度上决定着人的发展。所以弗洛伊德把他的精力主要用于对人的无意识的研究,这点受到了后来人的批评。

弗洛伊德精神分析理论对运动心理学的贡献之一是将投射技术用于运动员人格的测量,投射技术主要包括罗夏墨迹测验(Rorschach Test)和主题统觉测验(Thematic Apperception Test,TAT)两种测验。有一些运动心理学家在20世纪80年代开始采用投射测验来研究运动员的人格,但由于投射测验的信度和效度问题一直受到人们的质疑,所以并没有引起广泛关注。随着投射测验在评价客观和准确等方面的不断完善,一些投射测验有望在运动员人格测评上得到广泛应用。

(二)奥尔波特的特质理论

奥尔波特于1937年首次提出了人格特质理论,他将人格特质区分为共同特质和个人特质。共同特质指在某一社会文化形态下,大多数人或一个群体所共有的、相同的特质,个人特质是个体所特有的特质。

奥尔波特将个人特质视为一种组织结构,每一种特质在这个人的人格结构中处于不同的地位,与其他的特质处于不同的关系之中,因而他区分了首要特质、中心特质和次要特质三种不同的个人特质。

1.首要特质

首要特质是指一个人最典型、最有概括性的特质,它在个人特质结构中处于主导性的地位,影响着一个人各方面的行为。例如,多愁善感可以说是林黛玉的首要特质。

2.中心特质

中心特质是指构成个体独特性的几个重要的特质,在每个人身上大约有5~10个。例如,林黛玉的清高、聪慧、孤僻、内向、敏感等都属于她的中心特质。人们通常用中心特质来说明一个人的人格。

3.次要特质

次要特质是指个体的一些不太重要的特质,往往只有在特殊的情况下才会表现出来。

(三)卡特尔16PF特质理论

表面特质与根源特质是卡特尔理论中最重要的概念。根源特质是人格的内在基本因素,是人格结构中最重要的部分,是一个人行为的内部根源。表面特质只是根源特质的外在表现,是可以直接观察得到的行为表现。

卡特尔用因素分析法对人格特质进行了分析,提出了16种相互独立的根源特质,并编制了"卡特尔16种人格因素问卷"(Sixteen Personality Factor Questionnaire,简称16PF),表12-1表示的是16种根源特质的名称以及每种根源特质低分者和高分者的特征。卡特尔认为,每个人的人格都可以用这16种特质来描述,只是不同的人在每种特质上所得的分数有高低差异而已。

表12-1　卡特尔16种人格特质

	人格因素	低分者特征	高分者特征
A	乐群性	沉默、孤独	乐群、外向
B	聪慧性	愚钝、抽象思维能力差	聪慧、抽象思维能力强
C	稳定性	情绪不稳定、无耐心	情绪稳定、有耐心
E	好强性	谦逊、顺从	支配、攻击
F	兴奋性	严肃、审慎	轻松、兴奋
G	有恒性	权宜、敷衍、轻视规则	有恒、负责、遵守规则
H	敢为性	畏怯、退缩	冒险、敢为
I	敏感性	粗心、迟钝	细心、敏感
L	怀疑性	信任、接纳	怀疑、警觉
M	幻想性	实际、合乎常规	幻想、不实际
N	世故性	坦白、直率、天真	精明、能干、世故
O	忧虑性	安详、沉着、有自信心	不安、多疑、自责
Q1	求新性	保守、传统、抗拒改变	自由、批评、求新
Q2	独立性	依赖、随群附和	自立、当机立断
Q3	自律性	冲动、无法自制	克制、自律、严谨
Q4	紧张性	放松、沉着、欲求低	紧张、迫切、欲求高

（四）艾森克的三因素人格模型

英国心理学家艾森克采用因素分析法提出了人格的三因素模型。这三个因素是：（1）外倾性（extraversion，E），表现为内、外倾的差异；（2）神经质（neuroticism，N），表现为情绪稳定性的差异；（3）精神质（psychoticism，P），表现为孤独、冷酷、敌视、怪异等偏于负面的人格特征。他还编制了艾森克人格问卷（Eysenck Personality Questionnaire 简称EPQ），这个量表在人格评价中得到了广泛的应用。

Box 12.1

你目前最像图中的哪个小孩？

人格的自我探索

图 12-3　树和孩子们

看图 12-3，思考以下的问题：

1. 你觉得自己目前最像图中的哪个小孩？

2. 你欣赏他什么？

3. 你担心他什么？

4. 你希望他有哪些改变？

5. 你觉得有人能帮他吗？

将 5 个问题的答案连起来，轻声或无声地念一念；将你答案中的"他"改成"我"，再自己念一念；试着选择一些愿意和大家分享的部分说出来。

第二节　人格的成因

人格的成因

不同的人格类型或人格特质是如何形成的？目前比较认可的观点是：人格是在遗传与环境的交互作用下逐渐形成的。影响人格形成的因素主要有：生物遗传因素、社会文化因素、家庭环境因素、学校环境因素、早期童年经验、自然物理因素和自我调控因素等。各个因素对人格的形成与发展起到了不同的作用，遗传决定了人格发展的可能性，环境决定人格发展的现实性，其中教育起到了关键性的作用，自我调控系统是人格发展的内部决定因素。

一、生物遗传因素

心理学家对"生物遗传因素对人格具有何种影响"的研究已经持续很久了。双生子的研究被许多心理学家认为是研究人格遗传因素的最好办法。双生子研究基于以下逻辑：同卵双生子既然具有相同的基因形态，那么他们之间的任何差异都可以归于环境因素造成的；异卵双生子的基因虽然不同，但在环境上有许多相似性，如出生顺序、母亲年龄等，因此也提供了环境控制的可能性。系统研究这两种双生子，就可以看出不同环境对相同基因的影响，或者是相同环境下不同基因的表现。

Box 12.2

分开抚养的同卵双生子

美国明尼苏达双生子和收养研究中心主任布查德（T. J. Bouchard）及其同事曾经研究了这样一对同卵双生子，他们的名字分别是奥斯卡·史特和杰克·耶夫。像很多同卵双生子一样，他们既有一些明显不同的性格，也有很多让人难以置信的共同特征或行为倾向。

奥斯卡由他的母亲抚养成人，是一位天主教徒，在纳粹统治的欧洲长大。在"二战"期间，他加入了希特勒青年运动，目前是德国的一名工厂管理人员，是一位政治保守主义者。杰克则在加勒比海边的一个国家长大，拥有一家商店，是一位犹太教信徒，他憎恶纳粹，目前是一位政治自由主义者。他们具有不同的政治立场和信仰。

然而，他们也有一些引人注目的相似之处。在年轻时，奥斯卡与杰克两人都擅长运动，数学学习都有困难，他们都有心不在焉的特点，都喜欢吃香辣的食物与甜酒，喜欢搜集戴在手腕上的橡胶箍环等。

（谷传华，2010）

研究结果表明,遗传是人格不可缺少的影响因素,但遗传因素对人格的作用程度因人格特征的不同而不同。通常在智力、气质这些与生物因素相关较大的特征上,遗传因素较为重要;而在价值观、信念、性格等与社会因素关系紧密的特征上,后天环境因素更重要。人格发展过程是遗传与环境交互作用的结果,遗传因素影响人格发展的方向及形成的难易。

人既是一个生物个体,又是一个社会个体。人一出生后,各种环境因素的影响就开始了,并会作用人的一生。后天环境的因素是多种多样的,小到家庭因素,大到社会文化因素,这些因素对人格的形成与发展都有着重要的影响。

二、社会文化因素

每个人都处在特定的社会文化环境中,并受其熏陶和影响,这种影响伴随着人的终生。社会文化塑造了社会成员的人格特征,使其成员的人格结构朝着相似性的方向发展,这种相似性又具有维系一个社会稳定的功能,使得每个人能稳固地"嵌入"整个文化形态里。

社会文化具有塑造人格的功能,这反映在不同文化的民族有其固有的民族性格。例如,中华民族是一个勤劳、勇敢的民族,"勤劳、勇敢"的品质便是中华民族共有的人格特征。再如,米德(M. Mead)等人对新几内亚三个民族的人格特征研究发现,来自同一祖先的不同民族各具特色,鲜明地体现了社会文化对个体的影响力。居住在山丘地带的阿拉比修族,崇尚男女平等的生活原则,成员之间互相友爱、团结协作,没有恃强凌弱,没有争强好胜,一派亲和景象。居住在河川地带的孟都古姆族,生活以狩猎为主,男女间有权力与地位之争,对孩子处罚严厉。这个民族的成员表现出攻击性强、冷酷无情、嫉妒心强、妄自尊大、争强好胜等人格特征。居住在湖泊地带的张布里族,男女角色差异明显,女性是社会的主体,她们每日操作劳动,掌握着经济实权。而男性则处于从属地位,其主要活动是艺术、工艺与祭祀活动,并承担孩子的养育责任。这种社会分工使女人表现出刚毅、支配、自主与快活的性格,男人则有明显的自卑感。

社会文化对人格的影响一直被人们所认可,主要表现在以下三个方面:第一,社会文化对人格具有重要的作用,特别是后天形成的一些人格特征,如性格、价值观等;第二,社会文化对个人的影响力因文化的强弱而异,这要看社会对顺应的要求是否严格,越严格其影响力越大;第三,社会文化因素决定了人格的共同性特征,它使同一社会的人在人格上具有一定程度的相似性。

三、家庭环境因素

家庭是社会的细胞,是一个微观的社会单元。家庭结构、家庭社会经济地位、家庭活动和家庭氛围等都对人格的发展起到了举足轻重的作用。人格的家庭成因,重点在于探讨不同的教养方式对人格发展的影响。父母按照自己的意愿和方式教育孩子,使他们逐渐形成了某些人格特征。因此,家庭常被视为人类性格的加工厂。

美国心理学家戴安娜·鲍姆林德把教养方式分为民主型、专制型、溺爱型和忽视型四种。

民主型,父母与孩子在家庭中处于一种平等和谐的氛围中,父母尊重孩子,给孩子一定的自主权和积极正确的指导。父母的这种教育方式使孩子能形成一些积极的人格品质,如活泼、快乐、直爽、自立、彬彬有礼、善于交往、富于合作、思想活跃等。

专制型,采用这种风格的父母在子女教育中,表现得过于支配,孩子的一切由父母来控制。在这种环境下长大的孩子容易形成消极、被动、依赖、服从、懦弱,做事缺乏主动性,甚至会形成不诚实的人格特征。

溺爱型或放纵型,采用这种风格的父母,对于孩子过于溺爱,让孩子随心所欲,父母对孩子的教育有时达到失控的状态。在这种家庭环境中成长的孩子多表现为任性、幼稚、自私、野蛮、无礼、独立性差、唯我独尊、蛮横无理、胡闹等。

忽视型,父母对孩子不很关心,他们不会对孩子提出要求和对其行为进行控制,同时也不会对其表现出爱和期待。对于孩子,他们一般只是提供食宿和衣物等物质,而不会在精神上提供支持。在这种教养方式下长大的孩子,很容易出现适应障碍,他们的适应能力和自我控制能力往往较差。

四、学校教育因素

学校是有目的、有计划地向学生施加影响的教育场所,教师、班集体、同学与同伴等都是学校教育的元素。学校教育在学生人格的形成与发展中具有重要作用。

教师对学生人格的发展具有指导、定向作用。教师通过课堂向学生传授系统的科学知识,帮助学生形成科学的世界观,同时,也可以通过各种教育教学活动促进学生形成与发展坚持性、主动性等优秀人格特征。另外,教师的人格特征、行为模式与思维方式对学生有潜移默化的影响。每个教师都有自己独特的风格,这种风格为学生设定了一个"气氛区",在教师的不同气氛区中,学生会有不同的行为表现。洛奇(Lodge)在一项教育研究中发现,在性情冷酷、刻板、专横的老师所管辖的班集体中,学生的欺骗行为增多;在友好、民主的教师气氛区中,学生欺骗行为减少。心理学家勒温等人也研究发现,在专制型、放任型和民主型不同的管理风格下,学生表现出不同的人格特点。

学校是同龄群体聚集的场所,同伴群体常对人格的形成起到巨大的影响。学校可以充分发挥同伴群体中的榜样示范作用,对学生的人格发展进行积极的干预和良好影响,会对学生的人格发展起到事半功倍的效果。此外,校风和班风也是影响学生人格形成与发展的重要因素。

五、早期经验

个人生活的早期经历对每个人都有着重大和深远的影响,中国俗语"三岁看大,七岁看老"所说的就是这个意思。人生早期所发生的事情对人格的影响,历来为人格心理学家所重视,尤其是以弗洛伊德为代表的精神分析学派。

斯皮茨(Spitz)对孤儿院儿童进行的研究发现,这些早期被剥夺母亲照顾的孩子,长大以后在各方面的发展均受到影响,许多孩子表现有哭泣、僵直、退缩、表情木然等特点。

婴儿依恋模式可分为安全依恋、回避依恋与矛盾依恋三类。艾斯沃斯对婴儿时期依恋模式影响人格发展进行的数十年追踪研究发现,早期安全依恋的婴儿在长大后有更强的自信与自尊,确定的目标更高,表现出对目标更大的坚持性,更小的依赖性,并容易建立亲密的友谊。

需要强调的是,人格发展确实会受到童年经验的影响,幸福的童年有利于儿童发展健康的人格,不幸的童年可能使儿童形成不良的人格,但二者不存在一一对应的关系,比如溺爱也可能使孩子形成不良的人格特点,逆境也可能磨炼出孩子坚强的性格。另外,早期经验不能单独对人格起作用,它和环境、社会、个人的努力等因素协同对每个人发挥作用,共同决定着人格的形成与发展。

六、自然物理因素

生态环境、气候条件、空间拥挤程度等这些物理因素都会影响人格的形成与发展。很多研究说明了生态环境对人格的影响。其中,一个著名的跨文化心理学研究实例是关于阿拉斯加州的因纽特人(Inuit)和非洲的特姆尼人(Temne)的比较研究,这个研究说明了生态环境对人格的影响作用。

因纽特人以渔猎为生,夏天在船上打鱼,冬天在冰上打猎,主食肉,没有蔬菜,过着以帐篷遮风避雨的流浪生活。这个民族以家庭为单元,男女平等,社会结构比较松散,除了家庭约束外,很少有持久、集中的政治与宗教权威。在这种生存环境下,父母对孩子的教养原则是能够具备成人的独立生存能力,男孩由父亲在外面教打猎,女孩由母亲在家里教家务。儿女教育比较宽松、自由、不受打骂,鼓励孩子自立,使孩子逐渐形成了坚定、独立、冒险的人格特征。而特姆尼人生活在灌木丛生地带,以农业为主,种田为生,居住环境固定,形成 300 - 500 人的村落。社会结构紧固,有比较分化的社会阶层,建立了比较完整的部落规则。在哺乳期时,父母对孩子很疼爱,断奶后则管教严格,使孩子形成了依赖、服从、保守的人格特点。由此可见,不同的生存环境影响了人格的形成。

另外,气温也会导致某些人格特征的发生频率提高。如高温会使人烦躁不安,对他人采取负面行为,甚至出现攻击行为或反社会行为。地球上常年炎热的地方,也是攻击行为较多的地方。自然物理环境对特定行为具有一定的解释作用,在不同的物理环境中,人可以表现出不同的行为特点。

总之,自然环境会对人格的形成起到某种重要作用,但它不能起决定性作用。自然环境对人格的影响,有时是直接的,有时是间接的,自然环境是人格形成与发展的外在条件、客观条件。人类在改造自然环境以求生存的同时,不能违背自然界的基本规律,不能人为地破坏自然,而要顺应自然,与自然和谐共处。

七、自我调控因素

上述各因素体现的是人格形成和发展的外因,而外因是通过内因起作用的。人格的自我调控系统以自我意识为核心,是人格发展的内部因素,属于人格中的内控系统或自控系统。自我意识是人对自身以及对自己同客观世界的关系的意识,可分为自我认知、自我体验和自我控制三部分。

自我认知(self-cognition)是对自己的洞察和理解,包括自我观察和自我评价,其中自我评价是自我调节的重要条件。自我观察是对自己的感知、思维、意向等方面的觉察。自我评价是指对自己的想法、期望、行为及人格特征的判断与评估。如果一个人不能正确地认识自我,只看到自己的缺点和不足,觉得处处不如人,就会自卑,丧失信心,做事畏缩不前,最终导致失败;如果一个人过高地评价自己,盲目自大,也会导致出现失误。因此准确地认识自我,实事求是地评价自己,是自我调节和人格完善的重要途径之一。

自我体验(self-experience)是自我意识在情感上的表现,是伴随自我认识而产生的内心体验。当一个人对自己做正向的评价时,就会产生自尊感;做负向评价时,便会产生自卑感。自我体验的调节作用体现在它可以使自我认识转化为信念,进而指导其言行;同时,自我体验还能够伴随自我评价激励积极向上的行为或抑制不当行为。在一个人认识到自己不当行为的后果时,会产生内疚、羞愧的情绪,从而收敛并制止自己不当行为再次发生。

自我控制(self-regulation)是自我意识在行为上的表现,是实现自我意识调节作用的最终环节。当个体认识到社会要求后,会力求使自己的行为符合其社会准则,从而激发起自我控制的动机,并付诸行动。当一个学生意识到学习对于自己的发展具有重要意义时,会激发起他努力学习的动力,从而在行为上表现为刻苦学习、不怕困难、持之以恒、积极进取。自我控制包括自我监控、自我激励、自我教育等成分。

自我意识是通过自我认知、自我体验和自我控制三个方面来对个体进行调控的,使个体心理的各个方面和谐统一,使人格达到统合与完善。具有良好自我调控能力的人,能够客观地分析自己,正视遗传或生理方面的局限,会有效地利用个人资源,发挥个人长处,努力改善自己和完善自我。此外,自我调控还具有创造功能,它可以变革自我、塑造自己、不断完善自己,将自我价值扩展到社会中去,并在对社会的贡献中体现自己的价值,把实现自我的个人价值变革为实现自我的社会价值。这种依靠自我调控系统去完成的自我塑造将伴随着人的一生,需要一个人不懈地努力去完成。有了强健的自我调控系统,就能实现健康人格的四步曲:认识自我、愉快地接纳自我、延伸自我和创造自我。

第三节　运动员的人格特征

20 世纪 40 年代,运动员的人格特征开始成为运动心理学研究中最早受到系统和广泛研究的领域。体育运动领域关于运动员人格的研究主要以横向比较研究为主,通过横向比较试图了解运动员与非运动员之间,以及不同运动员之间在人格特征方面的差异,探讨人格特征和运动表现之间的关系。

一、运动员人格的差异

(一)运动员与非运动员的人格差异

运动员与非运动员在许多人格特征上存在差异。

舒尔等人(Schurr, Ashley & Joy)的研究表明,与非运动员相比,集体和个人项目运动员更为独立、客观和较少焦虑。哈德曼(Hardman)在分析 1952—1968 年 27 篇使用卡特尔 16PF 的研究结果后发现,运动员与普通人相比,更具聪慧性,智力水平更高一些。此外,库珀(Cooper)在综述 1937—1967 年有关运动员的人格研究后指出,运动员与非运动员相比,更具自信心、竞争性,性格更开朗。摩根(Morgan)和凯恩(Kane)的研究发现运动员具有外向和低焦虑的人格特征。

(二)不同运动项目运动员的人格差异

不同运动项目运动员的人格是否具有差异,最早始于对健美运动员人格的研究。此后,许多学者开始研究两个或两个以上项目运动员的人格特征差异。

辛格(Singer)使用爱德华个人喜好量表(EPPS)测查了大学生棒球和网球运动员后发现,集体项目的棒球运动员与个人项目的网球运动员在人格特征上有显著的差异,网球运动员在成就、省察(intraception)、自主、支配和攻击等分量表上的得分高于棒球运动员,而在自卑分量表上得分较低。舒尔等人(Shurr, Ashicy & Joy)使用卡特尔 16PF 的研究表明,集体项目运动员与个人项目运动员相比,较为焦虑、依赖、外向和警觉,在感受性和想象方面较差;身体直接接触项目(如篮球、橄榄球和足球等)的运动员与身体非直接接触项目(如排球和棒球等)的运动员相比,较为独立和具有较低的自我力量(ego strength)。杰茜卡·R 伊格尔顿(Jessica R. Eagleton)采用 EPQ 问卷比较了大学生中集体项目、个人项目运动员(90 名)和非运动员(43 名男性,47 名女性)的人格差异,发现集体项目运动员较个人项目运动员和非运动员在外倾性上得分更高。

(三)不同场上位置运动员的人格差异

在同一运动项目中,运动员的人格特征是否会因所担负的任务不同而有所不同?

考克斯(Cox)对担负不同任务的 157 名女子排球运动员进行了研究。结果表明,中路拦网手、侧路主攻手和二传手绝大部分人格特征较为接近,仅有的区别表现在她们的注意特点。和中路拦网手、侧路主攻手相比,二传手有更广阔的内部注意,在同一时间分析多个问题的能力更强。

斯车尔等人(Schurretal)也曾进行过类似研究,他们发现橄榄球边线运动员和后场运动员在判断力和知觉理解方面有明显的差异。边线运动员表现出更有组织性,更实际;而后场运动员则更为灵活,适应性更强。

郑原对女子足球运动员进行的卡特尔 16PF 测试显示,女子足球运动员具有争强好胜、兴奋敢为、冲动冒险、较少顾忌等方面的人格特质,守门员比前锋和后卫更理智,能够冷静地分析比赛形势。

应用气质类型量表对篮球运动员的研究发现,篮球运动员以多血质和黏液质为主,不同的场上位置有不同的气质类型分布,前锋和中锋运动员多血质和胆汁质居多,后卫运动员黏液质居多。

(四)不同性别运动员的人格比较

威廉姆斯等(Williams)在考查有关女运动员和人格方面的许多文献后认为,普通女性与成功女运动员的人格特征明显不同。女运动员在自信、成就定向、支配、自满、独立、攻击、智力和缄默等人格特征方面更像普通男性和男运动员,而普通女性则趋向于被动、顺从、依赖、情绪化、社交性、低攻击性和低成就需要。

杨念恩等用 16PF 对华东师范大学健美操和啦啦操运动员的研究表明,不同性别的运动员在人格特质方面存在显著的差异,女性在乐群性方面的得分高于男性,在稳定性方面的得分低于男性,这与他们在运动竞技时所面临的训练和比赛要求相关。

在极限运动中有经验的女性性格特征与男性有一定的相似性。莫德罗和吉莱恩(Modrño & Guillén)对 79 名高水平冲浪者的研究发现,女性在焦虑和自信量表上的得分与男性相似,男女冲浪者在运动动机、目标取向和身体自我概念上也没有什么不同。

二、人格和运动表现的关系

运动员的运动表现是否与运动员自身的人格特征相关呢？答案并不是肯定的。

大多数学者认为两者之间是存在着相关性的。Ogilvie 研究得出情绪稳定性、意志坚强性、谨慎、自制力、自信心、低紧张性、信任和外倾性八种与运动成绩相关的人格特征。周之华等采用艾森克问卷（EPQ）对某省摔跤运动员进行个性特征研究，结果表明摔跤运动员运动成绩与运动员的人格相关，成绩优良的摔跤运动员明显具有情绪稳定的特征。陈静、温红博等在对乒乓球运动员的研究中得出，乒乓球运动员人格特征与其比赛成绩存在较高相关，能够较好地预测高水平运动的比赛成绩。

但是，也有学者认为两者之间并没有多大关系。Shurr 提出同一项目人格特质与技能水平之间没有显著的相关，除非是国际级优秀运动员与一般运动员比较，他们有明显的人格特质差异。我国学者杨清元等在研究田径运动员的人格特征时，也得出运动成绩与运动员的人格特征差异不明显。

运动员都是带着自己基本的人格特征开始从事体育运动的。为了更清楚地说明运动员的人格和运动表现的关系，学者们提出了一种交互作用模型。该模型认为，行为是人与环境相互作用的产物，影响运动表现的最关键因素还不是运动员本身的人格特征，而是运动员个性与情境的交互作用，如图 12-4 所示。

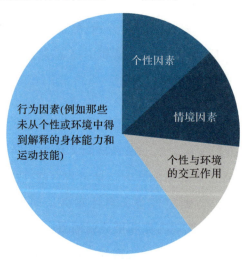

图 12-4　人格因素和情境因素对运动员行为的影响

交互作用模型认为，将运动员的个性、具体情境以及两者之间的交互作用这三大因素叠加，可以解释运动员运动表现的 30%～50%，但假如只考虑运动员的个性因素，那么只能解释运动表现的 10%～15%。运动表现除了受个性和情境因素的影响外，还受到运动员的身体能力、运动能力、任务难度等许多其他因素的影响。

优秀运动员的人格特征

三、优秀运动员的人格特征

心理学家们认为优秀运动员存在较为相似的人格特征。Silva 指出,处在运动技能水平金字塔底部的运动员人格特征的差异很大(见图12-5),但在向塔尖的发展过程中,某些人格特征会提高运动员向高层次迈进的可能性,而有些人格特征则会降低运动员向高层次迈进的可能性,这就促使位于金字塔更高层次上的运动员人格特征越来越相似。因此,了解优秀运动员共同的人格特征,有助于有的放矢地训练和培养运动员。

图 12-5　人格特征与运动成绩关系的金字塔

Morgan 等人研究提出了优秀运动员的心理图像,他们认为成功的世界水平的运动员比不成功的运动员具有更加积极的心理图像,表现在人格特质方面具有低焦虑、低神经质和偏外向的特点,在心境状态方面具有低焦虑、低紧张、低抑郁、低气愤、低疲劳、低困惑和高活力的特点,见图12-6。

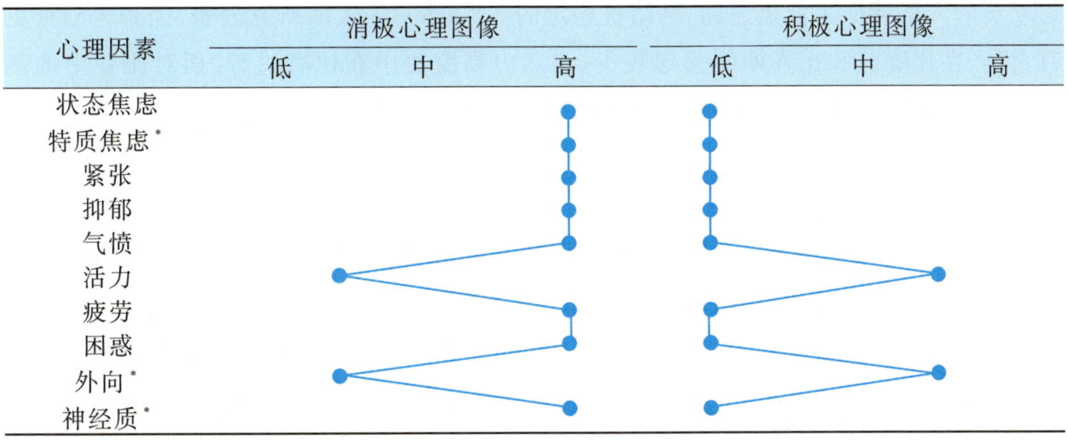

心理因素	消极心理图像			积极心理图像		
	低	中	高	低	中	高
状态焦虑			●	●		
特质焦虑*			●	●		
紧张			●	●		
抑郁			●	●		
气愤			●	●		
活力	●					●
疲劳			●	●		
困惑			●	●		
外向*	●					●
神经质*			●	●		

注：*代表人格特质。

图 12-6　成功运动员和不成功运动员的心理图像

纵观国内外的研究发现,优秀运动员具有相似的人格特征,即他们大部分具有乐观外向、情绪稳定、心理坚韧等积极人格特质,较少表现出焦虑、忧虑、孤僻等消极人格特征。

(一)外倾性

外倾性是优秀运动员最为突出的人格特质之一。

柯卡尔迪(Kirkcaldy)利用EPQ对399名不同水平的运动员进行测试后发现,高水平运动员比一般水平运动员更具外向性和心理承受性,且运动水平越高,该人格特质越明显。谢里、林德、休斯等人(Sherri, Lind, Hughes, 2003)采用NEO-FFI人格五因素量表对65名超级马拉松选手的人格特征进行研究,结果发现选手在外倾性上得分显著高于常模,这些运动员倾向于集体活动与聚会,积极、自信、充满活力和乐观。

江伟以卡特尔16PF为工具,对四川省一线女乒乓球运动员进行人格测试结果显示,与常人相比,该群体更趋外向。王秀强等对运动员的研究结果显示,运动员在人格各维度的倾向性和偏好度为外倾性、感觉性和判断性,即运动员大多活泼好动,喜欢与人交流,偏向明确细致的指导,善于记忆细节,喜欢帮助别人,看重符合个人决策的指导。

(二)情绪稳定性

随着运动等级的提高,运动员将面临更大的压力和挑战,需要更好的自我管理和情绪调控能力。情绪稳定性的人格特质有助于运动员应对不同的压力情境,相反,低情绪稳定性特质的运动员在面对高压情境时往往更容易出现退缩或放弃的行为,这也暗示着情绪稳定性对优秀运动员充分发挥竞技水平具有不可忽视的作用。

斯车尔·阿什雷和乔伊的研究发现,相对于非运动员而言,优秀运动员显得更具独立性、客观性、乐观性,较少表现出焦虑。马尼等人对优秀攀岩运动员的研究发现,优秀运动员的人格特征是低焦虑的,情绪更稳定。Vanden等人的研究表明,优秀运动员更有自信,在比赛前和比赛期间焦虑较少、注意力高度集中在比赛过程,面对比赛中的落后和失误时有相应的应对策略、有更多的积极思维。

(三)心理坚韧性

心理坚韧性是指运动员在日常训练或竞技比赛情境中遭受威胁时心理上不容易被击败的特性。优秀运动员的心理坚韧性往往表现为:不管面对何种运动情境或竞赛局势都能保持高度的专注力;态度积极,自律性与自控性强;对运动训练或竞赛所造成的生理伤痛有极高的承受能力;求胜欲望极强;对自我充分肯定,信心充足;有完美主义倾向等。心理坚韧性是优秀运动员特有的个性品质之一,在竞技比赛的关键阶段往往发挥着重要作用。

克鲁斯特和阿扎迪(Crust & Azadi)的研究结果发现,高水平的专业运动员比俱乐部和大学运队队员具有更明显的心理坚韧性人格特质。高级别运动员更擅长使用自我对话、情绪管理和放松等心理策略应对比赛当中的巨大压力,表现出更高水平状态的心理坚韧性。耶内斯·桑切斯(Jaenes Sánchez)的研究表明,与成绩一般的马拉松运动员相比,成绩较好的马拉松运动员具有更好的心理坚韧性。祝大鹏等人的研究发现,男子拳击运动员的心理坚韧性与运动成绩之间存在着非常显著的相关性,即运动员在比赛中的神经兴奋水平越高、抗压能力越强,心理坚韧性人格特征越突出,其取得的运动成绩越好。

Box 12.3

铿锵玫瑰:中国女足第9次获得亚洲杯冠军

2022年农历大年初六,面对劲旅韩国队,中国女足不屈不挠、逆风翻盘,最终拿下比赛,时隔16年再夺亚洲杯冠军。"你永远可以相信中国女足,相信中国姑娘!""如果奇迹有颜色,那一定是中国红!""向永不言弃的铿锵玫瑰精神致敬!"……赛后众多网友留言点赞,满满的都是对女足的赞扬和致敬。

中国女足确实值得赞美。这不仅仅是因为姑娘们取得了骄人战绩,更在于一路走来的顽强拼搏。进入本届女足亚洲杯淘汰赛后,三场比赛她们没有一场赢得轻松。对战越南时先丢一球,但最终3:1逆转局势、晋级四强;对战日本时,常规时间双方战平,打到加时赛118分钟绝平日本,最终点球大战6:5胜出挺进决赛;决赛面对韩国丢2追3,读秒绝杀拿下冠军。场场拼尽全力、不畏强手,即使暂时落后也绝不气馁、努力奋战至最后。这种永不服输,顽强拼搏到最后一秒的劲头,是支持中国女足战胜对手的重要动力,也深深打动了每一位观众。

微课堂：课程思政

序号	教学内容	育人目标
1	人格的成因	了解社会文化因素对人格形成的影响,激发学生的家国情怀,树立民族自信。
2	优秀运动员的人格特征	了解优秀运动员的人格特征,激发学生对体育专业的认同感和自豪感,有意识塑造自身优秀人格特质。

实训项目

1. 用三个关键词描述自己的人格特质,并分析影响这些人格特质形成的因素。
2. 通过问卷调查或访谈等方法,描绘运动员和非运动员之间的人格差异。
3. 通过人物访谈或网络搜索某一运动员,分析其人格特征与运动成绩之间的关系。

本讲小结

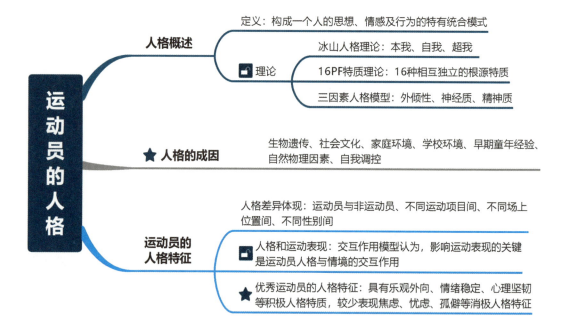

运动员的人格

人格概述
- 定义:构成一个人的思想、情感及行为的特有统合模式
- 理论
  - 冰山人格理论:本我、自我、超我
  - 16PF特质理论:16种相互独立的根源特质
  - 三因素人格模型:外倾性、神经质、精神质

★ 人格的成因
- 生物遗传、社会文化、家庭环境、学校环境、早期童年经验、自然物理因素、自我调控

运动员的人格特征
- 人格差异体现:运动员与非运动员、不同运动项目间、不同场上位置间、不同性别间
- 人格和运动表现:交互作用模型认为,影响运动表现的关键是运动员人格与情境的交互作用
- ★ 优秀运动员的人格特征:具有乐观外向、情绪稳定、心理坚韧等积极人格特质,较少表现焦虑、忧虑、孤僻等消极人格特征

即测即评

第十三讲　运动员的心理健康

图 13-1　奥林匹克项目国际单项体育联合会总会（ASOIF）
医药科学顾问组主席：Margo Mountjoy 博士

　　"为心理健康而战是值得的。"国际奥委会医药科学委员会、夏季奥林匹克项目国际单项体育联合会总会（ASOIF）医药科学顾问组主席 Margo Mountjoy 博士（见图 13-1）这样说。在人们的印象中，运动员是强大的、坚韧的，他们在赛场上奋力拼搏，在领奖台上挥舞双臂庆祝胜利，即使表现不佳，也不过情绪稍显低落，运动员的心理健康问题曾经是被忽视的。国际奥委会推出心理健康工具箱（IOC Mental Heakth Toolkit），其内容包括运动员对心理健康问题的认知、教练对心理健康问题的认知、心理健康诊断工具、心理健康的预防等。

第一节　心理健康概述

一、什么是心理健康

(一)健康

1948 年,世界卫生组织(WHO)成立时公布的章程中指出:"健康不只是没有身体上的疾病和虚弱状态,而是指躯体、心理和社会适应都应处于完整状态。"1989 年,WHO 又进一步深化了健康的概念,提出健康应包括身体健康、心理健康、社会适应良好和道德健康四个方面。

从 1948 年世界卫生组织给健康下的定义到 1989 年对健康概念的重申与解释,健康概念被赋予更为丰富的含义。健康研究向生物学、社会学、文化学、心理学等多方面延伸,涉及的学科向高度综合和高度分化推进,多元健康模式取代了单一健康模式,整体健康观取代了局部健康观,大健康观取代了小健康观,现代健康观取代了传统健康观。考虑到其中"心理健康"对"社会适应良好"和"道德健康"的前提作用,我们仍可认为世界卫生组织(WHO)的健康概念是以"身体健康"和"心理健康"为核心的。

Box 13.1

WHO 的健康标志

1. 有足够充沛的精力，能从容不迫地应对日常生活和工作压力而不感到过分疲劳紧张。

2. 处事乐观、态度积极、勇于承担责任，不论事情大小都不挑剔。

3. 善于休息、睡眠良好。

4. 应变能力强，能适应外界环境的各种变化。

5. 能够抵抗一般性的感冒和传染病。

6. 体重得当、身体匀称；站立时，头、肩、臂的位置协调。

7. 反应敏锐、眼睛明亮、眼睑不发炎。

8. 牙齿清洁、无空洞、无痛感、无出血现象，齿龈颜色正常。

9. 头发具有光泽而少头屑。

10. 肌肉和皮肤富有弹性，走路轻松匀称。

(二) 心理健康

什么是心理健康？国内外许多专家学者对此都提过不同的看法。

第三届国际心理卫生大会（1946 年）对心理健康下过定义："所谓心理健康，是指在身体、智能及情感上与他人的心理健康不相矛盾的范围内，将个人心境发展成最佳的状态。"2001 年，世界卫生组织对心理健康的定义为："心理健康不仅仅指没有患上心理疾病，更可视为一种幸福状态，在这种状态中，每个人认识到自己的潜力，可以应对正常的生活压力、有效地从事工作、并能够对社会作出贡献。"2016 年，原国家卫生计生委、中宣部等 22 部委联合发布《关于加强心理健康服务的指导意见》中，将心理健康定义为："人在成长和发展过程中，认知合理、情绪稳定、行为适当、人际和谐、适应变化的一种完好状态。"

卡普兰认为："许多人都试图定义心理健康，但这是一个混合的领域，它不仅包含知识体系，也包含生活方式、价值观念及人际关系。"心理健康包括两层含义：(1) 没有心理疾病，这是心理健康最基本的含义；(2) 具有一种积极发展的心理状态，这是心理健康最本质的含义。它意味着要消除一切不健康的心理倾向，使一个人的心理处于最佳状态。

综合心理健康的各种定义，我们认为，心理健康是一种持续且积极发展的心理状态，在这种状态下，主体能有良好的适应，并能充分发挥其身心潜能。

心理健康的标准

二、心理健康的标准

心理健康标准是心理健康含义的具体化,它是心理健康量表制定、心理健康评估、心理健康教育目标和内容体系构建及促进临床心理治疗的基础。但心理健康不同于生理健康,很难有统一的、明确的、易于度量的指标。一个人心理是否健康,其标准是随着时代变迁、文化背景的变化而不断变化的动态过程。

运动员正处于成年早期,又作为一个特殊的群体,具有特殊的年龄特征、心理特征和社会角色特征,其心理健康的基本标准可以归纳为以下八个方面:

(一)智力正常

智力是指一个人的认识能力,是人的观察力、注意力、记忆力、思维力和想象力的综合。智力正常是维系运动员生活、学习和工作的基本条件,也是适应环境变化的必备条件。智力正常的运动员能够主动发挥自我效能,即具有强烈的好奇心和求知欲,热爱学习,勤于参加学习活动。

(二)情绪健康

情绪在心理健康中起着非常重要的作用,情绪健康的标准是情绪稳定、乐观、心情愉快。具体包括的内容有:积极情绪多于消极情绪,乐观开朗、富有朝气,对生活充满希望;了解自己的优点和缺点,并且接纳自己;情绪稳定,善于控制与调节自己的情绪,既能克制又能合理宣泄自己的情绪;情绪表达既符合社会的规范又符合自身的需要,能够在不同的时间及场合恰当表达情绪。

(三)意志健全

意志是个体在完成目标活动时所进行的选择、决定与执行的心理过程。意志是人的意识能动性的集中表现,对人的行为有控制和调节作用。意志健全的运动员在活动中有明确的目的,遇到困难时能够采取切实可行的方法解决问题;在困难和挫折面前能够采取合理有效的反应方式;能够控制情绪和行为,而不是顽固执拗或盲目行动。意志不健全的运动员则表现为优柔寡断、半途而废、草率行动等特点。

(四)社会适应良好

适应能力是衡量心理健康的重要标准。心理健康的运动员能够适时调整自己的思想、信念、目标和行为,与环境变化协调一致并较快地适应变化的环境;能够与社会保持良好的接触,其思想和行为能够跟上时代发展的步伐,并对社会形成清晰、正确的认识;

即使身处突发意外或恶劣环境中,也能够快速地自我调节,顺应环境或改变自我适应环境。

(五)人格完整

人格是一切心理特征的总和,是一个人独有的心理特征及特有的行为模式,具有相对的倾向性和一定的稳定性。人格完整是指个人的思想、言语和行为协调一致,个体人格结构的要素完整统一,即在气质、能力、性格、价值观等方面均衡发展;具有正确的自我意识,自我同一性完好,以积极进取的人生观作为人格的核心,并以此为中心把自己的需要、情感、能力、目标、价值观等与行为协调统一起来。

(六)自我意识完善

自我意识完善主要是指正确的自我认知、良好的自我体验和有效的自我控制。心理健康的运动员能够客观评价自己,不过分高估或低估自己,正确的自我评价是运动员心理健康的重要标准;心理健康的运动员在进行自我观察、自我认定、自我判断和自我评价时,即能正视自己的优点,也不回避自己的缺点,能够接受自己、喜欢自己;面对挫折与困境,能够很好地约束和控制自己的情感和行为,做到自尊、自强、自制、自爱。

(七)人际关系和谐

社会生活中最重要的是与人接触,同他人打交道,也就是人际交往。良好而深厚的人际关系,是生活幸福和事业成功的基础。心理健康的运动员能够与他人建立平等、互助、和谐的人际关系。其表现为乐于与他人交往,既有广泛且和睦的一般朋友,又有情谊深厚的知心朋友;在人际交往中保持独立而完整的人格,有自知之明且不卑不亢;能客观评价他人和自己,善于学习他人优点以取人之长补己之短,宽以待人、乐于助人,积极的交往态度多于消极的交往态度,交往动机端正。

(八)心理行为符合年龄特征

年龄特征是指在不同的年龄阶段身体和心理发展所表现出来的一般的、典型的和本质的特征。不同年龄阶段学生的年龄特征,随着年龄的增长而发生变化,具有稳定性和可变性的特点。心理健康的运动员具有与其年龄相符合的心理行为特征。如果心理、行为严重偏离相应的年龄特征,则可能是心理不健康的表现。

Box 13.2

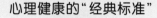

心理健康的"经典标准"

图 13-2 社会心理学家：马斯洛

美国心理学家马斯洛(见图 13-2)和米特尔曼提出的心理健康十条标准,被公认为是"经典标准"：

1. 有充分的安全感。

2. 对自己有充分的了解,并能恰当地评价自己的行为。

3. 生活的目标切合实际。

4. 能与周围的环境保持良好的接触。

5. 能保持人格的完整与和谐。

6. 具备从经验中学习的能力。

7. 能保持恰当和良好的人际关系。

8. 能适度表达和控制自己的情绪。

9. 能在条件允许的前提下,有限度地发挥自己的个性。

10. 能在社会规范的条件下,适当地满足个人基本需求。

个体的心理状态不是非此即彼、非黑即白,而是一个动态的、相对的、连续变化的过程,如图 13-3 所示。

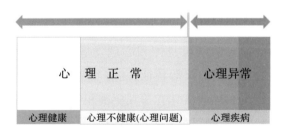

图 13-3 心理状态是动态、相对和变化的

社会上患有心理疾病的人是少数,心理完全健康者也是少数,大多数人的心理处于完全健康与心理疾病之间的中间状态,即心理不健康或亚健康状态。心理健康和心理

不健康这组概念都属于正常心理活动范围内，是用来讨论心理正常的水平和程度，而心理正常和心理异常这组概念是用来讨论或界定心理是否有疾病。

三、心理状态的评估

世界上任何事物都有正、反两个方面，人的心理活动也是如此。

心理的正面，即正常的心理活动，具有三大功能：第一，能保障人作为生物体顺利地适应环境，健康地生存发展；第二，能保障人作为社会实体正常地进行人际交往，在家庭、社会团体和机构中正常地担负责任，使人类赖以生存的社会组织正常运行；第三，能使人正常地、正确地反映和认识客观世界的本质及其规律性，以便创造性地改变世界，创造出更适合人类生存的环境条件。

心理的反面，即异常心理活动，即丧失了正常功能的心理活动。由于丧失了正常心理活动的上述三大功能，所以无法保证人的正常生活，进而破坏人的身心健康。心理异常与心理障碍、心理疾病等词基本同义，包括神经症性障碍、精神病性障碍、人格障碍、心理生理障碍等，具体分类可详见《中国精神障碍分类与诊断标准》（第三版）和美国《精神障碍诊断与统计手册》（第五版，DSM-5）。

（一）心理状态的判别标准

1991年，李心天对心理状态的判别提出了如下四类标准。

1. 医学标准

根据临床症状、表征和脑电图、脑血流图、头部X线、CT检查等辅助检查结果，为判断当事人的心理障碍或精神疾病提供参考。另外，也可以根据医学的标准去衡量一个人的心理健康状况，如果当事者的心理表现符合某一类疾病的症状，也可判定其属于心理异常。

2. 社会适应标准

世界卫生组织提出的健康标准包括了社会适应良好，一个心理健康的人是能够正确处理自己的日常生活和日常事务的，能自如地生活、工作、学习、交友。反之，如果一个人的适应能力出了问题，没有生活自理能力，不能胜任自身的工作、不能完成自己的学业、不能与人交往，甚至其言行表现出来与大众的习惯、道德规范和社会准则不相符合，从这个层面上讲，就基本上可以判定此个体出现了心理障碍或心理疾病。

3. 内省经验标准

内省经验标准主要包括两个方面：其一是指当事人的主观体验，即个体自己感觉出现了焦虑、抑郁、恐惧、烦恼或说不出明显原因的不舒适感，或自己觉得不能适当地控制自己的行为,因而需要寻求他人支持和帮助。其二是从观察者而言,即观察者根据自己的经验作出被观察者心理正常还是异常的判断。心理医生由于接受过专业训练以及通过临床实践的经验积累,对大多数心理障碍能取得较为一致的看法。

4.统计学标准

在普通人群中,对于人们的心理特征进行测量的结果常常显示常态分布,其中的大多数人属于心理正常范围,而远离中间的两端则被视为异常。因此,决定一个人的心理正常或异常,就以其心理特征偏离平均值的程度来决定,偏离平均值的程度越大,则越不正常。所谓正常与异常的界定是以统计数据为依据,这与许多心理测验方法的判定是相同的。

统计学标准提供了心理特征的数量资料,比较客观,便于比较,操作也简便易行。但这种标准也存在一些明显的缺陷,例如,智力超常或有非凡创造力的人在人群中是极少数,但很少被人认为是病态。再者,有些心理特征和行为也不一定呈常态分布,而且心理测量的内容受社会文化制约。因此,使用心理量表测量时应注意几个问题:一是心理评估和心理诊断不能仅凭一个心理量表或某一种方法完成,一般都是综合几种方法的评估谨慎给出的;二是测量的结果不能用于说明一个人长时间的心理健康状况,因为心理活动与心理状态是动态的;三是注意选择不同类别、不同参测群体的心理量表,从比较中看结果相差多大。

(二)心理正常与异常的区分原则

郭念锋提出了区分心理正常与异常的三大心理学原则。

1.主观世界与客观世界的统一性原则

心理是客观现实的反映,所以任何正常心理活动和行为,必须在形式和内容上与客观环境保持统一性。人的精神或行为只要与外界失去统一,必然不能被人所理解。例如,一个人听到了别人在议论他,并坚信有人要害他,而事实不是如此,那么他的主观世界与客观世界是不统一的,多见于精神分裂症。

2.心理活动的内在协调性原则

内在协调性原则是指个体的认知、情绪、意志等各种心理过程之间要具有协调一致性,保证人在反映客观世界过程的准确性和有效性。例如,一个人遇到一件令人愉快的事却表现得非常悲伤,或者对痛苦的事作出快乐的反应,我们就可以说他的心理过程失去了协调一致性。典型的强迫性神经症,就表现出认知与意志行为的不协调性。

3.人格的相对稳定性原则

人格一旦形成即具有相对的稳定性。若一个平素开朗外向的人突然变得沉默寡言、孤僻不接触人,如果我们在他的生活环境中找不到足以促使他发生如此改变的原因时,就可以说他的精神活动已经偏离了正常。

四、促进心理健康的方法

促进心理健康的方法

(一)掌握一定的心理健康知识

运动员独立性较强,在逐渐走向成熟的过程中,自我意识已基本建立,最重要的教育就是自我教育。因此,加强心理卫生意识、了解心理健康知识,在必要的时候能够自主调节。

(二)养成良好的生活习惯

运动员要有良好的生活习惯、健康的生活方式,做到生活有规律,少熬夜,养成良好的睡眠习惯;少饮酒、不吸烟,定时三餐,养成良好的饮食习惯。积极参加学校、运动队组织集体活动,发展兴趣爱好,丰富业余生活,广交朋友,开阔视野,增强与人交往的技巧,有助于形成积极的认知评价。

(三)保持良好的情绪状态

保持健康的情绪要学会合理宣泄,找到充分表达情绪的方法。当不良情绪出现时,首先要学会自我觉察,并且接受情绪的出现,并让它适当地表达出来。其次,对于消极情绪要学会自我疏导的方法。比如在遇到不开心的事情时,可以和知心朋友或教练谈谈,去看一场一直很想看的电影,听听喜欢的歌曲,去郊外远足,使不良情绪得以疏导。

(四)建立良好的人际关系

良好的人际关系是心理保健的重要途径。亲情、友情、爱情都可以使心灵得到宽慰,获得情感的寄托及归属感,从而形成战胜困难的勇气。

(五)寻求心理咨询

当自己已经无法解决问题且尝试多种办法仍然不能消除烦恼的时候,应主动寻求专业的心理咨询。有效利用身边的资源(学校心理咨询中心、专业心理咨询师)解决自身问题,是一种积极的人生态度,也会使自己的人生更加幸福。心理咨询师会与求助者一起,寻找解决问题的科学办法。

第二节　压力与心理健康

一、什么是压力

什么是压力

压力(stress)也称为应激,是指有机体遇到干扰个体平衡状态或超越自己应对能力的压力事件时,表现出特定的或非特定的反应过程。压力不单指压力事件,也不单指有机体对压力事件的反应,而是指一个复杂的心理生物过程,包含了压力事件、对压力事件的认知评价和压力反应三种主要成分。

压力不是一种状态,而是一个过程,这个过程可以用图 13-4 来表示。

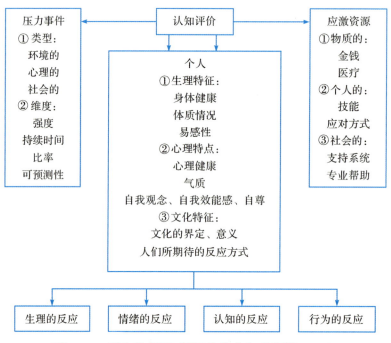

图 13-4　压力的前因后果(张力为和毛志雄,2003)

二、运动员的压力事件

压力事件(stressor),也被称为应激源或压力源,是指对有机体形成威胁并引起有机体产生变化的各种内在和外在的影响因素。例如,运动员在比赛前发烧生病,这是内在的压力事件;比赛中裁判的误判,则是典型的外在的压力事件。

人们在日常生活中经历的各种事件,如升学、就业、恋爱、伤病、比赛、退役等,都可能对我们的应对能力形成挑战,成为压力事件。那些人们通常认为的愉快事件,如结婚、乔迁、比赛获胜、彩票获奖等,也可能成为压力事件,因为这些事件打破了人们日常生活的平衡,需要人们适应新的环境。我们把打破日常平衡并对人的应对能力形成明显挑战的事件称为生活事件,不管是正性的还是负性的生活事件,都有可能造成压力。

运动员属于高压力性人群,他们在日常生活、训练,尤其是比赛中会面临许多问题和挑战,从而造成压力。Giacobbi 和 Peter 研究认为运动员的压力源自训练强度、过高的成绩期望、人际关系、学业压力等。国内学者谭先明尝试编制了运动员应激量表,认为运动员的应激源主要有人际关系、运动受伤、比赛失利、比赛和训练环境适应、日常生活遭遇等。邵斌、姚卫宇的研究认为运动员的压力主要来源于领导、教练和亲朋好友的期望,金牌指标,队员之间的竞争,伤病,年龄,自身的心理素质,以及个体的认知水平等。

三、压力对运动员的影响

压力对运动员的影响体现在生理、情绪、认知和行为等方面的改变。

(一)生理的反应

对压力事件的生理反应是自动化的和可预测的固定反应。有机体在面对内在的和外在的威胁时,身体的自主神经系统将调节身体各器官的活动,使呼吸加快加深、心跳加快、血管收缩、血压升高等,有机体甚至还会产生强烈的面部表情。应激过程中,自主神经系统会促使肾上腺分泌肾上腺素和去甲肾上腺素两种激素。肾上腺素在恐惧反应中起重要作用,而去甲肾上腺素与愤怒反应有密切联系。自主神经系统还会促进内啡酞的分泌,从而降低有机体的疼痛程度。运动员在比赛中通常对疼痛的敏感度较低,即使受伤了也不会感到很痛。

(二)情绪的反应

压力事件可引起多种情绪反应,包括积极的和消极的情绪反应。积极的情绪反应使人精神振奋,但压力事件普遍引起的是消极的情绪反应,如暴躁、愤怒、焦虑、沮丧等。

(三)认知的反应

压力事件引起的认知反应表现在对注意、记忆和思维的影响上。

压力反应可以促使个体集中注意,缩小注意范围,提高警觉程度,对环境线索更加敏感。在运动比赛中,这种效应对运动操作的影响和注意的指向有关。若压力反应引起运动员将注意指向与比赛任务有关的信息,则促进运动操作;若压力反应引起运动员将注意指向与比赛任务无关的信息,则会妨碍运动操作。这种效应对运动操作的影响还和运动项目有关。对信息加工量较小的运动项目或非对抗性项目,这种效应可能会促进运动操作;而对信息加工量较大的运动项目或对抗性项目,由压力引起的注意范围缩小可能会阻碍运动操作。

压力反应会干扰回忆过程,会使个体对已储存相关信息的检索和提取出现失灵。例如,运动员在比赛的关键时刻忘记了赛前教练员反复叮咛、自己也反复准备过的有效战术。

压力反应会瓦解思维过程。人的思维活动是以表象、概念等为中介进行的一种复杂的心理操作,当个体因为应激而使注意和记忆过程受到阻碍的时候,其思维过程也就必然要受到相应的破坏。运动员的压力反应可能导致思维的变通性降低,比赛中以僵硬、刻板的方式去解决问题,而失去了临场的随机应变。

(四)行为的反应

压力事件可以诱发攻击行为。体育比赛中对方的粗野动作,或出乎意料的失败等压力事件会诱发运动员的攻击行为。

四、压力的有效管理

如何应对压力

(一)采用合适的应对方式

应对方式(coping style)是指个体对所面临的压力事件作认知评价后所采取的措施,包括改变对压力事件的评估、调节与事件有关的压力反应等。应对是压力事件和压力反应关系间的重要中介因素。

1.积极应对和回避应对

根据应对的指向性,可以将应对分为积极应对和回避应对。

积极应对方式指个体面临压力事件时采取提高努力程度、找出不同解决问题的方法、寻求他人建议、尽量看到事物好的一面、改变原有想法、与人交谈倾诉、克制负性情绪等积极的、主动的措施,这些应对措施可以帮助个体改变问题本身、调整对压力事件的认知评价和解决压力事件引起的情绪反应。

回避应对方式指个体面临压力事件时采取暂且抛开烦恼、回避、等待、发泄、试图忘记、自我安慰或幻想等消极的、被动的措施,这些措施在一定程度上也能帮助个体缓解压力反应。

2.问题定向应对和情绪定向应对

根据应对行为的目的,可以将应对分为问题定向应对和情绪定向应对。

问题定向应对旨在面对和解决压力事件带来的问题,采取解决问题的直接行动,如分析问题并想办法处理,或者制定一份克服困难的行动计划并按计划去做等,以改变压力事件或个体与压力事件的关系。问题定向应对对于可控性较大的压力事件较为适宜和有效,当运动员和教练员的沟通出现问题时,可以采用问题定向的应对。

情绪定向应对旨在减轻压力事件带来的不良情绪反应,并不试图改变压力事件或个体与压力事件的关系。例如,试着使自己心情平静下来,或者想办法控制自己的情绪。情绪定向应对对于可控性较小的压力事件较为适宜和有效,当运动员在遭遇比赛失利时,可以采用情绪定向的应对。

(二)改变认知评价

认知评价(cognitive appraisal)是指个体对压力事件和可利用的应对资源的判断。面对同样的压力事件,不同的人之所以会有不同的压力反应,一个很重要的因素就是人们面对压力事件时所作出的认知评价不同。在动物园里面对一只笼中的老虎,和在深山里面对一只自由行走的老虎,你的反应会一样吗? 人们面对压力事件时,在作出任何实际的压力反应之前,先对压力事件的性质以及自己可利用的资源进行评价。所以,事件本身不是压力反应的成因,而是个体对事件的解释才使得事件具有了压力性。认知评价是影响压力事件和压力反应关系的调节变量。

个体在面对压力事件时的认知评价通常有两个层次,即第一评价和第二评价。

第一评价是个体对压力事件严重性的最初评判,涉及的问题有:发生了什么事情? 这件事和我有关吗? 这件事伤害了我吗? 我有必要采取行动吗? 当个体在第一评价后确认要采取行动的,就会立即进行第二评价。

第二评价是个体对自己可以利用的个人或社会资源以及需要采取什么行动的评价,涉及的问题有:我有能力自己应对这件事吗? 我能寻求谁的帮助? 我可以采取哪些行动?

(三)寻求社会支持

社会支持

社会支持是指个体面临压力事件时来自家庭、朋友、同学以及社会的鼓励和帮助,是个体应对压力事件的重要资源。

社会支持包括三种形式:情感性的支持,如爱、关心、尊重、接纳等;物质性的支持,如金钱、住房、食物等;信息性的支持,如建议、反馈、消息等。社会支持一方面对应激过程中的个体提供保护,即对压力反应起缓冲作用,另一方面对维持个体一般的良好情绪体验具有重要意义。

Box 13.3

欠刘翔一个道歉

"很开心国民素质提高,不再唯金牌论,那么我们是不是应该给当年获得了 36 枚金牌,创造黄种人历史辉煌,仅仅因为伤病退赛两次而被骂的刘翔一个郑重的道歉?"

2021 年 8 月 3 日,刘翔的回应冲上了热搜榜第 1 位。在一次接受采访时记者问刘翔,是否看到过"欠刘翔一个道歉"以及相关讨论? 刘翔的回答云淡风轻:"我认为,真的,其实大家都没有必要,可能我觉得你长大了,人都会成长。""在年轻的时候,可能说了一些话,我觉得我都理解,真没什么。"

虽然现在的刘翔说得波澜不惊,但是我们都记得,他口中"可能说了一些话"是有多么不堪入耳,我们难以想象,他是如何消化这些语言暴力的。看了刘翔的回应,有网友表示"这就是格局",也有人表示"不管刘翔觉得有没有必要,当年那些人都应该道歉和愧疚"。有网友认为当年大家是"由爱生恨",也有网友想到了更深层次的问题,"来去匆匆的爱与恨,也许不在乎对象,不过是盲目的发泄。"当年如此,现在又何尝不是如此?

时间一晃,17 年过去了,110 米栏奥运会纪录还是刘翔,12 秒 91,成了我们不会忘却的数字。冲刺时刻,解说员激动的声音言犹在耳,"刘翔赢了,刘翔赢了,刘翔创造了历史,一个黑头发黄皮肤的中国人拿到了奥运会冠军!"

我们也会永远记得那个意气风发的追风少年,他当年曾说:"谁说黄种人不可以拿到奥运会前八名? 我今天一定要证明给大家看,我,是奥运会冠军!"

如今已经退役多年的他,依然关注着奥运会、关注着田径比赛,苏炳添杀进东京奥运会男子百米决赛,书写中国田径历史的时刻,刘翔发布了"封神!"感言。我想我们也可以对刘翔说一句——你也是我们心中的神!

(人民日报,2021 年 8 月 4 日)

第三节　运动心理疲劳与心理健康

运动心理疲劳

一、什么是运动心理疲劳

各行各业都会出现心理疲劳,心理疲劳最初是来源于助人的领域,如医生、教师、警察等人群。西方学界对工业、医护、教育等行业的心理疲劳早有研究,并称之为心理耗竭、职业倦怠或工作倦怠。Maslach & Jackson 认为，心理耗竭是指长期处于高压力工作环境下所造成的心理资源耗竭现象，突出表现为情绪耗竭、去人性化和丧失个人成就感。产生心理耗竭的主要原因是高心理压力，形成的过程较长，结果较严重，有明显的行业特点。

戴尔和温伯格（Dale & Weinberg）归纳和总结了运动心理学界关于心理疲劳的不同定义，认为心理疲劳具有以下特点：

第一，心理疲劳中包含一种耗竭感，包括身体的、心理的和情感的。

第二，这种耗竭感会导致个体对他人反应的消极变化，如冷嘲热讽、去人性化、缺乏同情心等。

第三，心理疲劳具有成就感降低的特点，这会导致与运动成绩下降之间的恶性循环，并使自尊降低，进而产生退出念头。

第四，心理疲劳是对持续压力的慢性反应，这与高压力下的偶然应激状态不同。

国内较为一致地认为，运动心理疲劳是运动员在应对内源性压力和外源性压力时，心理资源及生理资源不断消耗而没有得到及时补充，所出现的心理机能下降的现象，具体表现在情绪、认知、行为和生理维度的改变上（张力为，2007）。运动心理疲劳与生理疲劳一样，具有适应性的心理机能重建功能，处理得及时，可使运动员更好地应对训练比赛中的各种压力；若没有得到适当的调节和控制，最终可能导致心理耗竭。

运动心理疲劳伴有许多生理症状，但主要表现为心理症状，见表13-1。

表 13-1　心理疲劳的生理与心理症状

生理症状	心理症状
安静与锻炼时心率增高	心境状态紊乱
安静时收缩压增高	生理、精神和情绪的疲劳感增加
肌肉疼痛增加和长期肌肉疲劳	自尊心下降
血液中的应激生化指标增高	人际关系质量的消极变化（玩世不恭、冷酷无情、丧失人格）
失眠	对日常应激的反应延长并消极堆积
感冒和呼吸道疾病增加	
体重减轻	
最大有氧功率下降	
肌糖原下降	
性欲与消化功能下降	

资料来源：考克斯（2003）。

Box 13.4

运动员心理疲劳问卷

指导语:请认真阅读下面每个条目,依据自己的感受程度,在适当的分值上画圈。这里的感受是指您在这个赛季对所经历的训练和比赛的体验。感受程度有 1～5 种:"1"表示从没有这样感觉过,"5"表示总是这样感觉。答案没有正确与错误之分,因此请真实地回答这些问题。

您在何种程度上这样认为:　从没有　很少　有时　经常　总是
　　　　　　　　　　　　　　　1　　2　　3　　4　　5

1. 这个赛季我做了很多值得欣慰的事情。⋯⋯⋯⋯⋯ 1　2　3　4　5

2. 训练使我很疲倦以至没有精力去做其他的事。⋯⋯⋯ 1　2　3　4　5

3. 我花在训练比赛上的努力用来做其他事可能会更好。⋯⋯ 1　2　3　4　5

4. 在训练、比赛中我感到极度疲劳。⋯⋯⋯⋯⋯⋯ 1　2　3　4　5

5. 我没有取得更好的成绩。⋯⋯⋯⋯⋯⋯⋯⋯⋯ 1　2　3　4　5

6. 我不像以前那样关心运动成绩了。⋯⋯⋯⋯⋯ 1　2　3　4　5

7. 我发挥不了自己的运动水平。⋯⋯⋯⋯⋯⋯⋯ 1　2　3　4　5

8. 我快要垮掉了。⋯⋯⋯⋯⋯⋯⋯⋯⋯⋯⋯⋯ 1　2　3　4　5

9. 我不能像以前那样专心地比赛了。⋯⋯⋯⋯⋯ 1　2　3　4　5

10. 我感觉体力不支。⋯⋯⋯⋯⋯⋯⋯⋯⋯⋯⋯ 1　2　3　4　5

11. 我不再像以前那样关注在比赛中能否取得胜利。⋯⋯ 1　2　3　4　5

12. 我感到运动使我身心疲惫。⋯⋯⋯⋯⋯⋯⋯⋯ 1　2　3　4　5

13. 在运动中我无所谓是否能发挥出自己应有的水平。⋯⋯ 1　2　3　4　5

14. 在运动中我有成功的快乐。⋯⋯⋯⋯⋯⋯⋯⋯ 1　2　3　4　5

15. 在运动中我有抵触情绪。⋯⋯⋯⋯⋯⋯⋯⋯⋯ 1　2　3　4　5

评分方法

问卷是 5 级评分:1 = 从未有;2 = 很少;3 = 有时;4 = 经常;5 = 总是。各分量表的评分方法如下:

成就感降低:1,5,7,13,14 题相加,其中 1,14 题是反向记分。分数越高,说明疲劳程度越高。

情绪/体力耗竭:2,4,8,10,12 题相加。分数越高,说明疲劳程度越高。

运动负评价:3,6,9,11,15 题相加。分数越高,说明疲劳程度越高。

（张力为,2004）

二、运动心理疲劳产生的原因

运动心理疲劳产生的原因是多样的，不同学者的研究结果不尽相同。这里简单将其分为外部和内部因素两大类。

（一）外部因素

影响运动员心理疲劳的外部因素主要包括训练、环境和社会支持。

关于训练因素，主要指大强度的训练负荷、比赛的复杂性与紧张性、训练时间过长、训练内容单调、训练方式呆板、训练效果不佳、训练后恢复措施跟不上等。关于环境因素，主要包括管理制度不合理、管理环境太封闭、队内环境氛围不和谐等。在社会支持因素中，最主要的是缺乏沟通与社会交往、忧虑个人前途、缺乏教练的信任与支持等。

（二）内部因素

影响运动员心理疲劳的内部因素主要包括运动员的心理因素和生理因素。

运动员的个性、认知、情绪、自我效能、运动动机等心理因素会影响心理疲劳的产生。运动员对训练的负荷和密度承受能力不够，运动成绩没有达到预想水平，使运动员出现挫败感，失去训练兴趣，导致运动动机下降甚至消失，进而产生运动心理疲劳。国外学者的研究也表明运动员的自我认同感和运动动机是导致运动心理疲劳发生的原因。另外，运动员的生理状态不良、身体自感不适、疾病或发生运动损伤等生理因素，也会导致运动心理疲劳的发生。

三、缓解运动心理疲劳的方法

运动心理疲劳对运动员造成身心上的双重危害，如果处理不当会对运动员造成极大的危害。同时运动心理疲劳的累积必将导致运动员最终退出运动领域，导致运动人才的流失。根据运动员出现运动心理疲劳的具体原因，针对性地采取相应的措施，以有效缓解运动员的运动心理疲劳。

（一）制定科学训练计划

运动员进行长期艰苦的训练，容易产生枯燥感，从而影响运动员的心理功能，导致运动心理疲劳的发生。因此，要科学制定训练计划，设置适宜的训练目标，合理安排训练负荷和密度，创新训练方法，使运动员体验到成就感，从而提高运动员对训练的兴趣，增强训练热情，让运动员以饱满的精神状态主动参与到运动训练的过程。

（二）变换休息方式

变换休息方式的主要目的是转移运动员对训练比赛的过度关注，以避免中枢神经系统不断加工训练比赛信息可能产生的保护性抑制。鼓励运动员发展训练以外的兴趣爱好，鼓励他们在休息时间投入自己喜欢的业余活动，如读书、唱歌、绘画等。同时，也需要经常性组织一些有益于身心健康的集体活动，如旅游、参观、户外拓展活动等，丰富运动员的业余生活。

（三）建立支持系统

张力为（2002）研究发现，在教练、队友、朋友、家庭这四种重要的社会支持资源中，教练支持对运动员训练比赛满意感的预测贡献最大，朋友支持对运动员一般生活满意感的预测贡献最大。因此，运动队要建立良好的社会支持系统，使运动员在伤病、失败、退役等重大生活事件面前，能够寻求到社会支持，以利于克服运动疲劳。

有条件的运动队可以为运动员配备心理健康顾问，对运动员定期进行心理知识讲座，及时为运动员提供心理咨询服务，为运动员的心理健康保驾护航。

（四）增强自主决策

运动员的自我控制感会影响运动心理疲劳的产生。教练员应为运动员提供尽可能多的自主决策机会，增强运动员的自控感，降低运动员的被练感，帮助运动员维持训练兴趣和训练动机，以减少运动心理疲劳的发生。另外，合理的时间管理有助于运动员自身心理疲劳的消除，运动员作为自身的主导者和时间的管理者，可根据自己的特点来分配时间，充分利用时间对自身的状态做调节，以达到消除身心疲劳的目的，进一步缓解运动心理疲劳。

微课堂：课程思政

序号	教学内容	育人目标
1	心理健康	了解促进心理健康的意义，培养学生具有良好的健康观。
2	有效管理压力	掌握压力管理的方法，有效调节心理状态，培养良好的心理素质。
3	运动心理疲劳	识别运动心理疲劳的表现，掌握合适的缓解方法，保持良好的运动训练状态。

实训项目

1.通过观察或访谈周围的同学和队友,列举心理不健康的表现。

2.回忆自己的人生经历,描述自己所遭遇的最大压力事件以及当时的压力反应,以及你是如何挺过来的。

3.列举自身运动生涯中出现运动心理疲劳的具体表现,谈谈当时你是如何调节的,还可以用哪些方法进行调节。

本讲小结

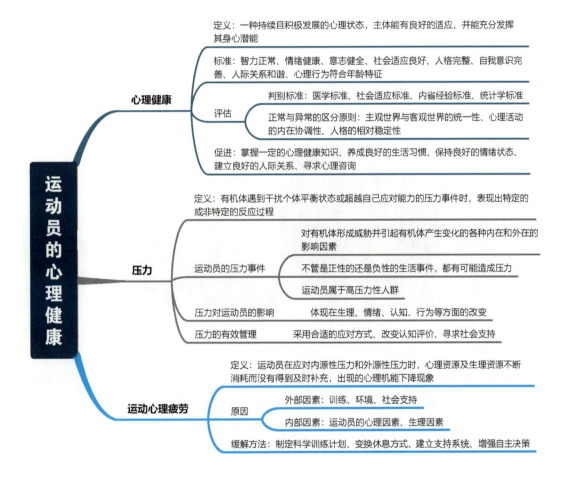

即测即评

第十四讲　运动员的职业生涯规划

图 14-1　申冬奥形象大使:姚明

　　篮球小巨人姚明,曾被美国《时代》周刊列入"世界最具影响力 100 人",中国国家体育总局授予"体育运动荣誉奖章""中国篮球杰出贡献奖"。1998 年 4 月,姚明入选国家队,开始篮球生涯。2001 夺得 CBA 常规赛 MVP,2002 年夺得 CBA 总冠军以及总决赛 MVP,分别 3 次当选 CBA 篮板王以及盖帽王,2 次当选 CBA 扣篮王,2003—2009 年连续 6 个赛季入选 NBA 全明星阵容。2011 年 7 月 20 日,姚明宣布退役。

　　2013 年,退役后的姚明当选为第十二届全国政协委员。2015 年 2 月 10 日,姚明正式成为北京申办冬奥会形象大使之一(见图 14-1)。2016 年 4 月 4 日,姚明正式入选 2016 年奈·史密斯篮球名人纪念堂,成为首位获此殊荣的中国人。2019 年,担任中国篮协及亚洲篮协主席。姚明从一名职业篮球运动员转型为拥有多重身份的"成功人士"。

问题导读

通过本讲的学习,你将能够回答以下问题:

1. 什么是职业生涯规划?

2. 职业生涯规划的基本流程是什么?

3. 运动员职业具有哪些特征?

4. 运动员的职业生涯阶段如何划分?

5. 影响运动员退役生涯发展的因素有哪些?

6. 运动员如何提高自己的生涯规划能力?

第一节　职业生涯规划概述

职业生涯规划概述

一、什么是职业生涯规划

职业生涯规划最早起源于 1908 年的美国。所谓职业生涯规划,是指个人结合自身情况以及机遇和制约因素,为自己确立职业目标,选择职业发展路径,制定教育、培训和发展计划等,并为自己实现职业生涯目标而确定行动方案。

按照规划的时间维度,职业生涯规划可以划分为短期规划、中期规划、长期规划和人生规划四种类型。

短期规划:指 2 年以内的规划,主要是近期目标,规划近期应完成的任务。

中期规划:一般指 2 ~5 年的职业目标和任务,是最常见的职业生涯规划。

长期规划:指 5 ~10 年的规划,主要是设定较长远的目标,以及为实现此目标应采取的具体措施。

人生规划:指整个职业生涯规划,时间长达 40 年左右,设定整个人生的发展目标和阶梯。

个人职业生涯规划从短期到中期,再到长期,直到整个人生规划,如同台阶一样,需要一步步地发展实现。在实际操作中,跨度时间太长的规划,由于环境和个人自身的变化难以把握;而时间跨度太短的规划目标,计划导向性都不够明确,意义不大。所以,一般把职业规划的重点放在 2 ~5 年内的中期规划,这样既便于根据实际情况设定可行目标,又便于随时根据现实的反馈进行修正或调整。

二、职业生涯规划的基本流程

(一)信息加工金字塔模型

生涯规划的具体过程与不同生涯理论的发展密切相关,不同理论都试图从某个视角来解读生涯规划的过程。彼得森、桑普森和里尔登等人提出的信息加工金字塔模型对于生涯规划的步骤进行了明确的阐述,如图14-2所示。这个模型涵盖了作出一个科学职业生涯选择所涉及的各种成分,相信能帮助运动员理解如何进行生涯规划。

图14-2　信息加工金字塔模型

1.知识领域

信息加工金字塔模型底部被称为知识领域,由自我知识和职业知识两部分组成。自我知识包括了解自己的兴趣、能力、个性和价值观等,职业知识包括了解特定的职业、社会环境等。

2.决策技能领域

信息加工金字塔模型中间层是决策技能领域,指的是能够整合自我知识和职业知识,作出适合自己的决定。

3.执行加工领域

信息加工金字塔模型最上面一层是执行加工领域,这个领域的重要技能是元认知技能,指对自己的行为进行反思,检验并调整所做的决策。

(二)生涯规划的基本流程

参照信息加工金字塔模型,职业生涯规划的基本流程包括自我评估、环境分析、生涯决策、目标设定、发展路径选择、策略实施和设计调整,具体见图14-3。

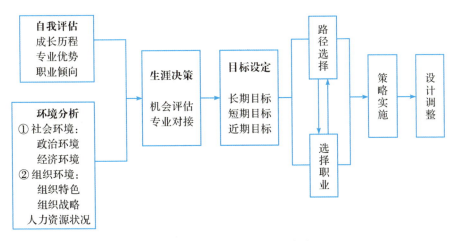

图 14-3　职业生涯规划流程（王怀根，2019）

自我评估：对自身的成长历程、专业优势和职业倾向等方面进行评估。

环境分析：结合当前的现实，对职业环境（社会环境、组织环境等）进行深入的分析与探索。了解当前社会的政治、经济形势，社会职业的分类，人才市场的需求状况，以及职业对人的要求和待遇等。

生涯决策：综合考虑自我职业倾向和现实生涯发展机会，结合自身专业优势，理性作出生涯决策。

目标设定：以自己最佳才能、最优性格、最大兴趣、最有利的环境等为依据设定生涯目标。

发展路径选择：找到适合自身职业发展的方向（专业技术方向或者行政管理方向）。

策略实施：制定实现职业生涯目标的行动方案。

设计调整：依据自身及外部环境的变化，随时调整职业生涯规划。

第二节　运动员的职业生涯

运动员的职业生涯

一、运动员职业的特征

运动员，广义上指参加各种运动训练并参加各级各类比赛的人员，狭义上指专门从事某项体育运动训练和参加比赛，且享受体育津贴的人员，也称专业运动员。狭义的运动员包含了职业的几个要素：一是专门技能，运动员专门从事某个项目的运动训练；二是获得一定的物质报酬，运动员拥有国家一般劳动者获取劳动报酬的权利；三是运动员从事的社会分工、劳动活动具有一定的稳定性和长期性。

运动员作为一种职业,具有各类职业所具有的普遍特征,如社会性、稳定性、专业性和经济回报性等,同时,运动员作为一种专门的职业类别,具有其特有的职业特征。

(一)专业性

运动员具有鲜明的专业性,体现在由具有一定天赋的人参加固定的训练,并参加由体育专业委员会(协会)等组织的各类比赛。运动员的选材、训练、比赛等各个环节均有其专业特点。

(二)竞争性

竞争从运动员运动生涯开始一直伴随到运动生涯结束。从参加县市级以下各类学校业余训练,到入选市级体校、省级体校,最后成为省级训练单位甚至国家队的专业运动员,可以说任何时候、任何地方都存在竞争。

(三)风险性

由于人体潜力发展的有限性和运动训练对人体机能开发的高标准之间的矛盾,运动员职业总是伴随着人体机能的损伤,国内外运动员在训练和比赛期间负伤甚至丧生的事件也时有发生,因此,运动训练和比赛的过程具有相当大的风险性。

(四)封闭性

运动员大多是采用半军事化管理模式,他们在相对封闭的环境进行长期的运动训练,有利也有弊。为了提高训练效果,训练单位、教练员还会特意挑选偏远的地方进行封闭训练,让运动员心无旁骛地投入训练,但是,封闭性的职业特点对运动员的学习和生活产生了较大的影响,对运动员的心理发展也有很大的影响。

(五)阶段性

运动员生涯具有很强的阶段性,职业寿命往往始于运动成绩达到专业运动员的水准,终于运动成绩处于同龄运动员中下之时,具有一定的残酷性。运动员生涯结束的原因是多样的,包括因伤退役、年龄过大生理极限退役、成绩不佳等。退役后运动员必然面临着职业转型,需要接受退役再就业的挑战。而其他职业,只要你喜爱,大都可以从事一辈子。

二、运动员职业生涯阶段

运动员职业生涯是指个体在从事运动员职业活动过程中的各类工作经历,以及职业心理、职业素质和职业能力发展变化的过程,持续的时间从运动员步入运动生涯到退役后再就业,直至退休的全过程。运动员职业生涯可以分为四个阶段:运动员阶段、打算退役阶段、退役过渡阶段、退役后阶段,如图 14-4 所示。

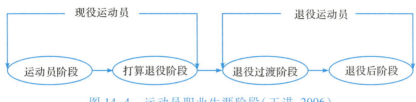

图 14-4 运动员职业生涯阶段(王进,2006)

(一)运动员阶段

运动员处在现役期,包括进入专业训练的初级、中级运动员和高级运动员。这个阶段运动员的主要任务是通过不断的体育职业技能训练,激发潜能,参加各种竞赛活动,获得成绩,取得成功。

(二)打算退役阶段

运动员处在现役期,打算退役。在运动员身体出现伤病、运动水平到达瓶颈期,运动员在役生涯进入衰退期时,个人和组织都会考虑退役问题。

(三)退役过渡阶段

运动员处在退役后的 1～2 年内。这个阶段是运动员从现役向退役职业生涯转换的关键阶段,主要任务是通过教育培训、职业探索,重新评估自身的优势和劣势,分析面临的机遇和环境,进一步发展自身的职业技能,进行再就业过程中的职业决策,完成从运动员职业向新职业的转换。

(四)退役后阶段

运动员通过退役过渡阶段,转变职业角色,重新建立新职业的职业价值观、职业兴趣,不断调整行为和态度,适应新的职业生涯。

Box 14.1

运动生涯结束原因

1. 年龄

生理年龄是运动员生涯结束的主要原因。首先,年龄对运动员生理产生不利影响,表现在随着年龄的增长,一些身体能力比如力量、耐力、柔韧性和协调性等都会逐渐下降。其次,年龄对运动员的心理也会产生不利的影响,表现在随着年龄的增大,运动员会逐渐丧失训练和比赛的动机,可能因为他们认为已经达到了自己的目标或者无论如何努力都无法达到自己的目标。

2. 落选

运动员面临的竞争不仅来自对手,同样也来自于队友。竞技体育因为严厉的淘汰机制,常常为了选出优秀人才而淘汰大量运动员。大量落选者与"幸运儿"相比,极少引起人们的注意,更谈不上职业生涯的辅助支持。

3. 伤病、健康问题

运动生涯结束的另一个重要原因是严重的运动损伤和健康问题。大多数人可以克服伤病并较快恢复,但也有一些人因此丧失了竞技运动生涯。有研究表明,大约14%～32%的被调查者是由于运动损伤而被迫退出竞技体育。

4. 自由选择

运动员自由选择结束运动生涯,理由是:厌倦了重复的生活方式,已经达到了竞赛目标,希望有更多的时间发展个人事务。

(黄志剑,2006)

第三节　运动员退役生涯规划

一、影响运动员退役生涯发展的因素

运动员退役生涯规划

运动员退役和其他人群退休最显著的区别之一,就是运动员能否获得进一步接受教育的机会或者获得一份合适的工作。运动员退役后职业生涯发展成功与否的重要前提和标志是运动员运动生涯结束后能否拥有满意的教育和就业机会(黄志剑,2006)。影响运动员退役生涯发展的因素主要有:

(一)受教育程度

专业运动员通常都会在运动生涯期间接受教育,但是大多数运动员退役后就开始投入新的工作岗位,而没有继续或重新寻求学校教育或职业教育。同时运动员的成绩资本会对退役后的工作安置、教育机会等方面产生重要影响。

（二）新工作与竞技体育的关系

调查显示大多数退役运动员退役后从事与竞技体育有关的工作,并且他们相信自己的专业运动生涯对目前的职业生涯有帮助。这一现象表明,中国竞技体育系统为优秀运动员提供了工作机会,但这一做法已逐渐被社会发展所淡化,竞技体育从政府计划体制向社会市场体制改革的趋势将会越发明显。

（三）社会支持

社会支持,即运动员在退役后职业生涯中所获得的帮助,不仅能帮助运动员解决再就业问题,更重要的是从心理上缓解运动员退役引起的"社会焦虑综合征",提高运动员退役后的生活质量(王进,2006)。运动员退役后与以前所属的各级体育组织(俱乐部、运动队、体育协会等)的关系趋于淡化,与教练员的关系主要是以私人交往的形式存在。这时他们在职业中的帮助主要来自朋友和家庭,而各级体育机构对退役运动员的关心和干预相对较少。

（四）运动员退役后安置

从总体上看,我国退役运动员的安置情况较之以前有很大的改善,许多优秀运动员都享受到了较高的政治和经济待遇。国家针对训练体制的特点,制定了一系列扶持运动员退役安置的政策,有效地缓解了退役运动员安置难的矛盾。例如,发展和完善了运动员社会福利保障系统、鼓励运动员自主创业的货币安置政策,建立运动员奖学金制度等等。到目前为止,我国运动员退役安置大致可通过三种渠道:一是政府按计划安置再就业;二是让运动员自己选择,自谋出路;三是进入大学继续学习。退役运动员可根据自身的条件,选择适合自己的再就业方式,这与以前单一的计划安置再就业相比,退役运动员有了更多的就业机会和升学出路。

但是,国家的资源毕竟是有限的。政策的倾斜只能局限于运动成绩特别优异的运动员和部分运动项目内,还有相当一部分运动员,即使曾取得过很好的成绩,为国家争得了荣誉,退役后也没有得到妥善的安置。特别是一些非奥运会项目的运动员和举重、划船、摔跤、自行车等普及性相对不高运动项目的运动员,退役后的再就业情况不尽如人意。

Box 14.2

运动员退役转型成功案例

李宁,20世纪80年代中国著名男子体操运动员、世界冠军、奥运冠军,李宁品牌创始人、李宁集团董事长兼联席行政总裁,非凡中国控股有限公司主席兼行政总裁。拥有北京大学法学院法学学士学位、北京大学光华管理学院工商管理硕士学位、英国拉夫堡大学技术荣誉博士学位以及香港理工大学荣誉人文学博士学位。2010 年 6 月获颁授香港科技大学荣誉院士。

李宁是二十世纪最杰出的运动员之一,在运动生涯中先后摘取十四项世界冠军,创造了世界体操史上的神话,被誉为"体操王子"。1980 年入选国家体操队,1987 年担任国际奥委会运动员委员会委员,1993 年至 2000 年担任国际体操联合会男子技术委员会委员,现为国际体操联合会荣誉委员,1999 年被世界体育记者协会选为"二十世纪世界最佳运动员",2008 年作为第二十九届北京奥运会主火炬手点燃圣火,2019 年 1 月任中国奥委会委员。

李宁 1989 年退役后创办以自己名字命名的"李宁"品牌,经过多年发展已成为中国国家级体育用品品牌。2010 年创立了非凡中国控股有限公司,主要从事体育赛事和活动的投资与组织,投资经营体育、健康、休闲生活相关的消费品业务,创建了多个服务于城市社区的李宁体育公园和大众滑冰运动培训项目全明星滑冰俱乐部,并投资英雄联盟职业电子竞技俱乐部——LNG 电竞俱乐部。他多年来一直专注于发展体育及相关业务,为中国体育产业及消费品行业的发展作出了卓越贡献。

二、运动员退役生涯规划的必要性

随着国家经济的繁荣,综合实力逐渐增强,竞技体育得到了快速发展,运动员人数大幅增加。然而,随着体育人事制度的改革,运动员退役后再就业问题日益严峻。尽管国家从 20 世纪 80 年代开始实施了促进运动员退役后就业、求学的多项政策,但是运动员退役后就业难的问题仍然存在,这些问题主要集中在三个方面:第一,符合国家相关优惠政策的运动员仍然是少数,基本集中于竞技体育"金字塔"的顶部;第二,绝大多数运动员由于从事专业训练时年龄尚小,文化水平不高,即使进入高等院校深造,效果也并不十分理想,而未进入高校深造、选择了就业的运动员也往往由于文化水平和知识结构的限制,在就业市场的竞争中处于劣势;第三,我国社会主义市场经济体制改革不断深入,而竞技体育的管理体制改革并没有随之深入进行(李强,2020)。

(一)运动生涯辅助计划

在西方发达国家,多数运动员都能从运动生涯辅助计划中受益。美国对运动员的职业生涯规划研究开始较早,通过实施了相应的职业发展和教育计划,帮助运动员退役后成功转型,开始新的职业生涯。特别是从 1999 年开始,国际奥林匹克委员会也开始与专门从事人力资源管理的 Adec2co 公司(世界 500 强企业)合作,并参与了"运动员职业生涯计划"(Athlete Career Programme,简称 ACP)的实施,帮助运动员开展职业生涯规划,改善运动员退役后择业难的状况。澳大利亚于 1990 年通过运动员职业和教育(ACE)计划帮助运动员提供个人生涯发展咨询、职业评估、教育机会信息等职业生涯辅助服务。德国于 1984 年奥运会后,通过奥林匹克训练中心(OTCs)为运动员提供有关生涯咨询和环境管理服务。而我国运动员职业生涯规划的发展才刚刚起步,还有许多需要发展和完善的地方,运动员职业发展规划教育势在必行。表 14-1 是部分国家的运动员职业生涯发展服务项目。

表 14-1 部分国家的运动员职业生涯发展服务项目

项目名称	主持单位	国家
运动员职业与教育(ACE)项目	澳大利亚体育学院	澳大利亚
运动员职业与教育(ACE-UK)项目	英国体育学院	英国
英属运动员生活方式救助(BLANCE)项目	斯特拉斯克莱德大学	英国
运动员职业救助(CAPA)项目	美国奥委会	美国
生活跨越(MJ)项目	运动员咨询资源中心	美国
奥运会运动员职业(OACC)项目	奥运会运动员职业中心	加拿大
奥运会职业机会(OJOP)项目	澳大利亚奥委会	澳大利亚
学习与才能教育(STEP)项目	维基布鲁塞尔大学	比利时
运动员退役(RA)项目	荷兰奥委会	荷兰
威尔士生活方式管理(WLM)项目	威尔士体育运动理事会	英国
全爱思特克(W-istic)项目	美国大学生运动协会	美国
妇女体育联合会运动员服务(WSFAS)项目	美国妇女体育联合会	美国

资料来源:王进(2006)。

(二)退役准备

运动员退役前的准备通常对退役后生活的适应尤为重要。退役准备是指针对将来退役的计划行为,反映在一系列的继续教育、开辟新职业的努力、建立社会关系网等方面。通常认为退役前的准备会有益于退役后生活的过渡,有计划地退役通常在职业过渡中产生良好的情绪反应,不但会缩短过渡期,而且能增加生活的满意度。研究发现,运动员提前做好退役准备能更有效地利用自身资源,减少无端的能量消耗。同时,有计划地退役还会在适应后期生活方面增加主观控制感和自我效能感。

王进(2008)采用综合个案研究设计,选取 4 个成功和 4 个失败个案,通过访谈、文献和语言分析技术,对 8 名运动员退役过程中的意识和行为进行剖析。结果发现在运动员的退役心理状态、退役意识、退役计划、自我调节、社会支持和生活满意度 6 个方面能反映出成功退役的运动员与失败退役的运动员之间的不同特征。成功退役的运动员通常有一个良好的退役意识,主动计划选择退役后的事业发展;而退役失败的运动员则表现为对退役问题采取消极回避的应对行为,详见表 14-2。

表14-2　运动员成功退役与失败退役特征构建对比表

特征	成功退役运动员	失败退役运动员
退役心理状态	通过采取积极的应对(如计划退役、自我调节和行为调节),负面情绪得到了缓解。	通常会产生一些负面的心理状态(强调了过去辉煌与现实生活反差引起的心理失调)。
退役意识	主动地思考退役,并积极有准备地制定重建职业的计划,对渡过退役期是有益的。	通常没有退役准备的意识,表现出被动的等待,或者不能接受退役的现实,停留在运动员时期的意识中。
退役计划	积极的退役计划是运动员良好的退役特征之一。退役计划的最大效益是运动员退役后能积极地面对新环境,按自己的意愿去发展新职业,使自己的生活变得更充实。	在退役期无计划,主要希望依赖政府的安排。
自我调节	通过积极的自我暗示,保持了良好的心态。	自我平衡失调,当把自己的处境与别人或自己的过去相比,感到严重的不平衡。
社会支持	建立有指向的运动员退役社会支持网络(家庭、朋友、教练和体育协会等),对于提高运动员退役再就业尤为重要。	缺乏社会支持,运动员在退役过程中角色变换后遭到的社会冷落使他们很难接受现实。
生活满意度	对自己退役后的生活都表示满意。	生活满意度低,并且影响运动员的体育价值观。

Box 14.3

运动员职业生涯规划常见误区

1. 忽视职业生涯规划

运动员缺乏职业生涯规划意识的现象比较普遍,了解职业生涯规划的运动员为数不多。除了个别运动员有明确的就业打算外,相当一部分运动员觉得在目前就业困难的情况下,工作应"随行入市",认为职业生涯规划不现实。

2. 把职业生涯规划等同于职业选择

职业生涯规划是一个周而复始的连续过程,其过程包括确定志向、自我评估、生涯机会评估、职业选择、职业生涯路线选择、确定目标、制定行动计划、评估与反馈等步骤;而职业选择,只是其中一个环节。

3.在职业生涯规划目标与路径选择上急功近利

由于就业压力变大,有的运动员进入大学后拼命补习文化课,很少考虑工作,社会活动也不想参加,怕影响学习;有的运动员为增加求职砝码盲目考证或参加培训;有的运动员以高收入作为判断职业好坏的唯一标准,职业生涯规划过于功利。

4.认为职业规划为时过早

部分运动员认为还没有工作,没必要进行职业规划。他们不了解大学阶段的学习成长对职业能力的形成起着至关重要的作用,不了解大学阶段是职业价值观、职业素质与能力准备、职业习惯养成等"内职业生涯"形成的关键时期。

5.职业生涯变迁无须规划

大学生运动员处于职业生涯探索与确立阶段,有较强的可塑性,部分运动员认为计划赶不上变化,无须规划或规划不起作用。殊不知,在职业生涯探索、确立阶段,职业探索和职业目标是一个动态的过程,只有通过这个过程才可能清晰自己的职业发展愿景,作出科学的就业选择。

（王怀根,2019）

三、发展运动员生涯规划的能力

对于运动员而言,生涯规划不仅要求职找工作,而且要思考自己想干什么,能干什么。运动员退役后的生涯越早谋划越好,那么,如何才能发展生涯规划的能力呢?

（一）探索职业行动指南

进行职业生涯规划的首要步骤是积极主动地完成信息的收集和处理,表14-3列出了一份行动指南。

表14-3　信息渠道分析

信息来源	优势	劣势	得到的方法	举例	温馨提示
小道消息	提前知道	不准确	广泛交友	各单位内部亲友	可能不够准确
求职网站	海量信息	目的性不强	浏览招聘网站	58同城、智联招聘、中华英才等	在网络投递简历的过程中需要电话确认,主动联系
就业求职论坛、微博、微信公众号	成功率较高	信息不一定准确	浏览专业官方网站、企业官方网站或者微信公众号	全国各高校毕业生就业信息网、中国高校毕业生就业服务信息网	注意浏览论坛帖子的解答及招聘时限

信息来源	优势	劣势	得到的方法	举例	温馨提示
电视、报纸、杂志等	大量信息	时效性不强	注意收看与就业有关的电视节目,专注就业相关的报纸、杂志等	《中国大学生就业》《劳动·就业》《前程无忧》等杂志	职业分类明确,有针对性地查找
现场招聘会	与用人单位面对面	交通不便利	关注招聘网站的现场招聘会信息	校园招聘会、会展中心招聘会	做好求职简历及准备简单的面试介绍
学校就业指导中心	服务全面	一般只针对本校学生	电话咨询、咨询辅导员、浏览本校就业中心网站	高校就业中心网站	不要等到快毕业了才去关注就业中心网站

资料来源:夏翠翠(2021)。

苏格拉底曾说过:"最有希望获得成功者,并不是才干出众的人,而是那些善于利用时机努力开创的人。"对于退役运动员,教练、家人、老师、朋友、曾经的队友、体育运动中心的领导等都蕴藏着自己需要的资源。他们或者可以帮助自己提供所需的就业信息,或者可以直接提供实习、就业机会,再或者可以提供经济或情感支持,成为自己坚强的后盾。退役运动员不仅要学会有效地识别资源,适当地发出请求,还要有了解获得支持的途径。

(二)发展就业能力

就业能力包括适应性、职业认同、人力资本和社会资本四个方面,其中人力资本和社会资本为非心理性因素。乔志宏等的研究发现,个体能够提高的人力资本包括:学业成绩、获奖、实践活动和实习经历,这些都是决定就业成败的核心因素。运动员在役时,就要努力提高自己的运动专项水平,提升自己的文化水平和文化素养,积极参加各类社会实践活动,为退役再就业做好充分的准备。

(三)实习

一般来说,兼职或者实习是进行职业探索,获得大量有关职业一手资料的有效方式。运动员退役后或进入大学深造,或进入社会工作,都需要积极寻找与自己职业规划相匹配的职位实习,不仅能提前了解职业具体内容,而且能获得重要经验,帮助退役运动员就业作出正确选择。除此之外,实习还可以帮助退役运动员了解职场环境,尽快适应社会角色,锻炼各种能力,获得报酬,增长自信。

（四）培养创新创业能力

随着社会的发展,创新创业能力已成为越来越重要的一种能力。国家通过各种政策,引导运动员参与创业实践,鼓励运动员投身创业活动,在创业活动中实现自己的人生价值。

一般来说,运动员参加国家或者高校举办的创新创业活动需要做以下准备:

(1)选择创业项目:针对一个社会问题,提供有效解决方案;

(2)调研与评估:对创业风险、竞争对手作进一步了解和评估;

(3)组建团队:选择合作伙伴,整合资源;

(4)撰写计划书:体现项目亮点、行业分析、竞争优势、发展战略、财务预算和融资计划等内容。

创业是一个具体的行为,充满冒险和挑战。退役运动员可以在上学深造过程中,可选修创业课程、参加创新创业大赛等活动,积累创业知识,培养创新创业能力,为创业做好最充分的准备。

微课堂：课程思政

序号	教学内容	育人目标
1	职业生涯规划概述	掌握职业生涯规划的基本流程,发展运动员的生涯规划能力,引导运动员科学规划职业生涯。
2	运动员的职业生涯	了解运动员职业的特征和生涯阶段,培养爱岗敬业的良好职业素养。
3	运动员退役生涯规划	引导运动员积极做好退役的心理准备,并为退役再就业奠定扎实的专业基础,培养积极的心态。

实训项目

1.通过对运动员的访谈,搜集运动员职业特有的特征。

2.制定一份自己的职业生涯规划书。

3.通过对退役运动员的问卷调查或访谈,分析运动员若要顺利实现退役转型需要做好哪些方面的准备。

本讲小结

运动员的职业生涯规划

职业生涯规划概述
- ★ 定义：个人结合自身情况以及机遇和制约因素，为自己确立职业目标，选择职业发展路径，制定教育、培训和发展计划等，并为自己实现职业生涯目标而确定行动方案
- 按照时间维度划分：短期规划、中期规划、长期规划、人生规划
- ★ 规划流程：自我评估、环境分析、生涯决策、目标设定、发展路径选择、策略实施、设计调整

运动员的职业生涯
- 运动员职业的特征：专业性、竞争性、风险性、封闭性、阶段性
- ★ 运动员职业生涯四阶段：运动员阶段、打算退役阶段、退役过渡阶段、退役后阶段

运动员退役生涯规划
- 影响运动员退役生涯的因素：受教育程度、新工作与竞技体育的关系、社会支持、退役后安置
- 退役生涯规划的必要性：从运动生涯辅助计划中受益，退役前准备对退役后适应的重要性
- 发展生涯规划的能力：探索职业行动指南、发展就业能力、实习、培养创新创业能力

即测即评

参考文献

[1] 伯顿(Damon Burton),雷德克(Thomas D. Raedeke).教练员必备的运动心理学实践指南[M].陈柳,译.北京:人民邮电出版社,2017.

[2] 陈圣平,高永三,陈作松.体育运动心理学原理与应用[M].厦门:厦门大学出版社,2011.

[3] 谷传华.儿童心理学[M].北京:中国轻工业出版社,2010.

[4] 胡桂英.棋类运动员理想比赛心理状态的特征和形成策略研究[C].中国围棋论丛(第3辑),2018:139-156.

[5] 胡桂英.运动心理学[M].杭州:浙江大学出版社,2008.

[6] 黄志剑.体育运动心理学[M].武汉:华中科技大学出版社,2016.

[7] 黄志剑.优秀运动员的职业变迁与人生发展[M].北京:北京体育大学出版社,2006.

[8] 霍恩(Thelma S. Horn).运动心理学前沿[M].彭凯平,等译.北京:北京体育大学出版社,2011.

[9] 季浏,殷恒婵,颜军.体育心理学[M].3版.北京:高等教育出版社,2016.

[10] 季浏.体育心理学[M].北京:高等教育出版社,2006.

[11] 考克斯(Richard H. Cox).运动心理学[M].7版.王树明,等译.上海:上海人民出版社,2015.

[12] 考克斯(Richard H. Cox).运动心理学——概念与应用[M].5版.张力为,译.北京:清华大学出版社,2003.

[13] 勒恩斯(Arnold LeUnes),内森(Jack R. Nation).运动心理学导论[M].3版.姚家新,等译.西安:陕西师范大学出版社,2005.

[14] 李明,曹勇.体育运动心理训练理论与实践[M].武汉:中国地质大学出版社,2015.

[15] 李强.运动员职业生涯规划的发展研究[J].体育与科学,2020,(01):88-92.

[16] 刘改成.操作思维的项目差异及类属理论建构[D].北京:北京体育大学,2008.

[17] 刘淑慧.体育心理学[M].北京:高等教育出版社,2005.

[18] 娄虎,王进,刘萍."Clutch"运动员特征的概念构图[J].体育科学,2014,34(6):49-58,82.

[19]卢俊宏,季力康.运动心理学:心理学在运动与健康之间的连结[J].应用心理学研究,2009(42),55－213.

[20]马启伟,张力为.体育运动心理学[M].杭州:浙江教育出版社,1998.

[21]玛吉尔(Richard A. Magill).运动技能学习与控制[M].7版.张忠秋,等译.北京:中国轻工业出版社,2006.

[22]毛志雄,迟立忠.运动心理学[M].2版.北京:中国人民大学出版社,2021.

[23]邱宜均,姚家新,姒刚彦,等.中国运动心理学研究(上、下)[M].兰州:甘肃人民出版社,2006.

[24]任杰.运动技能学习与控制[M].北京:高等教育出版社,2019.

[25]石岩,王冰.开放式运动技能学习之道——王晋教授访谈录[J].体育学刊,2014,21(3):1－7.

[26]石岩.体育运动心理问题研究[M].北京:北京体育大学出版社,2007.

[27]姒刚彦,张鸽子,苏宁,等.中国运动员正念训练方案的思想来源及内容设计[J].中国运动医学杂志,2014,33(1):58－63.

[28]孙少强,孙延林.运动心理学[M].天津:南开大学出版社,2006.

[29]唐征宇.运动心理学[M].上海:上海教育出版社,2018.

[30]田麦久.熊焰.竞技参赛学[M].北京:人民体育出版社,2011.

[31]王斌.体育心理学[M].2版.武汉:华中师范大学出版社,2015.

[32]王成.水感培养在高校游泳教学中的作用及其方法探讨[J].南京体育学院学报(自然科学版),2017,16(6):23－26.

[33]王怀根,黎虹.大学生职业生涯规划与发展指导教程[M].上海:上海交通大学出版社,2019.

[34]王进,娄虎,唐寅平,等.解读竞赛压力下的运动表现:一个"Clutch"视角的运动能力初探[J].体育科学,2013,33(6):14－22.

[35]王进.从过程理论观点探索我国运动员的退役(Ⅱ)——社会支持与退役教育的构想[J].体育科学,2006(8):17－24.

[36]王进.运动竞赛关键时刻的"发挥失常":压力下"Choking"现象[M].杭州:浙江大学出版社,2008.

[37]王进.运动员退役过程的心理定性分析:成功与失败的个案研究[J].心理学报,2008(3):368－379.

[38]夏翠翠.大学生心理健康教育[M].北京:人民邮电出版社,2021.

[39]许尚侠.动作操作遗忘进程的探讨[J].心理科学通讯,1986(1):13－17.

[40]姚家新.运动心理学[M].北京:高等教育出版社,2020.

[41]张鸽子,卜丹冉,姒刚彦.以正念接受为基础的心理干预——一种运动员心理训练的新范式[J].中国运动医学杂志,2012,31(12):1109－1116.

[42]张力为,毛志雄,王进.运动与锻炼心理学研究手册[M].上海:华东师范大学出版社,2020.

[43]张力为,毛志雄.体育科学常用心理量表评定手册[M].北京:北京体育大学出版社,2004.

[44]张力为,毛志雄.运动心理学[M].2版.上海:华东师范大学出版社,2018.

[45]张力为,毛志雄.运动心理学[M].北京:高等教育出版社,2007.

[46]张力为,毛志雄.运动心理学[M].上海:华东师范大学出版社,2003.

[47]张力为,王晋,张凯.自由式滑雪空中技巧队备战温哥华冬奥会的心理训练.体育科研,2013,34(1):58-66.

[48]张力为,张连成.心理疲劳:竞技运动中的研究与应用[M].北京:北京体育大学出版社,2013.

[49]张忠秋,王智.大赛前的心理定向与决赛定位[M]//中国体育科学学会运动心理学分会,北京体育大学.中国代表团参加悉尼奥运会心理咨询手册.北京:国家体育总局科教司,2000.

[50]张忠秋.优秀运动员心理训练实用指南[M].北京:人民体育出版社,2007.

[51]张忠秋.运动心理学在竞技体育领域的研究发展与应用[J].天津体育学院学报,2012,27(3):185-191.

[52]钟伯光,姒刚彦,张春青.正念训练在运动竞技领域应用述评.中国运动医学杂志,2013,32(1):65-74.

[53]祝蓓里,季浏.体育心理学[M].北京:高等教育出版社,2000.

附录　实训报告

实训报告

项目名称	
实训形式	团队实训□ 团队成员： 单独实训□ 姓名：
实训时间	
实训方法	
实训结果	
实训反思	
教师评价